Geraldo Castelli

HOSPITALIDADE

A inovação na gestão das organizações prestadoras de serviços

Editora Saraiva
www.saraivauni.com.br

Editora Saraiva

Rua Henrique Schaumann, 270 – CEP: 05413-010
Pinheiros – TEL.: PABX (0XX11) 3613-3000
Fax: (0XX11) 3611-3308 – Televendas: (0XX11) 3613-3344
Fax Vendas: (0XX11) 3268-3268 – São Paulo – SP
Endereço Internet: http://www.saraivauni.com.br

Filiais

AMAZONAS/RONDÔNIA/RORAIMA/ACRE
Rua Costa Azevedo, 56 – Centro
Fone/Fax: (0XX92) 3633-4227 / 3633-4782 – Manaus

BAHIA/SERGIPE
Rua Agripino Dórea, 23 – Brotas
Fone: (0XX71) 3381-5854 / 3381-5895 / 3381-0959 – Salvador

BAURU/SÃO PAULO (sala dos professores)
Rua Monsenhor Claro, 2-55/2-57 – Centro
Fone: (0XX14) 3234-5643 / 3234-7401 – Bauru

CAMPINAS/SÃO PAULO (sala dos professores)
Rua Camargo Pimentel, 660 – Jd. Guanabara
Fone: (0XX19) 3243-8004 / 3243-8259 – Campinas

CEARÁ/PIAUÍ/MARANHÃO
Av. Filomeno Gomes, 670 – Jacarecanga
Fone: (0XX85) 3238-2323 / 3238-1331 – Fortaleza

DISTRITO FEDERAL
SIA/SUL Trecho 2, Lote 850 – Setor de Indústria e Abastecimento
Fone: (0XX61) 3344-2920 / 3344-2951 / 3344-1709 – Brasília

GOIÁS/TOCANTINS
Av. Independência, 5330 – Setor Aeroporto
Fone: (0XX62) 3225-2882 / 3212-2806 / 3224-3016 – Goiânia

MATO GROSSO DO SUL/MATO GROSSO
Rua 14 de Julho, 3148 – Centro
Fone: (0XX67) 3382-3682 / 3382-0112 – Campo Grande

MINAS GERAIS
Rua Além Paraíba, 449 – Lagoinha
Fone: (0XX31) 3429-8300 – Belo Horizonte

PARÁ/AMAPÁ
Travessa Apinagés, 186 – Batista Campos
Fone: (0XX91) 3222-9034 / 3224-9038 / 3241-0499 – Belém

PARANÁ/SANTA CATARINA
Rua Conselheiro Laurindo, 2895 – Prado Velho
Fone: (0XX41) 3332-4894 – Curitiba

PERNAMBUCO/ALAGOAS/PARAÍBA/R. G. DO NORTE
Rua Corredor do Bispo, 185 – Boa Vista
Fone: (0XX81) 3421-4246 / 3421-4510 – Recife

RIBEIRÃO PRETO/SÃO PAULO
Av. Francisco Junqueira, 1255 – Centro
Fone: (0XX16) 3610-5843 / 3610-8284 – Ribeirão Preto

RIO DE JANEIRO/ESPÍRITO SANTO
Rua Visconde de Santa Isabel, 113 a 119 – Vila Isabel
Fone: (0XX21) 2577-9494 / 2577-8867 / 2577-9565 – Rio de Janeiro

RIO GRANDE DO SUL
Av. A. J. Renner, 231 – Farrapos
Fone: (0XX51) 3371- 4001 / 3371-1467 / 3371-1567 – Porto Alegre

SÃO JOSÉ DO RIO PRETO/SÃO PAULO (sala dos professores)
Av. Brig. Faria Lima, 6363 – Rio Preto Shopping Center – V. São José
Fone: (0XX17) 227-3819 / 227-0982 / 227-5249 – São José do Rio Preto

SÃO JOSÉ DOS CAMPOS/SÃO PAULO (sala dos professores)
Rua Santa Luzia, 106 – Jd. Santa Madalena
Fone: (0XX12) 3921-0732 – São José dos Campos

SÃO PAULO
Av. Antártica, 92 – Barra Funda
Fone: PABX (0XX11) 3613-3666 – São Paulo

ISBN 978-85-02-09831-2

CIP-BRASIL. Catalogação-na-Fonte
Sindicato Nacional dos Editores de Livros, RJ

C344h

Castelli, Geraldo
Hospitalidade : a inovação na gestão das organizações prestadoras de serviços / Geraldo Castelli. - São Paulo : Saraiva, 2010.

Inclui bibliografia
ISBN 978-85-02-09831-2

1. Indústria da hospitalidade. 2. Indústria da hospitalidade - Administração. I. Título.

10-1691. CDD: 647.94
CDU: 640.4

Direção editorial	Flávia Alves Bravin
Coordenação editorial	Ana Paula Matos Gisele Folha Mós Juliana Rodrigues de Queiroz Rita de Cássia da Silva
Produção editorial	Daniela Nogueira Secondo Rosana Peroni Fazolari
Marketing editorial	Nathalia Setrini
Arte, produção e capa	ERJ Composição Editorial

Contato com o editorial
editorialuniversitario@editorasaraiva.com.br

SaraivaUni

DEDICATÓRIA

Esta obra é dedicada aos aprendizes.
Eles sabem que o "aprender a aprender" e que o "aprender a conviver" se processam no dia a dia, hospedando dentro de si conhecimentos, crenças, valores e emoções que agregam valor.
Sabem abrir-se para o outro.
Sabem, como diz Gonzaguinha:
"Viver e não ter a vergonha de ser feliz
Cantar e cantar e cantar
A beleza de ser um eterno aprendiz".
Eles sabem que são eternos aprendizes.

CONSIDERAÇÕES INICIAIS

A temática da hospitalidade projetada é ampla. É, em especial, fascinante por tocar fundo a alma de todos os integrantes da grande família humana; levar-nos a refletir sobre seu significado e sua abrangência; agregar valor à gestão das organizações prestadoras de serviços.

As viagens de turismo e de negócios, que ganharam grandes proporções no final do século XX e se mantêm em alta neste início do século XXI, nos levam, forçosamente, a refletir sobre a hospitalidade. Isso porque a prática da viagem, na maior parte das vezes, implica uma ou mais pernoites. Para que tal aconteça, é necessário que haja estruturas de apoio adequadas, como estabelecimentos que ofereçam hospedagem, alimentação e lazer.

O turismo e a hospitalidade, afirma Gouirand,[1] estão indissociavelmente ligados. Quando se fala em turismo, pensa-se em acolhida, e, sem uma boa acolhida, não existe turista satisfeito, conclui o autor. Portanto, é da qualidade do processo de hospitalidade praticado que depende o encantamento do viajante; do processo de hospitalidade não somente por parte dos meios de hospedagens, mas também por parte de toda a cadeia produtiva que envolve uma viagem.

A hospitalidade, por ser um processo amplo e de múltiplos significados, passa a ser nosso objeto de estudos, especialmente pelo impacto social e administrativo que seu processo desencadeia nos mais diversos espaços de convivência humana. Para isso, de uma maneira pedagógica, optou-se por desdobrar esse objeto de estudos em diferentes abordagens, capazes de dissecar e aprofundar, ao mesmo tempo, aspectos diversos dessa temática.

O caminho lógico percorrido nos oferece, de certa forma, uma linha de estudo e trilhas de aprendizagem capazes de alicerçar a produção de conhecimentos e competências a respeito da hospitalidade, bem como da cultura da hospitalidade a ser vivenciada em diferentes espaços organizacionais e institucionais.

O roteiro proposto compõe-se, em seu desdobramento, de onze abordagens capazes de nos dar uma visão necessária sobre a hospitalidade, em sua simplicidade e complexidade. Vale adiantar estas abordagens:

---

[1] GOUIRAND, P. *L'accueil hôtelier*. Paris: Editions BPI, 1994.

- Focando a hospitalidade
- A hospitalidade na Antiguidade
- A hospitalidade na Idade Média
- A hospitalidade na Idade Moderna
- A hospitalidade na Idade Contemporânea
- O significado de hospitalidade
- As dimensões da hospitalidade
- As manifestações da hospitalidade
- Os princípios da hospitalidade
- A organização da hospitalidade na hotelaria
- A hospitalidade brasileira

É importante observar que essas abordagens, necessárias e merecedoras de toda a atenção, por estarem condicionadas ao tempo do cronograma projetado, não serão exaustivamente exploradas. A hospitalidade exercida na hotelaria foi, assim, adotada como um dos referenciais, por nos auxiliar a materializar esse assunto no âmbito de uma empresa prestadora de serviços.

As abordagens explanadas levaram em consideração as vivências do autor, consideradas significativas para o presente estudo. Entre elas, pode-se destacar:

- vivências em vários países europeus durante sete anos;
- experiência em coordenação do planejamento do turismo no estado do Rio Grande do Sul e do exercício do cargo de Secretário Municipal de Turismo de São Francisco de Paula – RS;
- experiência em interfaces com o meio turístico, principalmente com o setor hoteleiro, nas mais distintas regiões do País, ao longo dos últimos 30 anos;
- criação e condução da primeira faculdade de hotelaria do País, além da experiência de ser o criador e o diretor da Castelli Escola Superior de Hotelaria, um nicho de excelência educacional no País; e
- vivência na área de reflexão e produção do conhecimento sistematizadas e formatadas em publicações e livros.

Muitos hotéis, vilas, cidades e países ficaram, e outros ficarão, conhecidos, procurados e amados pela hospitalidade que seus cidadãos praticarem, tirando disso proveito inclusive para seu marketing.

O autor

SUMÁRIO

Capítulo 1

FOCANDO A HOSPITALIDADE

Diversos fatores concorrem para voltarmos a valorizar a hospitalidade em um contexto mundial em que variáveis consentâneas passam a ter relevância nos processos de aprendizagem da convivência na contemporaneidade. Para tanto, elegeu-se uma diretriz de estudo capaz de nos levar a descortinar fatos e evidências históricas, bem como a alinhar lições e aprendizados capazes de subsidiar e de referendar ações, na perspectiva do fomento da cultura da hospitalidade e na formação de atitudes hospitaleiras por parte de profissionais e cidadãos.

Intencionalmente, privilegia-se a perspectiva da hospitalidade na realidade das organizações prestadoras de serviços, sobretudo no contexto da hotelaria, como principais focos e fontes de aplicabilidade. No entanto, não são descartados outros contextos e aplicabilidades possíveis ou pertinentes relativos à área da convivência humana.

Dessa forma, torna-se necessário tecer considerações em relação a quatro tópicos pertinentes na busca dessa diretriz de abordagem:

- a temática da hospitalidade;
- os objetivos;
- os cenários; e
- a provocação.

1.1 A temática da hospitalidade

No tocante às interfaces entre pessoas e comunidades, observou-se que os tempos conspiraram, e conspiram, normalmente, em duas direções: uma no sentido de aproximação e a outra no sentido de afastamentos e de rejeições.

Em suma, em fatores de convergências e de dissonâncias. A história, de forma enfática, nos tem demonstrado essa dialética, seja entre comunidades locais ou internacionais.

A temática da hospitalidade nos remete a critérios de observação e de análise, entre os quais se destacam os aspectos abordados a seguir.

a) Relevância: trata-se da relevância do estudo da hospitalidade, em especial, referimo-nos a duas delas:

   - por se tratar de um componente essencial da família humana; somos, no conjunto das espécies, aquela que soube, num passado remoto, compartilhar e conviver, ou seja, praticar a hospitalidade;
   - por estarmos diante de um novo paradigma de gestão: o paradigma da hospitalidade.

b) Registros de constatação: trata-se da busca de evidências, de tendências e de constatações em relação à temática da hospitalidade. Dois registros de constatação saltam aos olhos do observador:

   - 1º registro: a abrangência. Trata-se da amplitude com que a temática se apresenta. O conceito de hospitalidade permeia o objeto de estudo da maior parte das ciências.

Figura 1.1 – Abrangência.

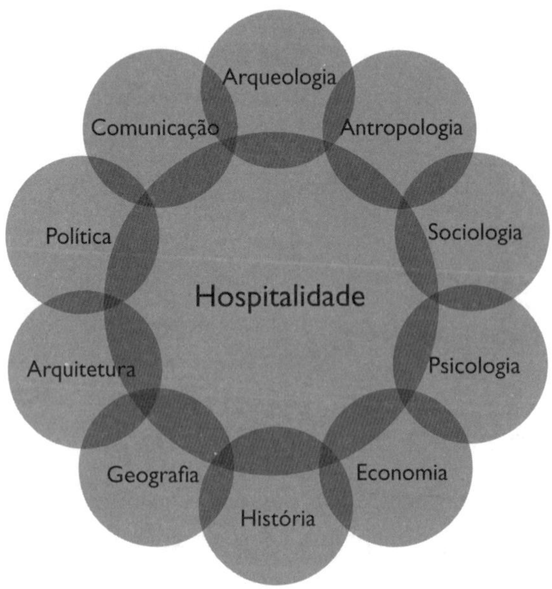

- 2º registro: a discrepância, ou seja, o pouco destaque dado à temática da hospitalidade:

  – por parte das empresas prestadoras de serviços; em especial, as que compõem o trade turístico. O fomento da cultura da hospitalidade não compõe, enfaticamente, os programas de capacitação de recursos humanos dessas empresas; e

  – por parte do meio acadêmico, sendo percebido pelo número reduzido de obras publicadas sobre o assunto; pela escassez de doutorados e mestrados com linhas de pesquisa nessa direção; e pelos reduzidos trabalhos de conclusão de curso sobre a temática da hospitalidade.

Figura 1.2 – Discrepância.

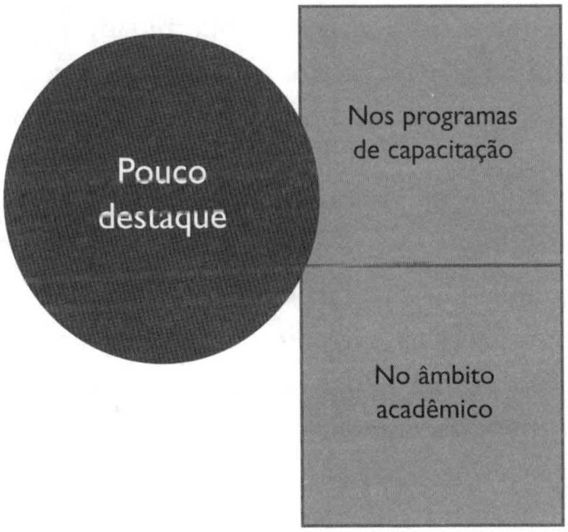

Em função desses dois registros de constatação, temos, então, por um lado, a necessidade de uma melhor compreensão da amplitude da hospitalidade; e, por outro, a demanda por maior aplicabilidade da hospitalidade nas culturas organizacionais.

A hospitalidade praticada na sociedade contemporânea, em especial pelos meios de hospedagem e por outras organizações prestadoras de serviços, não se explica sem que se tenha, mesmo que tenuamente, uma visão do que ela representou e representa nessa longa caminhada que o ser humano fez para chegar até onde chegou.

O atual estágio de desenvolvimento das comunidades, dos negócios, do turismo e, mais especificamente, da hotelaria encontra, na essência de suas atividades, um componente que remonta a um passado longínquo. Trata-se da compreensão do ato de acolher, isto é, da atitude do visitado perante o visitante, que a história nos tem documentado de alguma maneira. O que é um polo turístico ou um hotel, hoje em dia, senão o local no qual se materializa o processo da hospitalidade? Captar essa noção e verificar as formas pelas quais esse processo se concretizou no decorrer dos séculos significa compreender melhor as atividades das organizações prestadoras de serviços.

Hospitalidade significa receber, abrigar, alimentar e cuidar do visitante. É, por exemplo, o que a hotelaria faz ou, melhor dizendo, comercializa. Nesse caso, não se trata de uma obra de caridade, mas de um negócio. É preciso, contudo, compreender que, por trás desse negócio em grande expansão com o incremento do turismo a partir da segunda metade do século XX, existe algo de *sagrado*, testemunhado ao longo da história da humanidade e que não pode ser menosprezado para quem exercer, na modernidade, o *comércio da hospitalidade* em grande escala. Trata-se de resgatar o profundo significado da hospitalidade, um elo quase perdido, mas que não pode estar ausente nas pessoas que prestam tais serviços. A hotelaria, na sociedade moderna, assim como as demais empresas prestadoras de serviços, encontra dificuldades de ser plenamente entendida sem a compreensão do que a hospitalidade significou para a humanidade desde os seus primórdios. Por que não fazer uma pequena incursão nessa direção? Isso certamente trará valiosos subsídios para uma melhor compreensão do exercício das atividades por parte das empresas prestadoras de serviços. Servirá para mostrar aos profissionais que nelas exercem suas atividades a grandeza do ato de servir uma pessoa, do qual são os protagonistas. Em síntese, contribui para que não se confunda hospitalidade com subserviência.

1.2 Objetivos

O estudo da hospitalidade permite englobar uma gama de objetivos. Para a presente abordagem, destacamos dois deles:

Figura 1.3 – Objetivos.

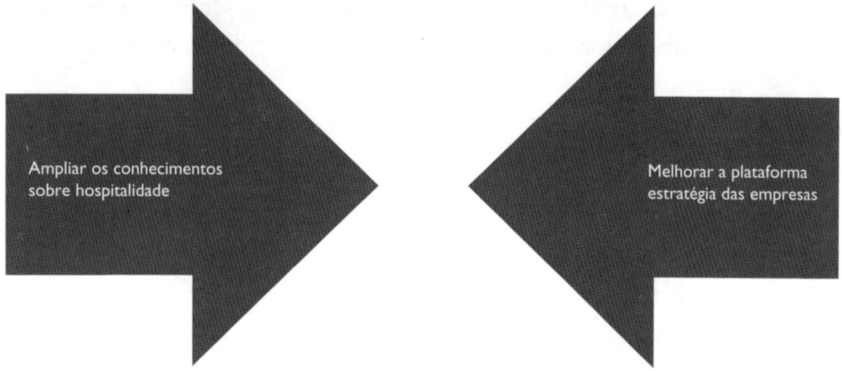

1. construir conhecimentos sobre a hospitalidade tendo em vista que abordar esse tema é, em especial: i) tratar da compreensão da história dos homens, de seus encontros e reencontros, de seus diálogos e de tudo o que eles criaram, no transcorrer dos séculos, para facilitar processos de aproximação; ii) tratar da arte de receber, de hospedar, de alimentar, de entreter e de despedir-se do visitante, que são atos inerentes ao processo de hospitalidade; iii) tratar da compreensão do fenômeno turístico da atualidade; e iv) ampliar a compreensão do significado e da abrangência da hospitalidade, com os dirigentes das empresas prestadoras de serviços, em especial, para que possam melhor avaliar a essência dos negócios das suas empresas, o fomento da cultura da hospitalidade, um dos componentes marcantes da competitividade das suas empresas, bem como um novo paradigma de gestão; e

2. agregar valor à plataforma estratégica de competitividade das empresas, ou seja, capacitar profissionais para a atuação na área da prestação de serviços, com atitude hospitaleira, tendo em vista que se trata da área de serviços que mais cresce no mundo, já que as viagens de turismo e de negócios, no final do século XX e início do século XXI, ganharam grandes proporções. Além disso, é importante ressaltar que o turismo e a hospitalidade formam, simbolicamente, a cara e a coroa de uma mesma moeda; estão indissociavelmente ligados. Quando se fala em turismo, é imprescindível considerar a prática da hospitalidade, não apenas aquela praticada pelos meios de hospedagem, como também as relacionadas aos demais componentes da

oferta. Outra questão relevante é a qualificação do processo de hospitalidade: isso não pode ser obtido sem um forte investimento na formação da atitude hospitaleira, a qual deve ser incorporada a todos os colaboradores das empresas prestadoras de serviços.

1.3 Cenários

Entre outras possibilidades, destacamos dois cenários pertinentes ao estudo proposto.

1º Cenário: turismo no século XXI.

O grande volume de viagens, em especial as de turismo, criou oportunidade para o surgimento de uma gama diferenciada de trocas e partilhas tanto comerciais quanto culturais. Isso se deveu entre outros fatores:

- à conquista de um maior tempo livre. Isso quer dizer tempo livre em oposição ao tempo preso/ocupado/obrigado/de trabalho. A prática das atividades de lazer depende dessa conquista, que ainda está em andamento;
- à internacionalização dos empreendimentos e à globalização dos mercados, que permitiram a aceleração da concorrência entre as empresas e, em consequência, vêm contribuindo para desencadear a competitividade entre elas. Cabe, no entanto, observar que, na contramão desse movimento globalizante, existe forte valorização dos localismos. Trata-se do apreço dos turistas pelas particularidades locais; e
- à era da maior comercialização da hospitalidade. Com a expansão dos mercados, as viagens a negócios e as viagens a lazer ganharam grandes proporções. Para dar suporte a esse volume de viajantes, foi possível registrar: i) o incremento de redes globais de hotéis e uma verdadeira dança de fusões e aquisições; ii) a criação de novas marcas, visando a atingir necessidades específicas e faixas de renda definidas – surgem, então, hotéis sob medida, hotéis específicos para segmentos de mercado definidos, e isso, por sua vez, vem contribuindo para o aparecimento de inúmeras marcas de meios de hospedagem, inclusive dentro de uma mesma organização; e iii) a criação de novas ofertas dentro de uma mesma organização.

Esse crescimento da oferta dos meios de hospedagem deve-se, sobretudo:

- a um mercado atual de, aproximadamente, 700 milhões de viajantes anuais. Segundo previsões da Organização Mundial do Turismo (OMT), estima-se que esse número será de 1,6 bilhão em 2020. A OMT prevê também a importância crescente de algumas novas economias, entre as quais se encontra o Brasil. O tamanho do mercado está relacionado, entre outros fatores, ao aumento da renda familiar, ao progresso tecnológico, à melhoria do nível de instrução, à concentração urbana e ao aumento do tempo livre;
- aos grandes avanços nas tecnologias de informação, as quais se tornaram mais rápidas e eficientes. Tais avanços repercutiram, principalmente, nas empresas prestadoras de serviços, entre elas as que integram o *trade* turístico, favorecendo, sobremaneira, a comercialização dos bens e serviços; e
- às perspectivas de alta favorabilidade para o incremento do turismo mundial. No Brasil, essas perspectivas foram motivadas, em especial, pela estabilidade econômica do país; pela ampliação da oferta turística, no que diz respeito aos atrativos naturais, históricos e culturais; pela melhoria na estrutura e na infraestrutura de alguns destinos turísticos; pelo incremento de organizações especializadas nos processos de gestão do turismo; pela diversidade de recursos naturais; pela inexistência de fenômenos naturais devastadores; e pela típica hospitalidade do povo brasileiro.

2º Cenário: era dos serviços.

O contexto social atual exige um cenário que demande a excelência na prestação dos serviços. Toda a prestação de serviços envolve, necessariamente, trocas, que são os componentes essenciais do conceito de hospitalidade.

Ao se analisar os bens e os serviços ofertados pelas empresas, é possível constatar, de acordo com a percepção dos clientes, a existência de diversos patamares de atributos que entram em jogo nas trocas ou partilhas realizadas entre os que participam da oferta e da demanda. Quais são esses patamares de bens e serviços e quais os atributos a eles inerentes, na percepção do outro, o cliente? Ao buscarmos respostas para essa questão, desejamos expandir nossa compreensão sobre a temática da hospitalidade. Podemos identificar quatro patamares de atributos, como indica a Figura 1.4, inerentes aos bens e serviços ofertados.

Figura 1.4 – Patamares de atributos.

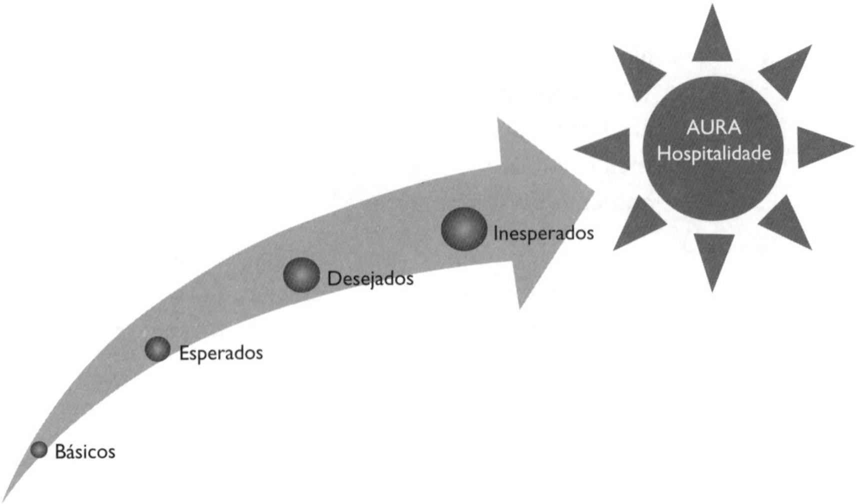

Básicos: são atributos essenciais dos bens e serviços ofertados. Por exemplo, o apartamento do hotel deve estar mobiliado adequadamente e higienizado para ser ocupado pelo hóspede.

Esperados: correspondem aos atributos que passam a fazer parte da experiência do cliente. É o caso dos serviços de *room-service*, lavagem de roupa, restaurante e bar, entre outros, para a oferta hoteleira.

Desejados: referem-se aos atributos que não fazem parte da experiência do cliente, mas, uma vez fornecidos, são apreciados. É o caso das informações, disponibilizadas pelo hotel, sobre atrativos turísticos, artísticos, gastronômicos e de lazer ofertados pela cidade ou pela região.

Inesperados: trata-se dos atributos surpresa. É o caso de um coquetel de boas-vindas ou de um cesto de frutas colocado no apartamento para recepcionar o viajante no hotel.

As empresas que prestam serviços com atributos básicos, esperados, desejados e inesperados são empresas, provavelmente, bem-sucedidas. Nesse caso, o que mais elas podem acrescentar para agregar valor aos serviços? Que outra performance elas podem almejar? Existe outra? Será que estaria faltando ainda algo para torná-las mais brilhantes? Qual seria o próximo passo?

O passo seguinte sugerido é fomentar a cultura da hospitalidade e impregnar o agir de todos os colaboradores da empresa com uma atitude hospitaleira. Dessa forma, a empresa será revestida de uma *aura* que a tornará singular, dando oportunidade de experiências singulares e emocionantes tanto aos clientes internos quanto externos. Não se trata, tão somente, de executar o Procedimento Operacional Padrão (POP) com perfeição. Trata-se de agregar-lhe um valor singular, mediante atuações com atitude hospitaleira. Assim, a execução do serviço atinge sua sublimidade, a qual é, certamente, sentida pelo cliente como algo que toca fundo a alma.

1.4 Provocação

As provocações desencadeiam indagações que, por sua vez, instigam desafios capazes de nos levar além do que já está estabelecido, podendo trazer contribuições relevantes para toda e qualquer situação em questão. Não seria diferente com a abordagem da hospitalidade.

A provocação que se coloca em pauta, inicialmente, capaz de estabelecer uma diretriz e uma matriz indagadora e motivadora para o presente estudo, conforme a Figura 1.5, é a seguinte:

Figura 1.5 – Provocações.

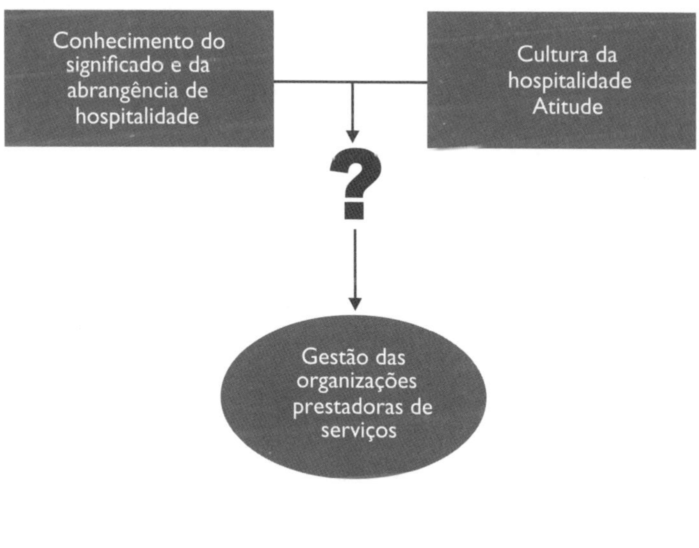

Será possível, na atualidade e em uma perspectiva competitiva, fazer a gestão das empresas prestadoras de serviços, em especial daquelas que compõem o *trade* turístico, sem os seguintes passos?

1º Sem a compreensão do significado e da abrangência por que passou o processo da hospitalidade no decurso da história?

2º Sem o fomento da cultura da hospitalidade e sem o agir dos colaboradores com uma atitude hospitaleira?

Para sinalizar possíveis respostas a essas importantes questões, necessitamos recorrer:

- à história, em busca de algumas evidências capazes de nos auxiliar a compreender o significado e a abrangência da hospitalidade, entre os quais cabe mencionar o ato do abrigar-se, do *comer junto* e do deslocar-se (viagens), momentos de significativo interesse para os propósitos do estudo ora delineado; e

- ao mercado, em busca de elementos determinantes para a compreensão da competitividade das empresas.

Capítulo 2

A HOSPITALIDADE NA ANTIGUIDADE

A história nos mostra que houve momentos ímpares para a prática da sociabilidade, da convivência e da solidariedade – componentes do processo da hospitalidade – e outros nem tanto. Daí a necessidade de se realizar um resgate histórico desses momentos, que nos permitem examinar os impactos que a hospitalidade sofreu ao longo dos anos.

Com o objetivo de melhor compreender o significado e a abrangência da hospitalidade e, além disso, identificar algumas iniciativas que, de alguma forma, contribuíram para materializar seu conceito e seu processo, é relevante destacar quatro momentos históricos distintos e diferenciados: os primórdios da civilização humana, as civilizações orientais antigas, a civilização grega e a civilização romana.

2.1 Primórdios da civilização humana

Informações da Antiguidade esclarecem, muitas vezes, como a hospitalidade tomou forma no seio dos grupos sociais e qual tem sido o seu significado para a sociabilidade e a convivibilidade nesses grupos, sociedades ou civilizações. Longe de se esgotarem todas as vertentes, foram enfatizadas aquelas que mais diretamente contribuíram para a construção do conceito de hospitalidade atual, cabendo mencionar o ato do *comer junto*, do abrigar-se e do deslocar-se (viagens) – momentos de significativo interesse para os propósitos deste estudo.

Figura 2.1 – Principais vertentes para a construção do conceito de hospitalidade atual.

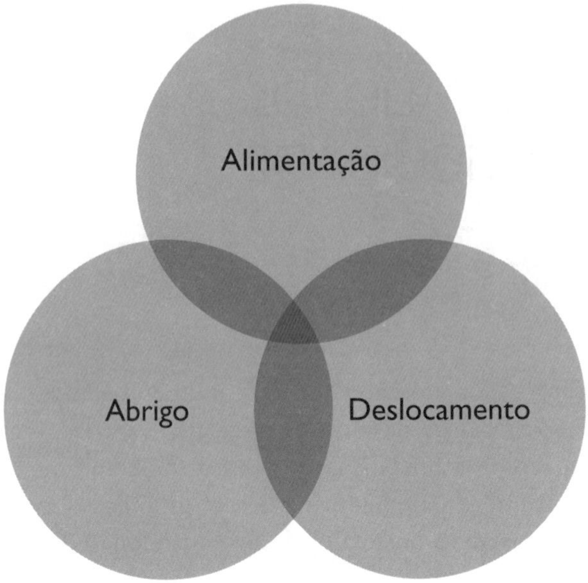

2.1.1 Necessidades fisiológicas

As necessidades de todo ser humano são múltiplas e de diversas ordens. Maslow as tem identificado como fisiológicas, de segurança, sociais, de estima e de realização. Elas sempre se fizeram presentes ao longo da história da humanidade, até porque são componentes inatos das pessoas, não sofrendo alterações. O que mudou foi a forma como essas necessidades têm sido saciadas. Ou seja, foram os desejos, e não as necessidades, que mudaram e estão mudando a cada dia. Para exemplificar, a necessidade de saciar a sede sempre existiu e continuará existindo; contudo, o desejo de como fazê-lo é que muda de pessoa para pessoa. Para algumas, pode ser com água e, para outras, com um refrigerante ou uma cerveja bem gelada! O mesmo se pode dizer em relação à necessidade de repousar. Ao hospedar-se num hotel, na atualidade, o viajante busca abrigo, alimento e repouso para suprir a sua necessidade fisiológica, como sempre aconteceu. Daí o surgimento de inúmeros e variados tipos de meios de hospedagem. Certamente, além disso, ele almeja também suprir a satisfação de outras necessidades. Afinal, uma pessoa pode estar num hotel também por uma questão de segurança, de convívio social ou de *status*.

A alimentação é uma necessidade fisiológica que necessita ser saciada permanentemente. A fome, ou o medo dela, impulsiona os seres vivos à ação. Nesse sentido, Visser diz que "a necessidade básica que nossos estômagos sentem de comida continua a proporcionar boa quantidade da energia que impulsiona toda a empresa humana; temos de caçar por comida, brigar por ela, procurá-la ou semeá-la e esperar que esteja pronta; então precisamos transportá-la e distribuí-la, antes que apodreça".[1] Aguilera também reforça esse argumento ao afirmar que "a fome já se encontra na atividade dos primeiros hominídeos e tem continuado sob diversas formas até os nossos dias; produz-se num encadeamento vertical, em que surge no fundo como motor de atividade".[2] Logo, a história do homem é, em grande parte, a da sua luta contra a fome. Uma luta permanente, pois quem não come morre! Algumas horas após uma farta refeição, a fome está novamente *batendo à porta.*

Carneiro amplia o conceito de fome ao dizer que ela "não é apenas a sensação universal que todos possuímos antes de comer, mais bem chamada de apetite, mas o estado crônico de carências nutricionais que podem levar à morte por inanição ou às doenças da desnutrição".[3] A esse respeito, o sociólogo Josué de Castro, entre outros intelectuais, nas obras *Geografia da fome*, *O livro negro da fome* e *Alimentação brasileira à luz da geografia humana*, tem abordado, com propriedade desde a década de 1940, o tema da fome. Esse tema ainda está bem presente na política de governos e organizações internacionais na atualidade. Até porque a fome é uma agressão à vida, podendo desencadear um tipo de sociabilidade e de solidariedade que a história muitas vezes tem documentado por meio de revoltas e revoluções armadas.

A luta contra a fome nem sempre "tem sido vitoriosa para a humanidade. [...] as fomes assolam o passado e o presente da humanidade", enfatiza Carneiro.[4] No século XX, continua o autor, "a divisão desigual do produto social continuou sendo, antes de tudo, uma divisão diferenciada dos níveis de acesso ao consumo alimentar".[5] Ou seja, as grandes fomes contemporâneas decorrem muito mais da falta de recursos financeiros de alguns indivíduos para adquirir alimentos do que da falta de alimentos disponíveis. Isso evidencia processos de exclusão, nada propícios para o fomento da cultura da hospitalidade.

---

1 VISSER, M. *O ritual do jantar*: as origens, evolução, excentricidades e significado das boas maneiras à mesa. Rio de Janeiro: Campus, 1998. p. 2.

2 AGUILERA, C. *História da alimentação mediterrânea.* Lisboa: Terramar, 2001. p. 7.

3 CARNEIRO, H. *Comida e sociedade*: uma história da alimentação. Rio de Janeiro: Campus, 2003. p. 24.

4 CARNEIRO, 2003. p. 23.

5 CARNEIRO, 2003. p. 41.

2.1.2 Alimentação

A abordagem da temática da hospitalidade passa, necessariamente, pelo estudo das condutas alimentares, as quais são contextualizadas pelas crenças, pelos valores e pelas estruturas sociais das diferentes sociedades, em cada época. Diante disso, uma das grandes questões em pauta é a seguinte: em que e a partir de quando o homem se distingue do animal em relação aos alimentos que consome? Será que é por sua quantidade e variedade? Será que é pelo modo como são preparados e consumidos os alimentos? As respostas a essas questões permitem que compreendamos melhor o que representou e o que ainda representa o ato do *comer junto* para o fomento da hospitalidade.

O ser humano, com o passar dos séculos, foi encontrando à mesa um dos lugares e ocasiões mais propícios para o exercício da hospitalidade. Franco afirma, a esse respeito, que "o prazer da mesa é o prazer que advém de várias circunstâncias, fatos, lugares, coisas e pessoas que acompanham a refeição. É prazer peculiar à espécie humana. Pressupõe cuidados com o preparo da refeição, com a arrumação do local onde será servida e com o número e tipo de convivas".[6] A refeição é, dessa forma, uma ocasião ímpar para a prática da sociabilidade e da convivibilidade. Como enfatiza Strong[7]: "o ato de comer em conjunto transformou uma função corporal necessária em algo muito mais significativo, um evento social". Trata-se de um momento social prazeroso, se os convivas forem simpáticos!

2.1.3 Caça

O homem, em seus primórdios, para saciar a fome, foi um ser itinerante por obrigação. Necessitou ir em busca de alimentos, lá onde estivessem. Os estudos arqueológicos e antropológicos revelam que ele era obrigado a locomover-se, em primeiro lugar, como caçador nômade e, depois, percorrendo grandes distâncias, ao seguir as correntes migratórias das manadas de animais, fonte do seu sustento. Não que a carne fosse sua única opção de alimentos, já que era onívoro. Onívoros eram também a maioria dos primatas, não sendo, pois, essa uma característica específica dos hominídeos. Contudo, a alimentação composta de carne obteve grande importância, segundo Perlès (1998),[8] porque foi a que, na pré-história,

---

[6] FRANCO, A. *De caçador a gourmet*: uma história da gastronomia. São Paulo: Senac, 2001. p. 22.

[7] STRONG, R. *Banquete*: uma história ilustrada da culinária, dos costumes e da fartura à mesa. Rio de Janeiro: Jorge Zahar, 2004.

[8] PERLÈS, C. As estratégias alimentares nos tempos pré-históricos. In: FLANDRIN, J.-L.; MONTANARI, M. et al. *História da alimentação*. 2. ed. São Paulo: Estação Liberdade, 1998. p. 36-53.

deixou mais vestígios para melhor elucidar as teorias da hominização. Em vista disso, continua Perlès,"a maneira como conseguiam carne, quando pode ser determinada a partir de vestígios da fauna encontrados nos sítios arqueológicos, abre perspectivas fundamentais no que tange à organização socioeconômica dos grupos pré-históricos".[9] Ou seja, como esses hominídeos não possuíam ainda um andar adaptado à caça, é possível apurar que essa atividade só poderia ser realizada de maneira coletiva, exigindo a cooperação do grupo.

A caça desencadeou um processo que foi além do ato de saciar a fome. Nesse sentido, Perlès afirma que ela "teria praticamente dado origem à organização social e familiar, considerada como tipicamente humana".[10] Ou seja, a caça, que exige organização e cooperação, e o ato do *comer junto* geraram momentos de sociabilidade, fundamento da hospitalidade.

2.1.4 Partilha

Repartir a comida, a bebida e o espaço é praticar o processo da hospitalidade. E esse compartilhamento constituiu-se, ao longo da história, em momentos ímpares para a sobrevivência da família humana, já que a hospitalidade brotou dessa cultura. Assim, a hospitalidade passou a integrar a essência da condição humana e não se constituiu apenas em uma simples futilidade. Dessa maneira, os atos de receber, de hospedar, de alimentar e de cuidar do visitante, componentes do processo de hospitalidade, passaram a fazer parte da vida das pessoas: de pequenas comunidades nos primórdios e de megacomunidades na atualidade.

Essa ideia da partilha como componente essencial do conceito de hospitalidade é reforçada por Franco, que afirma que "a tendência humana de compartilhar alimento, ideia básica da hospitalidade, teria se originado quando o homem desenvolveu a capacidade de matar grandes presas. Esse tipo de caça muitas vezes o forçava à associação. Desconhecendo ainda outros métodos de conservação, além da cocção, via-se obrigado a consumir a caça com certa rapidez. Isso o induziria a dividir com outros caçadores e famílias o produto de seu trabalho e, evidentemente, esperar gestos recíprocos. Teria nascido, assim, a hospitalidade à mesa".[11] Com base nesses dados, é possível extrair dois importantes componentes para o estudo da hospitalidade:

---

[9] PERLÈS, 1998. p. 38.

[10] PERLÈS, 1998. p. 39.

[11] FRANCO, 2001. p. 22.

- a formação do grupo; e
- a cooperação interna dos componentes do grupo, objetivando eficiência e eficácia maiores na obtenção das presas visadas.

Na ideia de grupo e de cooperação está implícito o ato de pertencimento a uma comunidade, um dos fundamentos da hospitalidade, como será abordado mais adiante. Cabe, contudo, salientar que a formação de grupos e a cooperação entre seus componentes, principalmente na caça, não têm sido privilégio dos hominídeos. Várias outras espécies de animais fizeram associações, e ainda o fazem. Basta, para comprovar essa teoria, acessar os programas de televisão dos canais Discovery ou Animal Planet. Os hominídeos, contudo, se distinguem dos animais, no parecer de Visser, pela "partilha ativa da comida – não consumir toda a comida que encontramos no lugar, mas levar alguma coisa para casa e, depois, sistematicamente, distribuí-la".[12] Ou seja, ainda segundo esta autora, esse aspecto é um diferencial do ser humano em relação aos animais, já que "só as pessoas trabalham de forma ativa, regular e contínua na distribuição de sua comida".[13]

Dessa sucinta análise, pode-se retirar um valioso ensinamento sobre o tema da hospitalidade. Trata-se da capacidade de as pessoas juntarem-se num abrigo e repartir, entre si, os alimentos. A ideia de compartilhar o alimento, pondera Paula, "se associa ao princípio básico da hospitalidade: o prazer de satisfazer as necessidades dos outros que, explicado por teorias psicológicas, gera uma recompensa acima de tudo emocional e que faz parte da condição humana".[14] Ou seja, por meio do estudo da história da alimentação, é possível delinear a contribuição que o ato de repartir a comida e a bebida teve na formação cultural dos povos ou das sociedades. Paula acrescenta ainda que "na literatura gastronômica, a descrição do alimento, sua técnica de preparo e apresentação do cardápio permitem, dentre outros aspectos, deduzir as relações de poder e subordinação das sociedades mais remotas até as contemporâneas; entender as relações sociais e econômicas mantidas entre os povos de diferentes regiões; conhecer a história do apetite, dos hábitos e do gosto dos indivíduos; preservar a tradição e origem dos experimentos desenvolvidos na gastronomia, dentre outros".[15]

---

12 VISSER, 1998. p. 1.

13 VISSER, 1998. p. 1.

14 PAULA, N. M. de. Introdução ao conceito de hospitalidade em serviços de alimentação. In: DIAS, C. M. M. *Hospitalidade, reflexões e perspectivas*. São Paulo: Manole, 2002. p. 72.

15 PAULA, 2002. p. 73.

Repartir a comida, a bebida e o espaço é praticar o processo da hospitalidade, um dos fundamentos da condição humana. Por isso, afirma Schérer,[16] a hospitalidade não é um acidente da condição humana, mas faz parte de sua essência. Dito de outra forma, nenhum homem é uma ilha, sendo de sua natureza o desejo de abrir-se para o outro e criar oportunidades capazes de promover interações que lhe agreguem valor.

2.1.5 Parâmetro

A comida, segundo os relatos bíblicos, esteve presente desde os primeiros momentos da vida do homem, inclusive como parâmetro para o estabelecimento de certos limites ou normas. Afinal, não foi isso que o Criador fez, ao proibir Adão e Eva de comerem os frutos da *árvore proibida*? Não foi, justamente, um dos frutos dessa árvore o parâmetro para levá-los à sucumbência? Não foi um prato de lentilhas que serviu de parâmetro para Esaú vender o seu direito de primogenitura para seu irmão Jacó (Gênesis, 27-34)? Enfim, são exemplos extraídos da Bíblia, entre tantos outros encontrados em documentos antigos.

Ao se analisar o convívio familiar, é possível perceber como a comida é um balizador nas interfaces entre seus membros, ou seja: o comer nos horários das refeições, os almoços em família nos domingos, a ceia de Natal, os hábitos alimentares e o compartilhar dos mesmos alimentos. Afinal, quem não lembra ou sente o cheiro ou o gosto de alguma comida especial feitos pela vovó? Quem não lembra ou sente aquela atmosfera vivida no aconchego do lar, enquanto a comida estava sendo preparada e saboreada? Que componentes são esses que nos conectam e nos ligam dessa maneira tão forte?

2.1.6 Arte culinária

A alimentação, necessidade fundamental para a sobrevivência da espécie humana, nem sempre recebeu toda a atenção por parte das ciências que lhe dizem respeito. É o caso, por exemplo, da história da arte culinária, que foi, no parecer de Franco, "quase sempre ignorada pela maioria dos historiadores, sociólogos e etnólogos. É curioso que atividade tão importante como a obtenção, preparação e ingestão de alimentos tenha sido objeto de tal omissão. Entretanto, apesar da pouca atenção que o mundo acadêmico lhes tem reservado, a alimen-

[16] SCHÉRER, R. *Zeus hospitalier*: l'éloge de l'hospitalité. Paris: Armand Colin, 1993. p. 19.

tação e a arte culinária não podem ser consideradas aspectos secundários das civilizações. [...] Cozinhar é uma atividade que tem sido enobrecida e vão chegando ao fim os dias em que se declarar totalmente ignorante em matéria de cozinha poderia conferir distinção. [...] a culinária, além de arte, é uma ciência, porque grande parte dos fenômenos que se passam no forno e no fogão pode ser explicada pelas leis da física e da química".[17] Cabe, contudo, enfatizar, ainda segundo Franco, que "a história da alimentação e da cozinha começa, porém, a despertar maior interesse acadêmico. Narrar e reconstruir os feitos e gestos dos 'grandes homens' não é mais considerada a única maneira de se fazer história. Graças à antropologia, sabe-se hoje que a preparação dos alimentos e o comer são também atividades simbólicas que permitem perceber as sociedades e a sua complexidade. Nos últimos anos, a mesa e seus rituais representam um campo ativo de pesquisa".[18] Carneiro reforça esse argumento ao dizer que "a alimentação, além de uma necessidade biológica, é um complexo sistema simbólico de significados sociais, sexuais, políticos, religiosos, éticos, estéticos etc.".[19] É, pois, um importante componente cultural das comunidades e contribui para a melhor compreensão da hospitalidade. A propósito, Franco afirma que "encontramos nas culinárias os vestígios das trocas culturais entre os povos", já que "as cozinhas são produtos de miscigenação cultural".[20] A história da alimentação é rica em exemplos nessa direção. Cabe adiantar que muitas dessas evidências serão relatadas no transcorrer desta obra, com o intuito de identificar algumas *raízes* dos rituais que envolvem a hospitalidade.

A história da alimentação abrange, no entender de Carneiro, "mais do que a história dos alimentos, de sua produção, distribuição, preparo e consumo. O que se come é tão importante quanto quando se come, onde se come, como se come e com quem se come".[21] Isso é tão verdadeiro que a história nos mostra que o homem encontrou, no ato do *comer junto*, formas ímpares de sociabilidade e de convivibilidade, fazendo da refeição um momento que vai além do mero ato de saciar a fome. Foi transformada, no parecer de Visser, "em mais do que ela é, em algo que contenha múltiplos significados além do seu objetivo básico da nutrição física".[22] Que significados são esses? Revel responde dizendo que,

---

[17] FRANCO, 2001. p. 234.

[18] FRANCO, 2001. p. 235.

[19] CARNEIRO, 2003. p. 1.

[20] FRANCO, 2001. p. 249.

[21] CARNEIRO, 2003. p. 2.

[22] VISSER, 1998. p. 2.

"tanto quanto a sexualidade, o alimento é inseparável da imaginação".[23] Cascudo reforça esse argumento quando acrescenta que "os artifícios da astúcia, disciplina da força, oportunidade da observação aplicada são formas aquisitivas para a satisfação das duas necessidades onipotentes",[24] as necessidades do estômago e do sexo, um binômio essencial à espécie humana.

O homem, há cerca de 500 mil a.C., lembra Flandrin,[25] ao fazer uso do fogo, seja para cozer seus alimentos, seja para outros fins, teria dado um passo significativo para distinguir-se de seus ancestrais hominídeos e dos demais animais. Franco reforça esse argumento ao afirmar que "quando o homem aprendeu a cozinhar os alimentos, surgiu uma profunda diferença entre ele e os outros animais".[26] Será esse o momento que marca a hominização das condutas alimentares? Certamente a resposta a essa indagação interessa a toda a humanidade e está sendo dada por muitos estudiosos, principalmente arqueólogos e antropólogos, por intermédio das pesquisas que estão sendo realizadas. Independentemente de uma resposta mais precisa em relação a quando a arte culinária passou ao domínio dos homens, o fato é que ela se constitui, de fato, num marco importante no processo de hominização. Afinal, a arte culinária envolve métodos e técnicas que exigem capacidade para executá-los, capacidade essa que vai bem além daquela utilizada pelos primatas. Assim, a partir do momento em que o homem passou a dominar o fogo, inclusive para a cocção de alimentos, criou-se também uma nova era para o processo de sociabilidade dos grupos e das comunidades.

O *Homo habilis* foi sucedido pelo *Homo erectus* e, posteriormente, pelo *Homo sapiens*, que foi ganhando em organização, cooperação, comunicação e inteligência para sobreviver melhor. Tornou-se agricultor e criador dos seus animais, podendo fixar-se em um local, o que permitiu o surgimento das primeiras povoações e, com elas, novos tipos de abrigo, que foram ganhando formas e soluções técnicas cada vez mais elaboradas com o passar dos tempos. Franco contribui dizendo que o "cultivo da terra, assim como a fabricação de utensílios de cerâmica e de fornos, implicava o estabelecimento de um núcleo habitacional fixo de uma comunidade. Em torno dos campos de cereais, apareciam as primeiras aldeias".[27]

---

23 REVEL, J.-F. *Um banquete de palavras*: uma história da sensibilidade gastronômica. São Paulo: Companhia das Letras, 1996. p. 26.

24 CASCUDO, L. C. *História da alimentação no Brasil*. São Paulo: Companhia Editora Nacional, 1967. p. 7, v. 1.

25 FLANDRIN, J.-L. A humanização das condutas alimentares. In: FLANDRIN, J.-L.; MONTANARI, M. et al., *História da alimentação*. 2. ed. São Paulo: Estação Liberdade, 1998.

26 FRANCO, 2001. p. 17.

27 FRANCO, 2001. p. 19.

Apresenta, ainda, o referido autor que "o aumento gradual da produtividade agrícola permitiria que se armazenasse uma parte das colheitas e que um número crescente de pessoas pudesse dedicar-se a outras atividades. Esse fato é um dos marcos da história humana. Em decorrência dos primeiros excedentes de alimentos, surgiram excedentes de muitas outras coisas".[28]

2.1.7 Abrigo

Deus criou o homem e, também, a hospitalidade! Afinal, ao perceber que Adão precisava de alguém com quem pudesse compartilhar, deu-lhe Eva como companheira. Além disso, o Criador acolheu Adão e Eva num paraíso. Foi também hospitaleiro, pois lhes franqueou tudo o que nele havia, com a restrição de não comer o fruto da *árvore proibida*. A propósito, parece, numa interpretação livre, que essa proibição quis chamar a atenção para o fato de que o exercício da hospitalidade não significa um *abrir as comportas* em relação ao outro ou na relação visitante-visitado. A recíproca também é verdadeira. Parece que, no encontro entre visitante e visitado, existe sempre uma *árvore proibida*, situada entre ambos. Ou seja, uma *distância*, uma privacidade do visitado, que cabe ser respeitada por parte do visitante, o mesmo ocorrendo na relação oposta. Por isso, visitante e visitado continuam sendo, em parte, estranhos um em relação ao outro.

Além da forma de obtenção da comida, a forma de obtenção de abrigo, em especial quando se buscava defesa contra animais e até mesmo contra outros seres humanos em refúgios naturais, principalmente cavernas, gerou um contexto hospitaleiro, sem o qual, presume-se, a espécie humana não teria sobrevivido. Pode-se pressupor que foi nesse contexto que a longa história sobre a hospitalidade, componente essencial das culturas dos diferentes povos que vieram habitar o planeta, tenha se iniciado.

Com essa breve retrospectiva, cujo objetivo é compreender o significado de hospitalidade, quer-se também identificar algumas raízes ou iniciativas que, de alguma forma, materializam o conceito de hospitalidade. Nesse particular, Buzzelli afirma que "é essencial conhecer a evolução histórica das estruturas receptivas para dar-se exatamente conta de como e por que nasceram determinadas soluções. Essas estruturas receptivas de cada época estão intimamente relacionadas com a cultura local, incluindo as peculiaridades relacionadas com o processo de hospitalidade".[29]

---

[28] FRANCO, 2001. p. 19.

[29] BUZZELLI, G. E. *Manual de la industria hotelera*: proyecto, estructura y tecnologia. Barcelona: Ediciones Ceac, 1994.

2.1.8 Deslocamento

O fato de o homem fixar-se em povoações não lhe supriu a necessidade de continuar viajando, em especial para efetuar trocas de produtos agrícolas e artesanais entre as diversas aldeias que foram surgindo. Esses intercâmbios consolidaram ainda mais a necessidade de acolher e hospedar bem os viajantes; afinal, eles eram os portadores de produtos necessários para a sobrevivência das pessoas que residiam nessas aglomerações. Por essa razão, a hospitalidade passou a ser apreciada e glorificada. Além desses aspectos comerciais, havia também o interesse pelas relações entre os diversos grupos procedentes de outras regiões, com seus usos e costumes, configurando uma contextualização que contribuía para fortificar a hospitalidade entre visitante e visitado, tornando-a uma relação de verdadeira cumplicidade. Essa hospitalidade, no parecer de Peyer, "ocorria desde a pré-história, com variantes que em seguida deram lugar a diversas combinações".[30]

Além desses tipos de viagens que marcaram os primórdios da humanidade, as pessoas viajavam também movidas por outras necessidades e desejos, entre eles o de curiosidade. Quantas pessoas já não viajavam, há milênios, para ver as pirâmides do Egito? Pessoas continuam, na atualidade, sendo atraídas para esses mesmos locais, com os mesmos objetivos. Algo semelhante poder-se-ia dizer sobre inúmeros outros atrativos para exemplificar que o homem sempre foi impelido a viajar, não apenas para buscar alimentos, mas também para visitar atrativos de rara beleza, naturais ou civilizatórios.

2.2 Civilizações orientais

Na perspectiva do resgate do significado de hospitalidade, Chon e Sparrowe corroboram nosso argumento ao afirmar que "os historiadores conjeturam que as primeiras estruturas destinadas ao pernoite de pessoas foram erguidas no Oriente Médio, ao longo das rotas de comércio e das caravanas, há cerca de 4.000 anos. Essas estruturas, denominadas *caravanserai*, situavam-se em intervalos de 12 quilômetros de distância e funcionavam de modo muito semelhante aos atuais *kahns* do Oriente Médio, uma vez que forneciam abrigo (para homens e animais) e nada mais. Todas as provisões – comida, água, colchões – eram trazidas

[30] PEYER, H. C. Os primórdios da hotelaria na Europa. In: FLANDRIN, J.-L.; MONTANARI, M. et al., 1998.

pelo viajante".[31] *Caravanserai* é uma palavra derivada do persa *karwan*, que significa companhia, grupo de pessoas que viajam em *serai*, grandes fileiras. Ou seja, *caravanserai* veio a designar os abrigos para albergar as caravanas.

Por razão de síntese, optou-se por restringir o campo de investigação, no presente estudo, para algumas fontes ocidentais. Cabe, contudo, lembrar que o Oriente tem marcado a história da humanidade pelo exemplo que tem dado em matéria de hospitalidade. Chon e Sparrowe lembram ainda que um tradicional ditado do Oriente Médio ilustra bem a devoção à hospitalidade ao dizer: "Eu nunca sou um escravo – exceto para o meu hóspede".[32] Essa devoção ao espírito de hospitalidade é atestada também no Oriente Próximo, de acordo com estudos realizados por Peyer, que mostram que os costumes recomendavam "dispensar uma atenção sem reservas ao estrangeiro que chegasse a uma casa ou tenda".[33] Compartilham desse mesmo ponto de vista Belchior e Poyares, quando afirmam que "em nenhuma outra região do mundo o culto à hospitalidade superou o do Oriente Médio, pois abria àqueles a quem a solicitavam invejável oportunidade de cumprir imperativo moral prescrito nos livros sagrados. Apesar da vida nômade de muitos povos, sempre havia uma tenda pronta a receber o estranho, sem que lhe perguntassem o nome".[34] Mais tarde, na Grécia Antiga, os gregos também seguiram essa diretriz ao receber um estranho, até porque, segundo as suas crenças, poderiam estar recebendo nesse hóspede a própria divindade, o deus Zeus.

O Oriente, mais precisamente o Antigo Império Babilônico, foi o berço do Código de Hamurabi, elaborado durante o período de governo do próprio Hamurabi (1792-1750 a.C.). Esse código conta com 282 cláusulas, algumas das quais relativas ao foco temático ora em curso ao falar do papel da taberneira, pessoa que acolhia o visitante, mesmo que fosse para beber uma cerveja. Vale citar algumas cláusulas relacionadas à questão da hospitalidade:

- 108 – "Se uma taberneira não quiser receber cevada como pagamento da cerveja, mas dinheiro com a cotação mais alta, ou se ela reduzir a quantidade de cerveja em comparação com a quantidade de cevada, essa taberneira será obrigada a aceitar e será jogada na água";

---

[31] CHON, K.-S.; SPARROWE, R. T. *Hospitalidade*: conceitos e aplicações. São Paulo: Pioneira, 2003. p. 3.

[32] CHON; SPARROWE, 2003. p. 3.

[33] PEYER, 1998. p. 438.

[34] BELCHIOR, E. O.; POYARES, R. *Pioneiros da hotelaria no Rio de Janeiro*. Rio de Janeiro: Senac, 1987. p. 14.

- 109 – "Se na casa de uma taberneira se reúnem conspiradores e estes não são detidos e levados à Corte, a taberneira deverá ser morta";
- 110 – "Se uma sacerdotisa *nadîtum* ou uma sacerdotisa *entum* não enclausurada abrir a porta de uma taberna ou entrar lá para beber cerveja, esta deverá ser queimada";
- 111 – "Se uma taberneira vender uma jarra de cerveja fiado, poderá exigir cinquenta litros de cevada na colheita".

Hamurabi é considerado o primeiro legislador da história e, com o código que leva seu nome, prestou uma significativa contribuição para a organização judicial e o trabalho legislativo. Muitas regiões adotaram o referido código ou o têm tomado como base para o estabelecimento de suas respectivas legislações.

A história nos revela também que o Oriente foi pródigo na realização de banquetes majestosos, que marcaram época não somente por sua suntuosidade, mas também pelo número de participantes. Entre essas famosas festividades, lembramos:

- o banquete oferecido por Assurnasírpal II (883-859 a.C) para "69.574 pessoas para um festim que durou dez dias. A lista dos víveres consumidos estende-se por muitas dezenas de linhas e enumera quantidades gigantescas: mil bois gordos, 14 mil carneiros, mil cordeiros, muitas centenas de diversos tipos de cervídeos, aves (por exemplo, 20 mil pombos), 10 mil peixes, 10 mil gerbos, 10 mil ovos, sem contar as milhares de jarras de cerveja e outras tantas de vinho. Enormes quantidades de pão, cestas de legumes e frutas, além de condimentos [...]"[35], segundo o relato feito por Joannès;
- na Babilônia, o rei Baltasar (556-538 a.C.), na última noite do seu reinado, segundo a Bíblia, no Livro de Daniel, "deu um grande banquete a mais de mil grandes de sua corte e diante deles tomava bons tragos de vinho. Estando já sob a ação do vinho, mandou que lhe trouxessem os vasos de ouro e de prata, que Nabucodonosor, seu pai, tinha transportado do templo de Jerusalém, para com eles beberem o rei e os grandes de sua corte [...]";[36] e

[35] JOANNÈS, F. A função social do banquete nas primeiras civilizações. In: FLANDRIN, J.-L.; MONTANARI, M. et al. 1998. p. 62.

[36] BÍBLIA SAGRADA. Rio de Janeiro: Encyclopaedia Britannica, 1987.

- na Pérsia, o rei Assuero ou Xerxes I (485-465 a.C.) realizou um grande banquete, assim narrado pela Bíblia no Livro de Ester: "[...] ordenou que por sete dias se preparasse um banquete no átrio do jardim, e do bosque que estava plantado de real mão e de magnificência real. E pendiam de todas as partes pavilhões de cor celeste e branca e de jacinto, sustidos de cordões de finíssimo linho, e de púrpura, que passavam por anéis de marfim, e sustinham em colunas de mármore. Havia também dispostos leitos de ouro, e de prata sobre o pavimento semeado de esmeraldas e de mármore de Paros: embutido com admirável variedade de figuras. E os convidados bebiam em vasos de ouro, e os manjares se serviam em baixelas sempre diferentes. Servia-se assim mesmo vinho em abundância, e excelente, como correspondia à magnificência de um rei. Ninguém constrangia a beber os que não o queriam: antes tinha ordenado o rei que um dos grandes da sua corte presidisse a cada mesa, para que cada um tomasse o de que gostava".

Os banquetes sempre foram considerados oportunidades de sociabilidade e convivibilidade, ocasiões em que se praticava a hospitalidade nos espaços destinados à realização do evento. Havia neles, como pode ser observado nos exemplos anteriores, até mesmo uma "ordem de precedência". A esse respeito, Joannès afirma que "os convidados banqueteavam-se em grupos profissionais separados por uma hierarquia estreita: os participantes de um desses banquetes são assim a família próxima do rei, os principais responsáveis militares e os membros da guarda real, os sábios, a alta administração da casa do rei e os membros da família real".[37] Percebe-se, nessa descrição, a forte presença da hierarquia entre os diversos grupos integrantes do banquete. Os anfitriões não podiam desconhecer tais procedimentos na recepção que davam a seus convidados. Os banquetes certamente têm servido como agente integrador, como uma espécie de *quebra-gelo* entre os diversos grupos nessas ocasiões.

A história das civilizações nos permite compreender melhor o processo da hospitalidade, em especial na vertente da história da alimentação e, mais precisamente, no exame da comensalidade. De acordo com Joannès, é "essa comensalidade entre participantes que remete a uma das expressões da solidariedade básica do grupo familiar ou da comunidade",[38] que consolida o ato do *comer junto*, momento importante para o exercício da hospitalidade.

---

[37] JOANNÈS, 1998. p. 64.

[38] JOANNÈS, 1998. p. 57.

Com o passar do tempo, a função social da refeição, principalmente dos banquetes, ganhou contornos diferentes em diversas sociedades, inclusive nas orientais. Vejamos:

- No Egito, no Antigo Império, conforme relato de Flandrin,[39] os banquetes eram regidos por ritos precisos e cerimoniais estritos, exercendo uma função social ímpar. Eles iam, como chama atenção Strong[40], "muito além do mero consumo da comida, abarcando a elegância da roupa, tipos de condutas, cerimonial e todas as formas de entretenimento teatral". No tocante aos utensílios e às maneiras de sentar-se e portar-se à mesa, por ocasião dos banquetes, registra-se uma evolução. Nesse sentido, Bresciani[41] acrescenta que as pessoas, ao realizar as suas refeições, ficavam de cócoras sobre esteiras e almofadas diante de uma mesa com as iguarias. Posteriormente, passaram a sentar-se em cadeiras diante de mesas mais altas. Os banquetes eram "abrilhantados por espetáculos de dança e de música [...] e os convivas, adornados com coroas de flores, trocavam entre si botões de lótus, dos quais aspiravam perfume", complementa Bresciani.[42] Ainda segundo esse autor, "para cozinhar, os egípcios usavam panelas e frigideiras resistentes ao fogo [...], utilizavam, também, facas de cobre, de bronze ou, além de pedra para alguns usos, colheres e escumadeiras [...] os utensílios de mesa incluíam travessas, tigelas, taças de cerâmica [...] bandejas de madeira, de metal ou fabricadas com simples fibras vegetais trançadas. O vinho era colocado em taças [...]".[43]

- Cabe perguntar: esses detalhes ou aspectos contribuíram ou não para forjar novos padrões em relação ao exercício da hospitalidade e, consequentemente, para desenvolver novas formas de sociabilidade e de conviviabilidade? A história da alimentação nos tem mostrado que os tipos de alimentos consumidos, bem como a utilização de novos utensílios aliados à arte culinária, foram determinantes na formação de novas formas de sociabilidade, principalmente em relação aos *cerimoniais* do ato do *comer junto*.

---

39 FLANDRIN, J.-L.; MONTANARI, M. et al. p. 34.

40 STRONG, 2004. p. 15 e 16.

41 BRESCIANI, E. Alimentos e bebidas do Antigo Egito. In: FLANDRIN, J.-L.; MONTANARI, M. et al., 1998. p. 76.

42 BRESCIANI, 1998. p. 76.

43 BRESCIANI, 1998. p. 77.

- A partir do terceiro e do segundo milênio, de acordo com a interpretação de Flandrin, na Suméria, na Mesopotâmia e na Síria já se realizavam banquetes com ritos bem precisos. Ele pondera que o ato do "comer e beber juntos já servia para fortalecer a amizade entre os iguais, para reforçar as relações entre senhor e vassalos, seus tributários, seus servidores, e, até, os servidores dos seus servidores".[44] Algo semelhante se passava também com as classes sociais menos favorecidas, que "selavam seus acordos comerciais na taberna, diante de uma 'panela'"[45] acrescenta, ainda, Flandrin. A refeição compartilhada, desde a pré-história, tem se constituído, assim, numa ocasião ímpar para o desenvolvimento da sociabilidade e da convivibilidade entre as pessoas, tanto para aquelas das elites quanto para aquelas das classes sociais de nível mais baixo.
- Na China, no tempo da dinastia Chou, conforme descreve Franco, "mil anos antes de Cristo, cozinhar já era uma arte e as refeições revestiam-se de grande cerimônia".[46] O ato do *comer junto*, na China e também em outras civilizações, representava um momento importante para a prática da hospitalidade. Esses momentos eram tão marcantes que foram temas abordados, no relato de Franco, por "sábios, filósofos, pensadores políticos e poetas".[47] É o caso de Confúcio, que "era um grande *gourmet* e observador de protocolo à mesa. Estabeleceu várias regras para a preparação e apresentação dos pratos".[48] Todas essas regras integram o processo de hospitalidade. Franco acrescnta ainda que, na China, "as refeições sempre foram inseparáveis do ritual. Para a aristocracia, mesmo um mero jantar entre amigos era regido por cerimonial e elaborado com regras bem definidas de como sentar os convidados à mesa e de como conduzir a conversação".[49]

Outro componente a ser considerado no ritual da hospitalidade é o tipo e o formato de mesa utilizada. Inclusive se na mesa deve-se ou não usar cadeiras. Os romanos, por exemplo, faziam uso do *triclinium*, três leitos dispostos ao

---

[44] FLANDRIN, 1998. p. 33.

[45] FLANDRIN, 1998. p. 33.

[46] FRANCO, 2001. p. 123.

[47] FRANCO, 2001. p. 123.

[48] FRANCO, 2001. p. 123.

[49] FRANCO, 2001. p. 130.

redor de uma mesa, em uma sala. Já os chineses utilizavam as mesas redondas, que facilitavam o manuseio dos alimentos dispostos sobre elas e a conversação entre os participantes. Não há dúvida de que o *layout* das mesas numa refeição ou num banquete permite maior ou menor possibilidade de interação entre as pessoas.

- Na Índia, muito mais do que um ato alimentar, a refeição é um ritual. Ornellas assim a descreve: "nas casas ricas há uma permanente expectativa de hóspedes para a refeição, havendo sempre à mesa lugar para mais um. O aprimoramento do serviço é marcado pela busca do detalhe e do requinte. Segundo antiga tradição, primeiro são servidos os hóspedes e os homens, depois as mulheres e crianças. Sentam-se sobre tapetes ou esteiras, tecidos em cores vivas, junto a mesas baixinhas. Muitos criados, com vestes coloridas, trazem as refeições nos *thali*, bandejas grandes e redondas de prata, aço polido ou cobre martelado. A bandeja pode substituir a mesa e contém tigelinhas metálicas com diferentes alimentos: carnes, vegetais, arroz, pão, condimentos, manteiga. O comensal serve-se com a mão direita, usando o polegar e os dois primeiros dedos para apreender o alimento, evitando tocar o *thali* do vizinho. Aproxima uma tigela de cerâmica contendo iogurte batido para tomar. Após servir-se da sobremesa, lava as mãos e a boca, indicando estar concluída a refeição".[50]
- No Japão, o *cha-no-yu* ou cerimônia do chá, numa interpretação de Ornellas, "é quase um ato místico. Todo o tranquilo desenrolar do ritual leva, em cada gesto, à evocação de uma tradição milenar procurando fixar a importância da meditação, falta de pressa, amor ao detalhe, que leva à perfeição".[51] Não se trata, pois, de simplesmente beber chá, mas, sobretudo, de efetuar um mergulho num contexto cultural bem mais profundo. A cerimônia do chá segue, no decorrer de seu processo de acolhida e de hospitalidade, um ritual composto de várias etapas, cada uma delas bem contextualizada. É o caso, por exemplo, do caminho que leva à casa do chá, localizada no fundo de um jardim, um percurso rodeado de árvores e flores, muito propício para levar o visitante à meditação. Outro componente, nesse particular, diz respeito ao portão interno do jardim, que fica entreaberto como sinal de boas-vindas. O anfitrião recebe, gentilmente, com um

[50] ORNELLAS, L. H. *Alimentação através dos tempos*. 3. ed. Florianópolis: UFSC, 2003. p. 37.

[51] ORNELLAS, 2003. p. 52.

aceno de cabeça, seus convidados e os conduz para dentro da casa de chá. A pequena altura da porta da casa de chá obriga quem entra a inclinar-se, como sinal de humildade, devendo tirar os sapatos e recolocá-los na saída. O anfitrião serve uma refeição leve, chamada *kaiseki*, com o intuito de aliviar a fome do convidado para que ele possa, desse modo, melhor degustar o chá. Em seguida, passa-se para a etapa de preparação do chá, rica em detalhes, todos eles revestidos de grande simbologia:

a) o anfitrião:

- inicia a cerimônia de preparação do chá, dispondo os utensílios diante de si e, simbolicamente, purificando-os ao passar um pano de seda sobre o recipiente do chá;
- com uma concha, retira uma certa quantidade de água e coloca-a dentro da taça de chá (tigela) com a finalidade de limpar meticulosamente o *fouet*. A seguir, despeja essa água num recipiente apropriado;
- com o auxílio de uma colher, põe uma pequena quantidade de chá verde (*matcha*) na taça de chá, acrescentando, então, água quente da chaleira;
- com a ajuda do *fouet*, bate a mistura. Em seguida, acrescenta um pouco de água fresca e bate novamente; e
- uma vez preparado o chá, oferece a taça, com uma saudação, ao convidado em destaque;

b) o convidado:

- coloca a taça entre ele e o convidado seguinte, desculpando-se por ter de beber o chá antes dele;
- recoloca a taça diante de si e agradece o anfitrião;
- segura a taça com a mão direita, com a parte principal da taça voltada para ele, coloca-a sobre a palma da mão esquerda, reverenciando novamente;
- deve aproximar a taça do rosto, baixando-a em seguida e, nesse movimento, girá-la um pouco à direita;

- eleva a taça para beber o primeiro gole. Ao baixá-la, gira-a novamente à direta. Esses gestos são repetidos toda vez que beber do chá, até ele acabar. Quando isso acontecer, a parte principal da taça estará voltada para o anfitrião;
- depois do último gole de chá, deve inclinar a cabeça para trás, fazendo um pequeno gargarejo, como demonstração de satisfação; e
- para terminar, deve passar os dedos sobre a borda da taça, admirando-a, e devolvê-la ao anfitrião, que efetuará uma nova preparação para o próximo convidado;

c) ao final:

- após todos terem bebido, faz parte do cerimonial tecer comentários sobre o chá; e
- o anfitrião guarda todos os utensílios, abre a porta da casa do chá, e se despede com uma pequena inclinação. Com isso, está concluída a cerimônia do chá.

No *cha-no-yu* existem quatro normas que todos devem levar em conta:

- harmonia entre os participantes e os utensílios;
- respeito e reverência entre os convivas e destes em relação aos utensílios;
- limpeza: tudo deve estar perfeitamente limpo;
- tranquilidade mental e ambiental.

Um aspecto que chama a atenção no *cha-no-yu* é a simplicidade tanto do ambiente quanto dos utensílios. Esses e inúmeros outros detalhes que ainda poderiam ser mencionados fazem do *cha-no-yu* uma referência marcante de sociabilidade e de convivibilidade na cultura japonesa. Tão marcante que, no descrever de Franco, "a cerimônia do chá influenciou a arquitetura, os estilos decorativos e a etiqueta da mesa. Paralelamente ao ritual do chá, a cozinha se refinou e se ritualizou. Mais do que isso, a cerimônia do chá veio constituir a base de um ramo de cozinha chamado *kaseiki ryori*".[52] O que chamou a atenção nas refeições *kaseiki* é que elas se propunham a encantar não somente o paladar das pessoas, mas também os demais sentidos. Bem mais tarde, no limiar do século XX, esse

[52] FRANCO, 2001. p. 135.

propósito será retomado pelas modernas técnicas de marketing, que enfatizam que o sucesso de um restaurante depende da sua capacidade de encantar os cinco sentidos do comensal e não somente o do paladar. Ou seja, se uma comida for saborosa, mas o ambiente for sujo, mal decorado, tomado de ruídos e odores indesejáveis, certamente o comensal não deverá sair satisfeito daquela refeição.

Os banquetes, eventos solenes, além de se constituírem em momentos agradáveis de convivibilidade, de solidariedade, de camaradagem, de fortalecimento da amizade e do prazer das refeições em comum, eram ocasiões para celebrar inúmeros tipos de acontecimentos, como o louvor aos deuses, conquistas, vitórias, inaugurações de palácios, venda de bens imóveis, aquisição de terras e núpcias. Essa prática era exercida não somente pelas elites como também pelas classes mais populares. Nesse caso, em ambientes menos sofisticados e por outros motivos, principalmente comerciais.

Um fator marcante na determinação da comensalidade, nas mais diversas civilizações, tem sido os tipos de produtos consumidos. Quando o homem vivia exclusivamente da caça, promovia-se um tipo bem definido de sociabilidade e de convivibilidade, por ocasião do *comer junto*. Contudo, a partir do momento em que os seres humanos passaram a produzir seus alimentos, a comensalidade também sofreu alterações. Por essa razão, o Oriente Médio prestou uma significativa contribuição, pois foi nessa região que "o homem, pela primeira vez, começou a desenvolver a agricultura e a criação de animais",[53] numa constatação de Flandrin. Com essas atividades agrícolas, o homem passou a alimentar-se de uma variada gama de alimentos que, transformados pelos métodos de cocção, se tornaram saborosos. Esses produtos, aliados à invenção de novos utensílios e móveis, contribuíram para o surgimento de novas formas de sociabilidade e de convivibilidade. Assim, a hospitalidade, por ocasião do *comer junto*, ganhou novas nuanças.

Compreender, pois, a função social das refeições realizadas pelas civilizações, principalmente dos banquetes, constitui-se numa importante etapa para captar o significado e a abrangência do conceito de hospitalidade. Por esse motivo, o tema do *comer junto* far-se-á presente em vários momentos desta obra, principalmente os aspectos relacionados aos banquetes, mais facilmente documentados ao longo da história.

---

[53] FLANDRIN, 1998, p. 27.

2.3 Civilização grega

A Grécia Antiga representa um marco na caminhada do homem, em especial do homem ocidental, para chegar até onde chegou. A Grécia é importante como uma das fontes para discutir o assunto em pauta, em especial por três aspectos: (1) o culto à hospitalidade, (2) os sábios e (3) os valores da vida civilizada.

2.3.1 Culto à hospitalidade

Na antiga civilização grega, que atingiu seu apogeu por volta do ano 450 a.C., a hospitalidade ocupava um lugar de destaque na hierarquia de valores da vida civilizada, *materializando-se*, sobremaneira, nos banquetes e nos *symposions*. Era considerada um dever do Estado e de todos os cidadãos. Inclusive, a violação ao *direito de hospitalidade* era tida como crime. Existiam até mesmo pessoas, denominadas *proxènos*, encarregadas de fazer respeitar esse direito. Assim, o viajante, ao chegar a uma cidade grega, descreve Seydoux,[54] era bem recebido: era-lhe dado de beber e comer, lavavam-lhe os pés, sem mesmo perguntar-lhe pelo nome e o motivo da viagem e, durante sua permanência, passava a ser protegido pelo hospedeiro contra possíveis tentativas de agressão e injúrias. Para garantir que essa importante obrigação social fosse cumprida, os gregos, ao construírem suas casas, incluíam em seus projetos espaços reservados especialmente para os visitantes (*xenos* = estrangeiro), seus hóspedes, até porque um deles poderia ser o próprio deus Zeus, chamado de *Xênios*, o protetor da hospitalidade, disfarçado de visitante. Ulisses se beneficiou desse expediente, como relata Homero na *Odisseia*, disfarçando-se de mendigo para conseguir abrigo durante a viagem de dez anos que fez após a guerra de Troia, para regressar a sua casa. Esse conceito de hospitalidade, continua Peyer, "criava uma ligação estreita entre hospedeiro e visitante. Se esta obrigava o anfitrião a tomar partido do hóspede e a abraçar sua causa, qualquer que fosse ela, tornava-o também o representante de seu convidado face ao mundo exterior, assim como seu herdeiro caso ele viesse a falecer sob o seu teto".[55] Contudo, se ele fosse assassinado durante sua estada, esse era considerado um dos maiores crimes atribuídos a um anfitrião, já que tinha o papel de proteger aquele que estivesse sob sua responsabilidade.

[54] SEYDOUX, J. *De l'hospitalité à l'accueil.* Denges: Delta & Spes, 1983.

[55] PEYER, 1998. p. 437.

Por ocasião da despedida, o hóspede era contemplado com presentes e, inclusive, uma téssera era rompida em duas partes, ficando uma com o hospedeiro e a outra com o hóspede, como um meio de se reconhecerem, caso um dia se encontrassem novamente, e, assim, renovar os laços de amizade e de hospitalidade. Esse mesmo ritual foi também praticado pelos romanos.

O culto à hospitalidade fez com que cidades como Atenas e Corinto ficassem famosas pela boa acolhida que davam aos visitantes, de tal sorte que foi necessário construir alojamentos (*hotéis*) apropriados para abrigar os grandes *fluxos turísticos* que a elas se dirigiam. Dessa forma, para atender a esse crescimento contínuo das viagens, surgiram, na Grécia Antiga, hotéis públicos. Esse tipo de hospedagem, conforme relato de Peyer, "era muito comum nas *polis* e nos santuários gregos. A partir do século V a.C. muitas cidades também passaram a destinar aos mercadores, vindos de longe, edifícios comerciais ou portuários especiais, com albergues e entrepostos".[56] Desse modo, a hospitalidade foi praticada em razão das interfaces que, segundo Peyer, "permitiam travar relações com outros grupos"[57] e cultuada pelos grupos sociais locais que atribuíam aos estrangeiros forças mágicas e/ou poderes divinos. Esse autor também chama a atenção para outro importante aspecto do assunto, lembrando que, "simultaneamente com o desenvolvimento da economia monetária, expandia-se em todo o mundo grego um tipo de serviço de hospedagem profissional, remunerado, com tabernas e locais em que se vendia carne assada. Esses hotéis ofereciam a sua clientela lugares onde dormir e estrebarias. Já bastante comuns por volta de 400 a.C., eles se encontravam principalmente nos portos e nas *polis* comerciais, nos santuários e nas cidades termais, assim como às margens das grandes estradas que levavam às *polis*".[58] Essas formas de hospitalidade vão, com o passar do tempo, ganhando novas configurações, até chegarem aos contornos que adquiriram na modernidade.

O saber acolher e hospedar contribuiu para levar Atenas e Corinto ao *podium*. Considera-se pertinente questionar como esse culto à hospitalidade, na prática, apresentou-se tão charmoso para os visitantes. Será que a maneira pela qual as referidas cidades foram concebidas, priorizando espaços para praças, monumentos, templos e teatros, não era consequência de seu poder de atração e de seu caráter hospitaleiro? Será que todos esses espaços não faziam parte da convicção de que o homem era o centro da urbanização? Afinal, a hospitalidade, ou a sua

[56] PEYER, 1998. p. 438.

[57] PEYER, 1998. p. 437.

[58] PEYER, 1998. p. 438.

falta, esteve, ou não, relacionada com o tipo de desenvolvimento adotado por essas duas cidades? Até que ponto o conjunto dos cidadãos interferia, de fato, no formato da sua aldeia ou cidade? Essas questões podem levar-nos a uma interessante discussão e ajudar-nos, na era atual, a criar ou desenvolver cidades e polos turísticos hospitaleiros, com qualidade de vida e livres da pura especulação imobiliária ou do espírito mercantilista. Será esse *desejo* uma mera utopia? Talvez não, se considerarmos alguns aspectos:

- As audiências públicas não deixam de ser um bom instrumento nesse sentido. A *voz do cidadão* começa a ser ouvida em relação ao formato do seu hábitat, promovendo, com isso, uma mudança de paradigma. O que se procura, como chama a atenção Grinover, é uma "representação da cidade não mais do lado dos produtores do espaço, mas do habitante, do cidadão, o que, sem dúvida, é um avanço importante na compreensão da cidade contemporânea".[59] Ou ainda, "trata-se de conservar ou devolver ao indivíduo a capacidade de interpretar e utilizar o ambiente urbano de maneira diferente das prescrições implícitas no projeto de quem o determinou".[60]
- As pesquisas publicadas por órgãos governamentais (Instituto Brasileiro de Turismo – Embratur – e Organização Mundial do Turismo – OMT) sobre as motivações que levam os viajantes a determinada localidade ou país indicam que o espírito hospitaleiro da população se constitui num dos principais atrativos. Esse espírito se traduz, na prática, não somente em interações pessoais, realizadas entre visitantes e visitados, mas também na forma pela qual a cidade se apresenta: espaços, traços arquitetônicos, sinalização, limpeza e segurança. Observa-se, ainda, que alguns polos turísticos no Brasil possuem, em sua praça principal ou na entrada da cidade, *pórticos* para dar boas-vindas aos visitantes ou *centrais de informações* com o objetivo de bem informá-los, para que possam se movimentar melhor na cidade ou na região. Algumas localidades, cientes da força do marketing, vão além disso, oferecendo aos visitantes um ambiente bem típico e acolhedor, com "petiscos" da terra, além de todas as informações pertinentes, permitindo-lhes mais fácil conhecimento da oferta dos bens e serviços da região. Todas essas ações mostram

[59] GRINOVER, L. Hospitalidade: um tema a ser reestudado e pesquisado. In: DIAS, C. M. M. *Hospitalidade, reflexões e perspectivas*. São Paulo: Manole, 2002. p. 33.

[60] GRINOVER, 2002. p. 35.

> que algumas localidades já compreenderam a importância de criar o seu diferencial, causando ao visitante, desde o início, uma primeira impressão encantadora.

O turista, ao visitar os atrativos naturais, históricos e culturais de uma região, busca também (e muitas vezes esta é sua preferência) o contato com os moradores dessas localidades. Sentir-se acolhido e hospedado por pessoas de outras comunidades é, para esse turista, um momento que o remete a um dos valores fundamentais da espécie humana, que consiste na possibilidade de *invadir* os espaços físicos, emocionais e intelectuais de outras pessoas, tornando-se partícipe deles. Com isso, está-se materializando a noção de hospitalidade.

2.3.2 Sábios

A Grécia Antiga deu ao mundo homens que se distinguiram por sua sabedoria, como Heródoto, Sócrates, Platão, Aristóteles, Heráclito, Arquestrato, Hipócrates e Xenofonte. Alguns deles contribuíram muito para o aprofundamento da noção da hospitalidade. Heródoto (484 a 425 a.C.) e Xenofonte (430 a 355 a.C.), por exemplo, podem ser considerados os primeiros escritores de *turismo*, pelos relatos que fizeram de suas viagens. Xenofonte chegou a propor ao governo de Atenas a construção de "meios de hospedagem", principalmente para o grande número de pessoas que acorria a Epidauro (tratamento), Olímpia (jogos) e Delphos (peregrinações). Arquestrato, tido como o fundador da gastronomia grega, escreveu um dos primeiros tratados sobre a arte culinária, intitulado *Hedypatheia* (gastronomia ou gastrologia), tratado dos prazeres ou estudo e observância das leis do estômago. Essa obra foi perdida, e se Ateneus não a tivesse citado em sua obra *O banquete dos sofistas*, possivelmente ela seria desconhecida para nós.

Na obra *Odisseia*, Homero enfatiza, em diversas passagens, o verdadeiro culto dos gregos pela hospitalidade, descrevendo até mesmo seus rituais: cerimônia de recepção, a refeição por ocasião da chegada, o banho dado pelos serviçais, as festas em honra ao visitante, a acomodação e os presentes no momento da partida. O que chama a atenção nesse *cerimonial* e *protocolo* é o anonimato que cerca o visitante nos primeiros momentos do acolhimento. A hospitalidade é oferecida sem restrições ou condições, indistintamente para qualquer visitante, piratas inclusive. Somente após a cerimônia da recepção e a refeição de acolhida é que o visitado solicita ao visitante informações sobre sua identidade e a finalidade de sua visita. Em alguns momentos, *Odisseia* mostra também que o abuso da hospitalidade é merecedor de duros castigos.

Uma obra que não poderia deixar de ser mencionada é *O banquete*, de Platão, que relata um encontro realizado na casa de Agatón, em comemoração à vitória de um dos amigos num concurso de tragédias. Para o evento, Agatón convidara alguns ilustres cidadãos gregos, entre eles, Sócrates. Nessa ocasião, após a ceia, como era costume num *symposion,* resolveram estabelecer entre eles outro concurso, desta vez de oratória, sobre o elogio ao amor. Disso, o que nos resulta é um dos mais belos diálogos platônicos, um verdadeiro *banquete em palavras*. Um momento de profundo compartilhar e celebração.

Saber informar o visitante faz parte do conceito da hospitalidade. Nesse particular, cabe ressaltar a publicação feita por Pausânias, por volta de 170 d.C., uma espécie de *guia turístico*, repleto de informações sobre os locais, os monumentos, as ruínas, os templos, os teatros e outros locais interessantes a serem visitados na Grécia e os caminhos a serem seguidos. Pausânias foi o precursor de uma infinidade de publicações que, na modernidade, servem de guias para os estrangeiros conhecerem melhor os usos e os costumes dos países a serem visitados, entre os quais vale citar *Red book*, *Baedecker*, *Guides bleu* e *Michelin*.

2.3.3 Valores da vida civilizada

De acordo com o estudo apresentado por Montanari,[61] na Grécia Antiga, a vida civilizada dos gregos repousava sobre três valores:

- a comensalidade;
- os tipos de alimentos consumidos; e
- a cozinha e a dietética.

Pergunta-se: todos esses valores contribuíram para criar novos contextos de sociabilidade e, consequentemente, novas interfaces no que diz respeito à hospitalidade? Todos os valores integrantes do modelo de vida civilizada dos gregos forjaram uma maneira de ser e de pensar da época, com reflexos em outras culturas, inclusive na cultura de muitos povos da era contemporânea. O conceito de hospitalidade adotado na atualidade está intimamente relacionado às ideias, às crenças e aos valores apregoados pelos cidadãos da Grécia Antiga. Cabe examinar, mesmo que sucintamente, esses três valores componentes da vida civilizada dos gregos, relacionando-os ao conceito de hospitalidade adotado na era moderna. Afinal, até que ponto os tipos de produtos, sua transforma-

---

[61] MONTANARI, M. Sistemas alimentares e modelos de civilização. In: FLANDRIN, J.-L.; MONTANARI, M., 1998. p. 108.

ção em alimentos por métodos de cocção, bem como seus valores nutricionais proporcionaram, ao ato do *comer junto*, momentos de solidariedade, de sociabilidade e de convivibilidade peculiares? A busca de uma resposta a essa questão norteará a análise a seguir. Para tanto, trataremos da história da alimentação como recurso para uma melhor compreensão do significado e da abrangência do conceito de hospitalidade. Vejamos, então, os três valores da vida civilizada propostos pelos gregos.

2.3.3.1 Comensalidade

O prazer do ato de comer, na interpretação de Franco, "é a sensação de satisfazer uma necessidade que temos em comum com os animais. Comer, o instinto que mais cedo desperta, constitui a base da vida animal".[62] Contudo, observa o autor, "os animais comem até se saciarem. O homem logo inventou o ritual social básico que é a refeição e, mais adiante, o festim, este frequentemente realizado para ganhar a proteção e o favor dos deuses".[63] Os gregos, assim como outros povos, dedicaram uma especial atenção à refeição, principalmente aos banquetes, como forma também de distinguir-se dos animais, das pessoas grosseiras, dos não gregos, enfim, dos bárbaros. No século V, o termo bárbaro, observa Kristeva, "se aplica tanto aos gregos como aos não gregos que têm um discurso lento, pesado ou incorreto. Bárbaros, todos os que têm pronúncia pesada e empastada". Por essa razão, tal parcela era excluída daquela sociedade que participava dos banquetes e dos *symposions*. Os bárbaros, enfatiza Kristeva, "são estranhos a esse universo pelo ridículo de seus discursos e trajes, por sua adversidade política e social". A observância das normas de comportamento e das boas maneiras à mesa, principalmente nos banquetes, afirma Montanari, "serve, na sociedade grega, para distinguir os homens civilizados – os citadinos – dos selvagens que não as praticam e dos semisselvagens que as praticam apenas ocasionalmente".[64] Consequentemente, para os gregos, enfatiza ainda Montanari, a "comensalidade é percebida como um elemento 'fundador' da civilização humana em seu processo de criação".[65] Por sua vez, Pantel acrescenta que, para os gregos, são as "refeições que diferenciam os humanos dos deuses, os gregos

---

[62] FRANCO, 2001. p. 21.

[63] FRANCO, 2001. p. 21.

[64] KRISTEVA, J. *Estrangeiros para nós mesmos*. Rio de Janeiro: Rocco, 1994. p. 57.

[65] MONTANARI, 1998. p. 109.

dos não gregos, e os cidadãos no interior de sua *polis*".[66] A propósito, *polis* e *civitas* querem dizer cidade para os gregos e romanos, respectivamente. Dessas palavras originam-se *política*, *polidez*, *civilizado* e *cortês*. Ou seja, segundo a constatação de Visser, "frequentemente, acredita-se que as pessoas 'polidas' e 'civilizadas' são encontradas onde muitas outras pessoas vivem; estão provavelmente num ambiente urbano, que as tornam pessoas 'urbanas'".[67] De fato, assim pensavam os gregos e romanos da Grécia e da Roma Antigas, ao distinguirem as pessoas que moravam nas cidades – os cidadãos – das restantes.

Visser chama a atenção para "as constantes comparações que eram feitas entre as pessoas grosseiras e os animais e lembra que um objetivo universal do comportamento adequado é demonstrar quanto nós, pessoas educadas, somos *diferentes* dos animais".[68] Esse *comportamento educado* consolidou-se, ao longo da história, sob a forma de ética e de etiqueta, compondo um conjunto de paradigmas, de *alinhamentos* e de cerceamentos que tornam possível a vida em grupo ou em sociedade, e contribuem para definir o perfil de determinada sociedade num momento histórico. E esse perfil não é estático. Sofre influências de outras culturas e de novos contextos, passando a formar um novo *desenho* da sociedade. A prática da hospitalidade insere-se nessa movimentação, mas isso não quer dizer que nela não existam valores *perenes*.

As boas maneiras à mesa e o saber conviver em público, tão enfatizados pelos gregos, passaram a fazer parte da educação de todos os povos, constituindo-se em pressupostos básicos para o exercício da hospitalidade. É bem verdade que, bem antes da civilização grega, o culto à hospitalidade era um valor também presente nas culturas dos mais diferentes povos, em especial, os do Oriente. Não se pode, porém, tirar o mérito dos gregos que, por intermédio de seus grandes sábios, colocaram esse valor no mais alto pedestal, sendo a refeição, principalmente o banquete, uma excepcional ocasião para exercê-lo. Isso foi tão marcante na cultura ocidental, que mesmo a refeição em família, no parecer de Franco, passou a ser "um ritual propício à transmissão de valores. Por meio da aprendizagem de maneiras, sobretudo das de mesa, desenham-se para a criança os contornos do mundo ao qual ela pertence e as atitudes aprovadas pelo seu grupo social são assimiladas como norma".[69] Assim, a comensalidade, caracterizada por rituais e ritos sobre o saber portar-se à mesa e em público, era para os gregos um

---

66 PANTEL, P. S. As refeições gregas, um ritual cívico. In: FLANDRIN, J.-L.; MONTANARI, M. et al., 1998. p. 157.

67 VISSER, 1998. p. 38-39.

68 VISSER, 1998. p. 62.

69 FRANCO, 2001. p. 23.

dos valores fundamentais do modelo de vida civilizada, sobretudo por fortificar a relação entre as pessoas. O homem civilizado, segundo a concepção grega, é aquele que, como chama a atenção Montanari, "come não somente (e menos) por fome, para satisfazer uma necessidade elementar do corpo, mas, também (e sobretudo), para transformar essa ocasião em um momento de sociabilidade, em um ato carregado de forte conteúdo social e de grande poder de comunicação".[70] Considerando que o ato do *comer junto* exige das pessoas comportamentos adequados, pressupõe-se que nos banquetes, ocasiões muito representativas da identidade do grupo, essa performance atinja seu ponto mais alto. Franco chama a atenção para o fato de que "a comensalidade, tanto do ponto de vista religioso como profano, foi sempre vista como maneira importante de promover a solidariedade e de reforçar laços entre membros de um grupo. Entre os que comem e bebem juntos há, em geral, vínculos de amizade e obrigações mútuas, pois a fraternidade e a afinidade são inerentes à comensalidade".[71] Esse mesmo pensamento é reforçado por Strong[72], que afirma: "a mesa e os convidados que se reuniam em torno dela para partilhar seus prazeres podiam ser um veículo de agregação e unidade social". Desse modo, para os gregos, dois eventos, separados mas conectados, marcaram a coesão social e o sentimento de pertencer à civilização: o banquete e o *symposion.*

a) Banquete

Visser descreve o acontecimento e insinua que "o banquete, incluindo o prazer de comer, a sala onde a refeição é servida, mesas e cadeiras (ou esteiras e bandejas), luzes, pratos, enfeites e os próprios companheiros, é uma imagem que representa o cosmo, a vida ou o Paraíso".[73] O banquete, historicamente, tem se caracterizado como um acontecimento solene, que congrega um grande número de pessoas para celebrar um fato marcante da vida social e política de uma comunidade. Ou ainda, na concepção de Visser, "os banquetes, no mundo inteiro, são oferecidos como comemorações do relacionamento entre comensais e também como expressões de ordem, conhecimento, competência, simpatia e consenso, pelo menos em torno de importantes aspectos do sistema de valores que sustenta o grupo".[74] Assim também pensavam os gregos a respeito dos banquetes. Na concepção deles, o banquete era:

---

[70] MONTANARI, 1998. p. 108.

[71] FRANCO, 2001. p. 23.

[72] STRONG, 2004. p. 14.

[73] VISSER, 1998. p. 138.

[74] VISSER, 1998. p. 27.

- "[...] o sinal, por excelência, da identidade do grupo, quer se trate do núcleo familiar ou de toda a população de uma cidade que se reúne em torno de uma mesa comum, seja com a presença física de todos os seus membros, seja por uma representação simbólica";[75]
- "[...] não apenas o espaço por excelência onde se expressam as identidades, mas, também, o da mudança social [...]";[76]
- "[...] a expressão da comunidade representa também as hierarquias e as relações de poder no seu interior. Essas relações de poder expressam-se pelo lugar que cada um ocupa na mesa [...]";[77] e
- "[...] o sinal de uma comunicação com o mundo dos deuses, convidados simbolicamente para os banquetes dos homens".[78]

Qual é o significado, para os gregos, de chamar alguém para a própria mesa para participar do ato do *comer junto*? Acolher alguém à mesa, numa simples refeição (*deipnon*) ou num banquete, com polidez, significava, para os gregos, não somente uma ocasião para saber exercitar a convivência com outras pessoas, saber repartir a comida e saber dividir o espaço à mesa, mas também um momento de pertencimento à comunidade. Na Grécia Antiga, diz Strong[79], "comer e beber em conjunto eram expressões de igualdade – igualdade entre membros de um grupo distinto que partilhavam os mesmos valores e também o poder político". Nesse contexto o banquete cívico:

- exercia um importante papel de agregação e unidade social, em especial, na sustentação e coesão do poder e da ordem política dos grupos dominantes;
- mas também encorajava as distinções sociais, mediante a separação das pessoas em categorias pela colocação nas mesas. As mulheres, as crianças, os escravos e os estrangeiros não participavam de um lugar à mesa. Eram excluídos. Portanto a mesa, como afirma Montanari, "funciona não apenas como agente de agregação e de unidade, mas também de separação e de marginalização. O fato de alguém ser aceito na mesa comum ou de ser excluído dela tem um forte significado, quer se trate do 'banquete oligárquico', que é uma forma de

75 MONTANARI, 1998. p. 109.
76 MONTANARI, 1998. p. 109.
77 MONTANARI, 1998. p. 110.
78 PANTEL, 1998. p. 158.
79 STRONG, 2004. p. 20.

representação da identidade política da cidade governada por poucos, quer se trate do 'banquete democrático', do qual todos, em última instância, participam, segundo diferentes mediações ou somente por meio de representantes".[80]

Todas essas crenças e valores foram marcantes na formação, não apenas da cultura grega de então como também da romana e da cultura de outros povos contemporâneos e posteriores. Não foi em vão que Cristo, conforme narra a Bíblia, vivendo nesse contexto de ideias e rituais, despediu-se de seus discípulos chamando-os para sua mesa, *comendo juntos*, numa ceia, repartindo o pão e distribuindo o vinho, dois alimentos altamente valorizados pelo modelo grego de vida civilizada, adotado também pelos romanos e por outros povos da época. Chamar alguém à mesa para o ato do *comer junto* sempre teve um grande significado, independentemente de civilizações e de épocas. Contudo, nas civilizações antigas, em especial quando se tratava da mesa do banquete, era algo muito forte no seio das comunidades.

b) *Symposion*

O *symposion* também se constituiu, para os gregos, numa manifestação relevante de coesão social e do sentimento de pertencer à civilização. No *symposion*, evento que se seguia ao banquete, sendo dele um ato totalmente separado, as pessoas bebiam vinho, um dos símbolos mais representativos da civilização, na interpretação de Montanari, "uma marca que distingue o homem civilizado, que não apenas soube inventar essa bebida mágica, mas que, além disso, elaborou formas de autocontrole e de 'bom uso' (saber parar a tempo, misturar água ao vinho na medida certa para cada ocasião...) que fazem do homem o senhor do vinho e não o contrário".[81] Portanto, o homem civilizado, para os gregos, era aquele que, num *symposion*, além de saber conviver, sabia também apreciar o vinho, sem se deixar por ele dominar, algo que os povos bárbaros não sabiam fazer. O vinho, além de demonstrar a capacidade de o ser humano obter um líquido tão *divino*, cria, em especial no *symposion*, um excelente ambiente para o convívio entre as pessoas e a discussão de ideias.

No *symposion*, as pessoas já haviam feito a refeição, podendo beber o vinho com o estômago já saciado. Comer, beber e conversar, tudo ao mesmo tempo, parece não ter sido um *menu* bem apreciado pelos gregos. Por isso, eles reservavam um momento para comer (*deipnon*/banquetes) e outro para beber o vinho

[80] MONTANARI, 1998. p. 109.

[81] MONTANARI, 1998. p. 110.

(*symposion*), acompanhado de conversas e discussões sobre temas ou ideias que, em determinadas ocasiões, como no *Banquete*, de Platão, chegaram a momentos sublimes. Na concepção vigente, beber vinho e conversar era bem mais *civilizado* e adequado do que fazê-lo com a boca exercendo a função de beber, de mastigar e de conversar ao mesmo tempo. A partir do século XVII, a *sociedade cortês* procurou equacionar esse *dilema*, desenvolvendo a *arte de conversar à mesa*. Além disso, séculos mais tarde ainda, a sociedade contemporânea buscou compreender melhor a harmonização de comidas e bebidas para melhor apreciá-los. Todos esses fatores intervêm no processo da hospitalidade, considerando que integram os contextos de convivência das pessoas.

2.3.3.2 Tipos de alimentos

Além da comensalidade, com as suas regras, ritos e rituais, os gregos consideravam os tipos de alimentos consumidos outro valor fundamental da vida civilizada, como tem ocorrido, sobremaneira, com o pão. Para os gregos, o fato de ser *um comedor de pão* e o ato de *repartir o pão* possuíam um significado no imaginário das pessoas, bem mais profundo do que simplesmente *comer um pedaço de pão* ou *oferecer um pedaço de pão para alguém*. Simbolizava o *homem civilizado*. É interessante observar o que os gregos pensavam sobre esse tipo de alimento tão *civilizador* – o pão –, segundo Montanari:

- "[...] o pão – exemplo absoluto de artifício, de produto totalmente 'cultural' em todas as fases de sua complexa preparação – que é o símbolo da civilização, da distinção entre o homem e o animal;
- [...] é o sinal que distingue uma sociedade que não repousa sobre recursos 'naturais', mas que é capaz de fabricar, ela própria, seus recursos, de criar – com a agricultura e a criação de animais – suas próprias plantas e seus próprios animais".[82]

O homem, sobretudo por meio da agricultura, num determinado momento de sua longa história, passou a produzir o que necessitava para a sua sobrevivência, em especial o pão, o vinho e o óleo, não dependendo mais somente daquilo que a natureza selvagem oferecia. Esse fato, segundo os gregos, caracterizava o homem civilizado, em oposição àquele que se alimentava da caça e da coleta de frutos silvestres. Para os gregos, "[...] são sobretudo as

[82] MONTANARI, 1998. p. 111-117.

plantas, e a agricultura antes de mais nada, que distinguem o homem civilizado do bárbaro, que se satisfaz em coletar o que encontra na natureza e caçar".[83] Dessas duas situações decorrem momentos de sociabilidade e de conviviabilidade entre as pessoas ou grupos sociais distintos, que se refletem no conceito de hospitalidade.

2.3.3.3 Cozinha e dietética

Outro valor fundamental da vida civilizada na Grécia Antiga, além da comensalidade e dos tipos de alimentos, era a cozinha e a dietética. Os gregos deram-se conta de que, ao ingerirem determinados alimentos, estavam fazendo muito mais do que apenas isso. Estavam também consumindo a genialidade do homem civilizado, capaz de transformar simples sementes, sobretudo pelos processos de cocção, em comidas deliciosas. A ciência dietética, no parecer de Montanari, "tem um papel fundamental na formação da cultura alimentar e gastronômica da Antiguidade. Em razão de uma evolução cuja origem remonta provavelmente à descoberta da possibilidade de cozer os alimentos com o fogo, a cozinha antiga vive em estreita simbiose com o pensamento médico e com a reflexão dietética, lançando assim as bases de uma cultura complexa que caracterizará o pensamento ocidental até o triunfo da química na Idade Moderna".[84] Essa simbiose entre o pensamento médico e a dietética decorre de uma contribuição de Hipócrates, que deu início a uma longa história, que está, no século XXI, ainda longe de ser esgotada. A arte de cozinhar, com seus tratados, relacionada à cultura e à qualidade de vida das pessoas, é um tema com abordagens e discussões a perder de vista. Revel lembra que os tratados culinários "são o reflexo inconsciente da vida cotidiana e o lugar de encontro dos costumes através dos séculos".[85] Vida e lugar que traduzem aspectos importantes da sensibilidade, da mentalidade da sociedade em cada época, e que não podem ser deixados de lado ao analisar-se a história dos homens que, em grande parte, é a história de seus encontros, seguidamente realizados com a intermediação do ato do *comer junto.*

A distinção entre o homem civilizado e o não civilizado, na Grécia Antiga, não se dava somente em função de sua capacidade de descobrir novos tipos de alimentos, mas também em função de suas habilidades técnicas, capazes de transformar, por exemplo, uva em vinho, cereal em pão, oliva em óleo. Numa

[83] MONTANARI, 1998. p. 111.

[84] MONTANARI, 1998. p. 116.

[85] REVEL, 1996. p. 10.

análise de Montanari, para os gregos "os 'bárbaros' não fazem a cozinha porque ignoram o uso do fogo e contentam-se em consumir alimentos crus [...]".[86] Cabe perguntar: o que diriam os gregos da Grécia Antiga sobre a capacidade do homem do século XXI não somente de transformar a semente em pão, mas de alterar geneticamente as sementes e as plantas? Hipócrates, à luz dos parâmetros vigentes na época, diria que seriam *deuses*! Mesmo porque, de acordo com os parâmetros vigentes na atualidade, tudo o que consumimos é quase *puro* conhecimento; basta, para tanto, examinar os enlatados e os refrigerantes. Ou, ainda, o leite, capaz de durar semanas nas prateleiras. Foi-se o tempo em que o leiteiro devia percorrer, cedo e rapidamente, as ruas para distribuí-lo! E assim mesmo, não raras vezes, talhava! Com isso, não se quer dizer que o que está sendo consumido, embora com muito conhecimento, não contenha componentes prejudiciais à saúde.

Retomando o tema dos valores alimentares, Montanari[87] chama a atenção para outra dimensão que merece ser lembrada: ele caracteriza como utopia esses modelos ideais e ideológicos encontrados na literatura grega, considerando que o cotidiano não espelhava exatamente essa realidade. Isso, contudo, não invalida a importância de ambos os modelos, ideais e ideológicos, pois eles também fazem a história.

2.4 Civilização romana

Roma, fundada no ano de 754 a.C., atingiu o apogeu no ano 100 d.C., tendo em sua origem, de acordo com a lenda de sua fundação, uma vertente hospitaleira. Tornou-se um grande império, oferecendo, por meio da *pax romana*, em todos os domínios conquistados, um contexto sociopolítico invejável. Viajava-se com segurança pelas inúmeras e boas estradas que foram abertas, e eram disponibilizados, em seu transcurso, meios de hospedagem que podiam ser alugados.

Sem desmerecer outros aspectos pontuais da civilização romana, optamos por destacar três contextualizações pertinentes:

- a origem acolhedora;
- os banquetes; e
- os meios de hospedagem.

86 MONTANARI, 1998. p. 116.

87 MONTANARI, 1998. p. 113.

2.4.1 Origem acolhedora

Ao estudar-se a história romana, verifica-se que ela começa com um ato de hospitalidade. Conta a lenda que Rômulo, fundador de Roma, foi encontrado, juntamente com seu irmão Remo, por um pastor, que os acolheu.

Os romanos, assim como os gregos, usavam o sal como símbolo no ritual do processo de hospitalidade, devido a suas qualidades de purificação. Esse costume também havia sido adotado pelos povos do Oriente Médio desde os tempos mais remotos. Belchior e Poyares[88] dizem que o acolhimento aos hóspedes, praticado pelos romanos, não se limitava às usuais expansões de alegria. O hospedeiro, dizem eles, apresentava-lhes pão, vinho e sal antes mesmo do banho, da troca de roupa e do banquete.

Os romanos, assim como os gregos, faziam distinção entre a hospitalidade pública (*hospitium publicum*) e a hospitalidade privada (*hospitum privatum*). A hospitalidade pública, conforme descreve Schérer,[89] era marcada por um pacto feito diante do altar de Júpiter e pela troca da *tessera hospitalis*, um objeto partido em duas partes: uma ficava com o visitante e a outra com o visitado, simbolizando, materialmente, a amizade pactuada. Nesse caso, esse objeto passa a ser a imagem da hospitalidade. Muitos são os objetos encontrados nas diferentes comunidades que vêm ao encontro da dimensão simbólica da hospitalidade, como será visto, em um dos olhares da hospitalidade.

Assim como os gregos, os romanos ofereciam a seus hóspedes toda a proteção possível; eram seus responsáveis.

2.4.2 Refeições

As refeições são importantes momentos para o exercício da hospitalidade, já que criam oportunidades para diversas manifestações culturais, características de um povo ou de uma civilização. O ato de *comer e beber junto*, que traduz um momento singular para a prática da hospitalidade, teve, de fato, para diversas civilizações, significados semelhantes. "Diga-me o que, como e com quem comes, que te direi quem és" – é uma versão de um ditado popular que possui fundamento de civilidade. Para os gregos, ele possuía um significado vital, pois distinguia o homem civilizado do não civilizado. Para eles, a refeição se constituía

[88] BELCHIOR; POYARES, 1987. p. 14.

[89] SCHÉRER, 1993. p. 58.

num lugar de educação. Algo que continua válido ainda hoje, visto que as boas maneiras à mesa são um indicador do grau de educação da pessoa.

Viu-se, anteriormente, o que os gregos pensavam a respeito do banquete e do *symposion*, dois eventos distintos, mas imbricados. Os romanos não adotaram as mesmas convicções. Eles incorporaram o vinho à refeição. Bebiam, moderadamente, durante a ingestão da comida. Os excessos ocorriam após as refeições.

Os romanos, para as suas refeições, adotam a carne como um alimento primordial. Conforme registro de Dupont, ela "está no centro de toda refeição festiva romana, por mais simples que ela seja".[90] Desse modo, enfatiza o autor, "o banquete romano e a comensalidade romana apresentam-se, portanto, antes de mais nada, como uma partilha da carne",[91] até porque os deuses não a recusavam, por qualquer motivo que fosse! A carne aqui mencionada refere-se, principalmente, à carne de porco, muito comum na Itália. As carnes de boi e de carneiro eram consideradas *sagradas*, por serem animais que estavam a serviço do homem. O boi, em razão dos afazeres do campo, e o carneiro, por fornecer lã. Nem por isso, em determinadas circunstâncias, deixavam de ser sacrificados.

Ser um *comedor de pão*, para os gregos, era símbolo do homem civilizado; para os romanos, numa refeição "em que o chefe da casa não oferece senão produtos da terra, ela é considerada um insulto pelos convidados",[92] detalha Dupont. Aí está outra boa diferença entre gregos e romanos.

Os romanos realizavam três refeições:

- *jentaculum* (desjejum);
- *prandium* (almoço); e
- *cena* (jantar).

Enquanto o *jentaculum* consistia num lanche rápido feito após o despertar, e o *prandium* numa refeição restauradora no decorrer do dia, a *cena* era o oposto: nela as pessoas dedicavam-se aos prazeres da mesa, transformando essa refeição em um momento de festa, que podia se limitar a um número restrito de convidados e ser relativamente simples, ou ser um grande e luxuoso evento, denominado *convivium*. Mesmo com o desaparecimento do *symposion*, as *cenas*, em especial as de gala (*convivium*), se constituíam em acontecimentos marcantes da

---

90 DUPONT, F. Gramática da alimentação e das refeições romanas. In: FLANDRIN, J.-L.; MONTANARI, M. et al., 1998. p. 199.

91 DUPONT, 1998. p. 199-200.

92 DUPONT, 1998. p. 200.

vida social romana. Conforme relato de Seydoux,[93] os banquetes romanos foram marcados por um luxo exuberante e por uma libertinagem pouco comum, chegando a verdadeiras orgias. A esse respeito, Franco observa que "na verdade, somente uma minoria se dava à extravagância de certos banquetes. Muitos patrícios se abstinham desse tipo de ostentação, e a própria celebridade de algumas personagens por sua intemperança é sinal de que elas eram exceções. [...] Assim, vê-los apenas como simples manifestação de licenciosidade impede a percepção de sua verdadeira dimensão"[94].

O *convivium* (viver em conjunto) era a *cena* solene, o jantar de gala, exigindo o uso de roupas especiais (*synthesis*), um momento altamente representativo da vida civilizada romana. Observa Strong[95] que "o jantar de gala romano começou como a pura expressão de uma elite da sociedade republicana, essencial para a sua coesão social". Como mecanismo social, observa o referido autor, "o *convivium* era tão importante para os romanos como o *salon* para a França do século XVIII, ou o jantar de gala para a Inglaterra vitoriana"[96]. Ela, ao contrário dos banquetes gregos, incluía as mulheres. A *cena*, afirma Dupont, "[...] reúne, durante duas ou três horas, homens lavados, sossegados, vestidos com longas togas ou túnicas largas, esquecidos das preocupações com a labuta da manhã. O banquete termina no cair da noite".[97] Na *cena*, pondera ainda Dupont, tudo "está subordinado ao prazer dos convivas: a cozinha, o luxo do serviço, da baixela, dos leitos onde se deitam os convivas, a beleza dos escravos".[98] O tempo da *cena*, diz Strong[99], "era o do *otium*, o período de lazer que se seguia à atividade, quando a pessoa podia legitimamente encontrar satisfação em entreter a 'goela' com ricas iguarias, ingeridas por puro prazer". Variadas iguarias oriundas das mais distantes regiões do grande império romano.

Propiciar prazer aos convivas não era tarefa fácil para um anfitrião romano. Implicava conhecer, preliminarmente, os desejos e as expectativas dos seus convidados. Como se pode perceber, a ideia do marketing, que no final do século XX tomou conta de quase todas as atividades humanas, de alguma forma já se fazia presente no comportamento dos anfitriões das *cenas*! Uma vez

93 SEYDOUX, 1983. p. 23.

94 FRANCO, 2001. p. 45.

95 STRONG, 2004. p. 29.

96 STRONG, 2004. p. 29.

97 DUPONT, 1998. p. 211.

98 DUPONT, 1998. p. 212.

99 STRONG, 2004. p. 24.

detectados os desejos dos convidados, o anfitrião poderia preparar a *cena* ou o banquete *sob medida*, sem causar frustração por estar aquém da expectativa dos presentes, passando, nesse caso, uma impressão de avareza, e nem ser demasiadamente ostensivo, para não passar um ar de presunção. Em relação à ocupação dos lugares à mesa, obedecia-se, conforme indica a contribuição de Franco, "a regras rigorosas de precedência na colocação dos convidados no triclínio. O anfitrião reclinava-se no leito central – *lectus medius* – e, à sua direita, o convidado de honra, como ainda hoje é de praxe em nossas mesas. À esquerda do anfitrião, ficava o convidado a quem se atribuía o segundo grau de importância. Os outros comensais dispunham-se respectivamente nos leitos da direita – *lectus sumus* – e da esquerda – *lectus imus* – [...] a colher era o único talher usado à mesa. As carnes eram servidas em pequenos pedaços e levados à boca com os dedos. [...] artistas profissionais distraíam os convidados no transcurso de um festim".[100]

Considerando que o ato do *comer e do beber junto* se traduzia, para os romanos, num momento singular para a prática da sociabilidade e da convivibilidade, cabe destacar o importante papel desempenhado pelos cozinheiros, que em outras épocas eram considerados escravos comuns. Tornaram-se personagens dignos de admiração. No tempo do imperador Adriano (117-138), chegou-se a formar uma academia, denominada *Collegium Coquorum* (Academia dos Cozinheiros). *Coquus*, em latim, significa *cozinheiro*, o *chef*, na era moderna. Além do *coquus*, a brigada da cozinha era composta por outros profissionais, como o *facarius* (encarregado de cuidar do fogo), o *coctor* (encarregado de cuidar da cocção de determinados alimentos), o *dolarius* (responsável pela adega), o *proegustator* (encarregado de provar os alimentos), o *tricliniarca* (encarregado dos serviços das refeições) e o *nomenclator* (encarregado do cerimonial).

2.4.3 Meios de hospedagem

As grandes conquistas romanas abriram caminhos que ligavam Roma a Atenas, à Península Ibérica e a outras localidades que faziam parte do Império. Ao longo desses caminhos, foram construídas casas, denominadas *mansiones*, espécies de albergues que serviam para hospedar e alimentar os viajantes das mais diversas categorias, entre eles, militares, funcionários, comerciantes e "turistas".

Houve, nessa época, um grande incremento das viagens, devido principalmente à *pax romana*, que oferecia condições de segurança, facilidade de comunicação por meio do latim e do grego, facilidade para a realização

[100] FRANCO, 2001. p. 43.

de negócios pelo uso da moeda romana (moeda forte da época, semelhante ao dólar da era atual), que era bem aceita por todos, e, ainda, boas estradas e conexões marítimas. Esse contexto, altamente favorável, estimulou a criação de inúmeros albergues ao longo das vias e do comércio em geral. Esses albergues ofereciam aos viajantes serviços e conforto modestos, longe de serem comparados àqueles praticados pelos romanos em suas residências.

Hospitium, para os romanos, designava o local destinado para o repouso dos viajantes, e *hospes*, a pessoa que nele se hospedava, o hóspede. Certamente, a hotelaria moderna encontra suas raízes e seu significado nesses vocábulos. Além dessas palavras, encontramos outras representativas de momentos de sociabilidade, de acolhimento e de hospitalidade, como *hospitalia* (albergue público), *hospitalis* (hóspede-amigo, alberguista), *diversorium* (alojamento, hospedaria), *stabulum* (albergue com estábulo), *caupona* (hospedaria popular), *mansiones* (casas de hospedagem localizadas ao longo das estradas, destinadas a abrigar as tropas militares em trânsito, as pessoas que faziam o serviço de correios e, posteriormente, todos os viajantes), *mutationes* (casas de hospedagem localizadas ao longo das estradas e destinadas à troca de animais em caminho e repouso dos viajantes), *cena* (refeições solenes), *popina* (local onde eram servidas refeições, principalmente) e *taberna* (local onde eram servidas bebidas, principalmente). No entendimento de Corbier, as "*tabernae* e as *popinae* são indissociáveis e simbolizam, aos olhos da plebe, os prazeres da cidade".[101] Eram frequentadas pelas classes inferiores e consideradas, pelas elites, antros de banditismo e prostituição. Nessas circunstâncias, a profissão de albergueiro foi discriminada e mal vista, *fama* que varou séculos. Contudo, as *tabernae* e as *popinae* não deixavam de ser locais de sociabilidade e de convivibilidade popular, apesar do repúdio por parte das elites romanas e da Igreja cristã. Certamente, as elites "não tinham dificuldade em conseguir alojamento, comida e diversão, graças à hospitalidade que lhes ofereciam, a título de amizade, seus pares na cidade, no campo e até nas províncias. Só em viagens mais longas as pessoas distintas eram obrigadas a alojar-se em hotéis",[102] enfatiza Peyer. O mesmo se pode dizer dos viajantes cristãos, peregrinos, pobres e integrantes do clero, que se alojavam em hospedarias (*hospitia*) próximas aos mosteiros, como será especificado mais adiante.

[101] CORBIER, M. A fava e a moreia: hierarquias sociais dos alimentos em Roma. In: FLANDRIN, J.-L.; MONTANARI, M. et al., 1998. p. 231.

[102] PEYER, 1998. p. 439.

Dessa forma, a *taberna* e a *popina* podem constituir, para as classes inferiores, "as possibilidades de uma desforra para recuperar o acesso aos valores dos quais o povo está excluído, principalmente a convivibilidade",[103] afirma Corbier. Por sua vez, Peyer enfatiza ainda que "coexistiam no final da Antiguidade as formas primitivas de hospitalidade, basicamente reservadas às classes superiores, a hospedagem obrigatória dos representantes do poder, as hospedarias do Estado e da Igreja, os alojamentos destinados aos mercadores e, por fim, o vasto universo, desprezado mas indispensável, das tabernas e das *diversoria*, onde os serviços eram cobrados".[104] Tratava-se, pois, de uma hospitalidade pública e paga, o que a diferenciava daquela de natureza privada e amigável. Nesse caso, a hospedagem passa a ser um negócio, embrião da futura hotelaria, que na era moderna transformou-se num empreendimento lucrativo.

Existe ainda outro aspecto relacionado aos meios de hospedagem que não pode passar despercebido quando se aborda a civilização romana. Refere-se ao papel que os meios de hospedagem tiveram na expansão do Império Romano. As *mansiones*, as *mutationes* e mesmo as *tabernae*, de reputação desprezível, numa descrição de Belchior e Poyares, "desempenharam papel significativo na expansão do Império, facilitando contatos entre regiões distantes, através de paragens inóspitas; permitindo a ocupação territorial; estimulando a vida econômica com o acesso mais seguro de produtores e comerciantes aos mercados e feiras; abrindo caminho, enfim, ao gênio e à consolidação do poder militar romanos. Sem elas, as jornadas pelas estradas seriam menos viáveis, por vezes impossíveis".[105] Além disso, elas foram as responsáveis pelo surgimento de inúmeras aldeias, mais tarde transformadas em cidades.

[103] CORBIER, 1998. p. 234.

[104] PEYER, 1998. p. 440.

[105] BELCHIOR; POYARES, 1987. p. 22.

Capítulo 3

A HOSPITALIDADE NA IDADE MÉDIA

A Idade Média, numa linha do tempo, abrange o período que vai do século V até meados do século XV, o qual foi marcado por alguns recuos e avanços, em especial no que tange ao processo da hospitalidade.

Tendo em vista o foco desta obra, pinçaram-se, dentro desse período, alguns episódios considerados marcantes para o estudo histórico da hospitalidade, entre eles, o cristianismo, o feudalismo, a corte carolíngia, as Cruzadas, a cultura cortês e o direito de albergagem.

3.1 Cristianismo

Não havia lugar para eles em Belém, narra a Bíblia ao referir-se a José e Maria, quando buscavam alojamento naquela cidade. Ao contrário da origem de Roma, o cristianismo começa com um ato contrário à hospitalidade. Ninguém acolheu José e Maria, até porque todos os *hotéis* estavam lotados, em virtude do evento (recenseamento) que estava ocorrendo. Abrigaram-se num estábulo, e lá Maria deu à luz Jesus.

A Bíblia, tanto no Antigo quanto no Novo Testamento, apresenta inúmeros textos que relatam acontecimentos envolvendo o ato de comer, de beber e de hospedar, contextos altamente favoráveis ao fomento da hospitalidade. A última ceia (*cena*), por exemplo, um dos momentos culminantes da vida de Cristo, passa-se ao redor da mesa. Na oportunidade, o pão e o vinho, dois alimentos altamente valorizados pela cultura romana, foram colocados em destaque, representando, simbolicamente, o corpo e o sangue de Cristo. Um momento de profunda celebração, componente essencial da hospitalidade. Em outro evento, Cristo deu início a seu magistério numa festa de casamento, ocasião em que aconteceu o primeiro milagre, com a transformação da água em vinho. O pão, o vinho e o óleo, alimentos marcantes da cultura greco-romana, estão também muito presentes e valorizados pelo cristianismo.

Em 312 de nossa era, com a conversão do imperador Constantino para o cristianismo, a religião cristã foi proclamada a religião oficial do Império Romano. O cristianismo ganhou, desse modo, grande poder espiritual e temporal. Esse poder acabou com o hábito pagão de imolar animais aos deuses por ocasião dos festejos. Cortou-se, assim, um processo tradicional de acolhimento, uma maneira que as pessoas possuíam para realizar movimentos de aproximação, essência da hospitalidade. Mesmo assim, a comida, com a hegemonia cristã, continua exercendo esse papel, sendo um momento capaz de encorajar, de acordo com a contribuição de Strong, "o bem-estar entre os convivas, considerando as numerosas ocasiões para comerem juntos como meio de engendrar o sentimento de irmandade e convivência"[1]. Porém, agora, sem o sacrifício e a oferenda aos deuses!

No tocante à hospitalidade, o cristianismo tem demonstrado, na prática, sua valiosa contribuição, mesmo em contextos pouco favoráveis. Um bom exemplo aconteceu a partir do século IV quando os mosteiros e as abadias davam acolhida aos peregrinos que se deslocavam para os lugares santos, em especial, para Jerusalém. Tais mosteiros, ao serem construídos, já destinavam alojamentos para os peregrinos, e esses espaços eram posicionados em locais adequados para não perturbar a vida monástica. Conforme relato de Chon e Sparrowe, "do século IV ao XI, a Igreja Católica Romana manteve a indústria da hospitalidade viva por meio do estímulo às viagens dos peregrinos aos monastérios e catedrais da Europa. Estradas foram construídas e mantidas pelos clérigos dos monastérios locais. Os alojamentos construídos nas igrejas ofereciam um lugar para comer e dormir. As igrejas não cobravam por essas acomodações, apesar de esperar que os viajantes lhes fizessem uma contribuição. As viagens e o comércio aumentavam gradualmente na Europa, e os monastérios permaneceram como os principais estabelecimentos de hospedagem, tanto para os que viajavam a negócios quanto para os que viajavam por lazer".[2]

Um dos marcos dessa hospitalidade impregnada do espírito cristão, constituindo-se numa verdadeira *Carta de Hospitalidade*, foi *A regra de São Bento*, escrita por Bento de Nursia (480-547), ao criar a Ordem Beneditina. Vale, pelo conteúdo e pela referência histórica, transcrever o Capítulo 53 da citada obra.

---

[1] STRONG, R. *Banquete*: uma história ilustrada da culinária, dos costumes e da fartura à mesa. Rio de Janeiro: Jorge Zahar, 2004. p. 49.

[2] CHON, K.-S.; SPARROWE, R. T. *Hospitalidade*: conceitos e aplicações. São Paulo: Pioneira, 2003. p. 4.

DA RECEPÇÃO DOS HÓSPEDES

Todos os hóspedes que chegarem ao mosteiro sejam recebidos como o Cristo, pois Ele próprio irá dizer: *Fui hóspede e me recebestes.*

E se dispense a *todos* a devida honra, *principalmente aos irmãos na fé* e aos peregrinos.

Logo que um hóspede for anunciado, corra-lhe ao encontro o superior ou os irmãos, com toda a solicitude da caridade; primeiro, rezem em comum e assim associem-se na paz.

Não seja oferecido esse ósculo da paz sem que, antes, tenha havido a oração, por causa das ilusões diabólicas.

Nessa mesma saudação mostre-se toda a humildade. Em todos os hóspedes que chegam e que saem: com a cabeça inclinada ou com o corpo prostrado por terra, adore-se o Cristo que é recebido na pessoa deles.

Recebidos os hóspedes, sejam conduzidos para a oração e depois sentem-se com eles o superior ou quem este ordenar.

Leia-se diante do hóspede a lei divina para que se edifique e depois disso apresente-se-lhe um tratamento cheio de humanidade.

Seja o jejum rompido pelo superior por causa dos hóspedes; a não ser que se trate de um dos dias principais de jejum, que não se possa violar; mas os irmãos continuem a observar as regras de jejum.

Que o abade sirva a água para as mãos dos hóspedes; lave o abade, bem assim como toda a comunidade, os pés de todos os hóspedes; depois de lavá-los, digam o versículo: *Recebemos, Senhor, vossa misericórdia no meio de vosso templo.*

Mostre-se principalmente um cuidado solícito na recepção dos pobres e peregrinos, porque sobretudo na pessoa desses Cristo é recebido; de resto o poder dos ricos, por si só, já exige que se lhes prestem honras.

Seja a cozinha do abade e dos hóspedes separada, de modo que os irmãos não sejam incomodados com a chegada em horas incertas dos hóspedes, que nunca faltam ao mosteiro.

Entrem todos os anos para o trabalho dessa cozinha dois irmãos que desempenhem bem esse ofício.

Sejam-lhes concedidos auxiliares quando precisarem para que sirvam sem murmuração; e do mesmo modo, quando têm menos ocupação, deixem esse ofício, para trabalhar no que lhes for ordenado.

Do mesmo modo, cuide do recinto reservado aos hóspedes um irmão cuja alma seja possuída pelo temor de Deus; haja ali leitos suficientemente arrumados e seja a casa de Deus sabiamente administrada por monges sábios.

De modo algum se associe ou converse com os hóspedes quem não tiver recebido permissão: se encontrar ou vir algum deles, saúde-o humildemente, e, pedida a bênção, afaste-se, dizendo não lhe ser permitido conversar com os hóspedes.

Fonte: *A regra de São Bento*[3].

[3] NURSIA, B. de. *A regra de São Bento*. 2. ed. Minas Gerais: Mosteiro da Santa Cruz, 1999.

Em outros capítulos, *A regra de São Bento* trata de temas relacionados às refeições, explicitando como deve ser o celeiro do mosteiro, da medida da comida, da medida da bebida e a que horas convém fazer as refeições e de como os monges deveriam nelas portar-se. Todos esses rituais, na interpretação de Franco,[4] foram precursores das boas maneiras à mesa na sociedade europeia, e, nesse sentido, os monges eram mais refinados do que os leigos, inclusive os nobres. É bem provável, portanto, que essas maneiras de receber o visitante e de portar-se à mesa por parte dos monges nos forneçam algumas luzes sobre a prática da hospitalidade presente na sociedade laica.

Durante toda a Idade Média, também denominada Idade das Trevas devido à escassez de informações históricas sobre o período, alguns escritos dos monges nos fornecem pistas para captarmos alguns procedimentos praticados por eles, e, provavelmente, pela sociedade laica, em especial, com relação ao comportamento esperado à mesa, momento importante para o exercício da hospitalidade. Strong nos diz que "os registros monásticos são os únicos relatos detalhados sobre a comida e a mesa nesses séculos"[5].

Além desses relatos monásticos, o que se sabe ainda, com base na literatura nórdica e anglo-saxônica, segundo Strong, é que "o salão de festas era o coração da sociedade, lugar onde se celebravam as vitórias comunitariamente e formavam os laços sociais"[6]. Esses locais, de convivência da sociedade laica, eram marcados, agora, em especial pela presença dos bárbaros que haviam acabado com o Império Romano com muita bebida. Como enfatiza autor, "o propósito principal do festejo bárbaro era a embriaguez". Nesse contexto, "a sala para os anglo-saxões, era o cenário em que se forjavam os vínculos entre um senhor e seus seguidores, por meio da distribuição de bebidas, presentes e compromissos". Não mais o pão, ou qualquer outro alimento, mas a bebida passa a ser o foco do encontro. Os anfitriões, reis ou rainhas, senhores ou senhoras, para bem agradar, necessitavam oferecer aos convidados quantidades consideráveis de bebidas. Portanto, temos o encontro:

- de um lado, de uma cultura tradicional romana, com salas dedicadas a atividades específicas, como o comer. Isso não excluía o beber e alguns exageros. O maior pecado aqui registrado é a gula; e
- de outro lado, de uma cultura de uma sociedade que, ao tomar o poder, traz consigo a bebida como foco do encontro. O maior pecado aqui registrado é a embriaguez.

---

4 FRANCO, A. *De caçador a gourmet*: uma história da gastronomia. São Paulo: Senac, 2001.

5 STRONG, 2004. p. 50.

6 STRONG, 2004. p. 57.

Esse encontro repercutiu no *desenho* da nova sociedade romana, com reflexos no processo de hospitalidade.

Um componente do processo de hospitalidade que cabe destacar, nesse período em análise, diz respeito à mesa. Trata-se da posição das pessoas à mesa, do seu formato e da disposição do lugar de honra. Em relação à posição, migra-se da forma reclinada, muito em uso na cultura romana, para a sentada; sobre o formato, surgem as mesas redondas e retangulares; e, quanto ao lugar de honra, os formatos das mesas passaram a redefinir os lugares de destaque a serem ocupados à mesa. Houve momentos em que eles se situavam à esquerda da mesa principal, em outros, ao centro.

3.2 Feudalismo

Com a deposição de Rômulo Augusto (476), o grande Império Romano do Ocidente ruiu, e seu poder foi transferido para o Oriente, tendo Constantinopla como capital. Com isso, a Europa entrou na chamada Idade Média (séculos V a XV), e surgiu a sociedade feudal. Esse foi um período lamentável para o culto à hospitalidade, porque o viajante passa a ser visto como um *hostis* (inimigo), um invasor, uma ameaça. O direito de ir e vir entra em colapso. Em decorrência disso, as viagens declinaram e as hospedarias se deterioraram. As características gerais do feudalismo são: poder centralizado nas mãos dos senhores feudais, economia baseada na agricultura (feudos) e utilização do trabalho dos servos.

Os feudos se estenderam por todo o continente europeu tendo como um dos seus principais elementos constitutivos as relações de vassalagem e suserania. Surge, desse novo contexto, um tipo bem característico de sociabilidade, marcado pelo servilismo. O vassalo serve ao senhor e este, por sua vez, ao senhor maior, até se chegar ao rei, em troca de proteção e de serviços. Desse modo, nessa estrutura piramidal e fortemente hierarquizada, o espírito hospitaleiro restringiu-se, basicamente, às pessoas que vivem nos feudos e, assim mesmo, foi marcado por um servilismo típico, o que não contribuiu para o florescimento de um ambiente hospitaleiro. Uma das formas dos reis e nobres expressarem seus laços feudais era por meio dos banquetes. No decurso dos séculos XI e XII, diz Strong[7], "a festa foi parte essencial da tessitura social, um importante evento culinário periódico que celebrava a relação entre um senhor e seus vassalos – e o poder que essa relação engendrava".

A história nos mostra que a comida sempre esteve, de algum modo, ligada à hierarquia. Isso, também, é facilmente observado no reino animal. Na

[7] STRONG, 2004. p. 62.

sociedade feudal essa estrutura piramidal e fortemente hierarquizada ganhou um patamar pouco visto na história, interferindo, inclusive, nos tipos de comidas que os integrantes dessa estrutura piramidal podiam ou não comer. É o caso da carne, privilégio das classes altas. Os camponeses eram excluídos desse direito. Exclusão que não condiz com a prática da hospitalidade, em especial quando vista sob o olhar de sua incondicionalidade.

Com o feudalismo, a falta de segurança acentuou-se e as viagens escassearam de modo considerável, afetando duramente o comércio e a vida urbana. O trânsito nas estradas, conforme o relato de Belchior e Poyares, "reduziu-se ao resultante do comércio de bens estritamente essenciais à vida, o que não seria suficiente para manter à margem delas sucessivos estabelecimentos para acomodar transeuntes".[8] Diante disso, registra-se a decadência dos meios de hospitalidade romana.

Nesse período, apesar de todas essas condições adversas, é possível destacar a presença de um viajante muito especial, o peregrino. Ele enfrentava todos os perigos para poder visitar os lugares santos, que exerciam sobre ele forte poder de atração. Vale ressaltar que esse poder é exercido até os nossos dias, bastando ver que, apesar dos conflitos entre Israel e Palestina, com atentados diários largamente documentados pelos meios de comunicação, milhares de pessoas continuam fazendo viagens para a chamada Terra Santa. Trata-se do turismo religioso, que se assemelha ao realizado pelos peregrinos no início da Idade Média, embora não tivessem eles ideia do significado do turismo, fenômeno que iria marcar as últimas décadas do século XX e o início do século XXI. Atualmente, o turismo religioso continua movimentando fluxos consideráveis de viajantes para diversos lugares como Jerusalém, Roma e Meca, entre tantos outros.

Apesar do contexto adverso às viagens, elas contribuíram não apenas para conservar as tradições referentes à hospitalidade, como também para fomentá-las. Além disso, contribuíram também para o enriquecimento cultural da Europa, ao favorecer a troca de ideias, de experiências e da aquisição de novos conhecimentos.

Voltando à queda do Império Romano e à invasão dos bárbaros, cabe destacar um outro aspecto que pode contribuir para o estudo da hospitalidade. Trata-se dos hábitos alimentares que, de alguma forma, integram o processo da hospitalidade. A cultura greco-romana, na ocasião da invasão germânica (bárbaros), estava fortemente calcada na agricultura, sendo o pão, o vinho e o óleo a base da culinária mediterrânea. No entanto, os hábitos alimentares dos bárbaros estavam centrados na exploração dos recursos naturais, em especial na caça e no gado criado livremente, constituindo-se a carne e o leite os principais componentes

---

8 BELCHIOR, E. O.; POYARES, R. *Pioneiros da hotelaria no Rio de Janeiro*. Rio de Janeiro: Senac, 1987. p. 23.

de sua culinária. Com o passar dos tempos, essas duas propostas gastronômicas evoluíram para uma síntese. Ou seja, "a passagem para alimentos derivados de florestas, pastos, riachos, lagos e rios era compensada pelo fascínio bárbaro diante das tradições romanas que sobreviveram nos territórios conquistados".[9] Essa síntese, romano-bárbara, criou oportunidade para o surgimento, além das novas propostas culinárias, também de novas maneiras de portar-se à mesa, agregando novos contornos ao processo da hospitalidade.

Na Idade Média, a Igreja Católica dominava o cenário religioso, influenciava o modo de pensar e as formas de comportamento. Possuía, ainda, grande poder econômico, marcado, em especial, pela posse de terras em grande quantidade.

3.3 Corte carolíngia

Uma das presenças marcantes da Idade Média foi a de Carlos Magno (742-814), que se tornou rei de um território do qual faziam parte a França e um pedaço da Alemanha. Ele incentivou várias guerras de conquista com o objetivo de fazer com que os povos bárbaros se convertessem ao Catolicismo. Conquistou ainda grande parte da Europa e recuperou o Império Romano do Ocidente.

Carlos Magno, ao criar a primeira grande concentração de poder na Europa Ocidental desde a queda do Império Romano, impôs, segundo Strong, "estilos comuns de pensamento e comportamento na maior parte da Europa Continental",[10] incluindo os procedimentos pertinentes ao processo de hospitalidade. Carlos Magno era moderado no comer e também no beber, pois abominava a bebedeira em qualquer pessoa, principalmente nele mesmo e naqueles sob sua proteção. Uma postura que entrava em conflito com aquela dos bárbaros que focavam a bebida e seus excessos em suas celebrações. Segundo o biógrafo Einhard, as refeições de Carlos Magno normalmente consistiam-se em quatro pratos, isso sem contar os assados, que seus homens de caça costumavam trazer em espetos. Enquanto estava à mesa, ouvia leituras ou músicas. Raramente dava banquetes, somente em dias de grandes festas para um número considerável de pessoas. Essas festas, juntamente com a adoração cristã conjunta e a caça, tornaram-se "os principais meios pelos quais reis e nobres mantinham e expressavam seus laços feudais".[11] Em função disso, registra-se um grande incremento das festas. As festas populares e religiosas são oportunidades para as pessoas

---

9 STRONG, 2004. p. 47.

10 STRONG, 2004. p. 60.

11 STRONG, 2004. p. 60.

viverem momentos de comunhão e, até mesmo, de celebração. Momentos de vivenciar a hospitalidade.

Uma das virtudes de Carlos Magno que muito têm a ver com a hospitalidade diz respeito à sua generosidade em relação aos necessitados. Einhard, seu biógrafo, assim descreve:

> Ele estava muito ansioso em ajudar os necessitados, com aquelas generosidades gratuitas que os gregos chamam de esmolas, de modo que não montou somente um ponto de ajuda em sua própria região e em seu próprio reino, mas assim que descobriu que havia cristãos vivendo em pobreza na Síria, no Egito e na África, perto de Jerusalém, de Alexandria e de Cartago, teve misericórdia daqueles carentes e habituou-se a mandar para além dos mares uma quantidade de dinheiro a mais para eles. A razão daquele fervor de se empenhar para fazer amizades com os reis que estavam além do mar era para obter ajuda para socorrer e aliviar os cristãos que viviam sob seus governos.

Os padrões estabelecidos pela corte carolíngia, durante os séculos VIII e IX, na contibuição de Strong, "iriam determinar a maneira medieval de comer".[12] Maneira essa que passou a intervir no processo de hospitalidade exercido pelas comunidades.

3.4 Cruzadas

Os turcos, após dominarem os muçulmanos, passaram a impedir o acesso dos europeus a Jerusalém. As Cruzadas (conflitos que se estenderam do século XI ao XIV) foram organizadas por tropas ocidentais que tinham o propósito de reconquistar esse acesso.

Que contribuições as Cruzadas podem nos trazer para o estudo da hospitalidade? Todos os movimentos comunitários implementam inovações, agregam valores e abrem novos horizontes. Dentro da microvisão ora em estudo, destacamos quatro contribuições do movimento das Cruzadas:

- as ordens religiosas receberam um grande incremento, considerando seu objetivo de acolher os cruzados, os enfermos, os feridos e também os peregrinos;
- no final do século XI, além dos tradicionais alojamentos disponibilizados pelas ordens religiosas em seus conventos, fato que já vinha

[12] STRONG, 2004. p. 60.

ocorrendo desde o século IV, surgiram algumas novidades no que diz respeito aos meios de hospedagem. Entre eles, cabe destacar os *hospitiae* (*hospitium*), casas nas quais os monges acolhiam os peregrinos ou viajantes e que são consideradas precursoras da hotelaria, no parecer de Seydoux.[13] O *hospitium* do Grande São Bernardo, localizado na Suíça, foi o mais famoso deles, ficando, séculos mais tarde, conhecido também pelo serviço de montanha que prestava, sobretudo por intermédio dos cães de São Bernardo;

- as Cruzadas, ao buscar a conquista da Terra Santa, entraram em contato com uma outra cultura, a islâmica, com sua culinária típica e suas próprias maneiras de conviver. Houve uma inserção na Europa de novos conhecimentos originários do Oriente; e
- as Cruzadas proporcionaram também o renascimento do comércio na Europa. Muitos cavaleiros, ao retornarem do Oriente, saqueavam cidades e montavam pequenas feiras nas rotas comerciais. Houve, portanto, um importante reaquecimento da economia no Ocidente.

Cabe também destacar que os turcos, ao conquistarem parte da Península Ibérica, e lá permanecendo durante vários séculos, deixaram bem presente seus traços culturais na região, que podem ser percebidos em palácios, nas igrejas, na gastronomia, na música, na indumentária e na maneira de acolher as pessoas. Todos esses componentes passaram a desenhar um novo processo de hospitalidade, em especial por parte das comunidades locais.

3.5 Cultura cortês

No raiar do século XIII, algo de novo estava por acontecer. Surgiram, segundo Strong, "os primeiros movimentos da cortesia que iria transformar um ritual de dependência feudal em manifestação de amizade. A estrutura senhorial que havia começado sua existência na corte carolíngia encontrava imitadores em toda a classe aristocrática".[14]

Foi em meados da Idade Média, "época em que a sociedade finca suas raízes mais profundas",[15] afirma Romagnoli, que a *cortesia* (palavra derivada de *corte*)

---

13 SEYDOUX, J. *De l'hospitalité à l'accueil.* Denges: Delta & Spes, 1983. p. 33.

14 STRONG, 2004. p. 62.

15 ROMAGNOLI, D. Guarda no sii vilan: as boas maneiras à mesa. In: FLANDRIN, J.-L.; MONTANARI, M. et al. *História da alimentação.* 2 ed. São Paulo: Estação Liberdade, 1998. p. 496-508.

tomou conta da sociedade toda. Ou seja, complementa Visser, "aos poucos, a educação desceu da corte para a burguesia e, afinal, pingou para mais baixo ainda, chegando ao resto da população".[16] Esse cenário forjou uma nova maneira de recepcionar, de acolher e de hospedar as pessoas, tanto para uma refeição quanto para um pernoite. As pessoas, para não se sentirem excluídas, procuravam aprender a *arte de bem conviver* em manuais que começaram a ser disponibilizados na sociedade, e esse é um tema bem presente até os dias de hoje, com suas devidas adaptações. Basta, para tanto, verificar a vasta bibliografia existente sobre o assunto em todos os países. Essa literatura tornou-se ainda mais necessária na modernidade, com o incremento do turismo, da globalização e da internacionalização das empresas, que movimentam milhares de pessoas pelo mundo. Conhecer os usos e os costumes dos mais diferentes lugares do planeta para saber como se portar em sociedade e, assim, melhor exercer a hospitalidade tornou-se uma necessidade para o turista e para o homem de negócios. Desse modo, as pessoas podem estabelecer melhores relacionamentos e cometer menos gafes nas interações visitantes-visitados. De acordo com uma contribuição de Romagnoli, "a literatura cortês enfatiza a arte de receber descrita principalmente a partir dos banquetes, dos divertimentos que os animam, da quantidade e da qualidade dos pratos, da beleza dos utensílios, das roupas, das pessoas".[17] Ainda segundo o autor, "o fio condutor da história das boas maneiras à mesa é o abandono da promiscuidade e da exibição de comportamentos grosseiros".[18] No que diz respeito à promiscuidade aqui referida, cabe lembrar que até o início do *boom* cortês, os comensais se serviam de alguns utensílios de uso comum à mesa. Além disso, não havia um local específico para as refeições: montavam-se mesas sobre cavaletes em locais que serviam para outras finalidades. Diante dessas premissas, pode-se prever que tipo de ambiente envolvia a refeição, contexto esse que conflitava com a emergente *linhagem cortês*. Daí a necessidade do estabelecimento de normas e diretrizes comportamentais, principalmente à mesa.

As boas maneiras, inclusive à mesa, que "ganharam as primeiras páginas" na cultura cortês, na verdade foram destacadas em todas as civilizações, com maior ou menor intensidade. Visser chega a afirmar que "as boas maneiras à mesa são tão antigas quanto a própria sociedade humana, pelo simples motivo de que nenhuma sociedade humana pode existir sem elas".[19] É bem verdade que "cada sociedade desenvolveu gradualmente o seu sistema, alternando às vezes seu comportamento

---

[16] VISSER, M. *O ritual do jantar*: as origens, evolução, excentricidades e significado das boas maneiras à mesa. Rio de Janeiro: Campus, 1998. p. 60.

[17] ROMAGNOLI, 1998. p. 499.

[18] ROMAGNOLI, 1998. p. 501.

[19] VISSER, 1998. p. 1.

para reforçar seus ideais e estilo estético e para reforçar sua identidade".[20] Assim, é possível, por intermédio das regras determinadas pela etiqueta, estabelecer um perfil da sociedade num determinado momento histórico. É possível, também, melhor compreender as discrepâncias e as nuanças existentes entre as diversas sociedades, pois coube a cada uma delas compor o seu *menu* em relação às normas integrantes das *boas maneiras à mesa*. Embora, observa Visser, "apesar das diferenças, as maneiras à mesa, afinal de contas, são notavelmente parecidas, tanto do ponto de vista histórico quanto nas diversas regiões do mundo".[21]

O chamado *comportamento cortês*, ou *cultura cortês*, estabelece uma nítida diferença entre as maneiras *urbanas* e *campesinas*, como já ocorrera marcadamente na Grécia e na Roma antigas. Nesse período, como chama a atenção Montanari,[22] os nobres passaram a ter sua dietética, sua gastronomia, suas maneiras de portar-se à mesa, e os camponeses, em contrapartida, as suas próprias. Consolidaram-se, assim, rituais distintos, por meio dos quais os grupos sociais passaram a inter-relacionar de forma menos penosa. Se os códigos de boas maneiras, complementa Romagnoli, "permitem distinguir os grupos sociais entre si e valorizar uma pessoa em relação às outras (que se pense na expressão corrente: é uma pessoa 'distinta'), eles servem também como meio de comunicação, indispensável a essa obra e mediação contínua, que é a vida social dos homens".[23]

A *cultura cortês*, ou o *comportamento cortês*, no entendimento de Visser, é "um ritual realizado em benefício das outras pessoas e do nosso relacionamento com elas",[24] que criou novos valores que passaram a fazer parte das relações de sociabilidade e de convivibilidade, principalmente dos grupos sociais pertencentes às elites, estabelecendo também novos quesitos em relação ao processo da hospitalidade. Ou seja, ainda segundo Visser, "o conceito medieval de boas maneiras, chamado de 'cortesia' por ser praticado pelos nobres da corte, começa a ser designado de 'civilidade', uma expressão abrangendo todo um novo sistema de propriedade corporal e daí em diante aplicável a todos os cidadãos, não apenas à elite".[25] Nesse caso, a *civilidade* passa a reger não somente o comportamento à mesa, mas também as formas de se portar em sociedade. Assim, por ocasião de um evento, o anfitrião desempenha o papel de *protagonista principal*, por se constituir num exemplo de *civilidade*.

---

20 VISSER, 1998. p. X.

21 VISSER, 1998. p. X.

22 MONTANARI, 1998. p. 386.

23 ROMAGNOLI, 1998. p. 508.

24 VISSER, 1998. p. 38.

25 VISSER, 1998. p. 57.

O anfitrião, ao acolher e ao hospedar seus convidados, devia saber a *ordem de precedência* no momento de colocá-los à mesa do banquete. Isso porque, descreve Althoff, o "desejo de afirmar uma posição estendia-se também aos lugares à mesa, o que ocasionava as famosas 'brigas de cadeiras' da Idade Média que acabavam, na melhor das hipóteses, com a saída indignada daquele que se sentia mal colocado e, nos casos trágicos, em acertos de contas pelas armas e com derramamento de sangue".[26] Essa situação, guardadas as proporções, sobretudo no que diz respeito aos tipos de *armas*, não tem se alterado muito no contexto atual. A colocação das pessoas nos devidos lugares à mesa, principalmente em eventos oficiais, é um dos mais intrincados aspectos do protocolo. Para amenizar dissabores, nesse particular, criou-se uma legislação específica, estabelecendo a ordem de precedência. Até porque colocar os convidados à mesa, na avaliação de Visser, "é um ato profundamente político".[27]

Uma das características de alguns tipos de *conviviae* (banquetes) refere-se à sua duração. Eles se estendiam, por vezes, por períodos de até oito dias. Durante esse tempo, as pessoas se entretinham com jogos, caçadas e espetáculos realizados por dançarinos, menestréis, músicos e poetas. Tudo isso para criar um ambiente de solidariedade, de sociabilidade e de convivibilidade entre todos os participantes, com o intuito de tornar duradouros aqueles momentos de paz e de hospitalidade. Nessas ocasiões, o anfitrião exercia um importante papel na organização do evento, cabendo a ele oferecer a hospitalidade adequada para todos durante o *convivium* (banquete). Em outras palavras, cabia a ele, como anfitrião hospitaleiro, acolher todos os convidados, introduzindo-os nos espaços físicos destinados ao encontro, transformando-os em integrantes de uma comunidade e com eles ocupando-se durante todo o tempo.

3.6 Direito de albergagem

No fim do século V, com a invasão dos bárbaros e a queda do Império Romano, os meios de hospedagem, de reputação desprezível ou não, deterioram-se. Viajar tornou-se uma realidade para alguns poucos corajosos. Contudo, do século VIII ao século XI, na descrição de Peyer, "a hospitalidade arcaica recuperou a sua importância nos impérios bárbaros [...], hospedeiro e visitante tornaram-se outra vez intimamente ligados [...], a hospitalidade completa, a

[26] ALTHOFF, G. Comer compromete: refeições, banquetes e festas. In: FLANDRIN, J.-L.; MONTANARI, M. et al., 1998. p. 308.

[27] VISSER, 1998. p. 121.

título de amizade, continuou sendo apanágio da nobreza [...]".[28] Surge também, a partir desse período, por ocasião dos deslocamentos administrativos das elites dirigentes na interface com seus súditos camponeses, a hospitalidade obrigatória, incluindo os alimentos necessários. Ela é uma espécie de *direito de albergagem* ou *hospitalidade compulsória*, criada em Portugal para resolver o problema das viagens da nobreza, como será explorado mais adiante.

Cabe salientar a importância dos alojamentos oferecidos pelos mosteiros durante toda a Idade Média, principalmente para os peregrinos, pobres e enfermos. Nem sempre essas acomodações eram suficientes para atender às necessidades de todos os viajantes. Por esse motivo, no período que antecede o século XI, verifica-se o ressurgimento das tabernas, incentivado pelos soberanos, pelos monastérios e pelos nobres, que "as criaram nas cidades, nos portos, nos locais de peregrinação para vender vinho, cerveja e gêneros de primeira necessidade. Às vezes essas tabernas ofereciam também pousada",[29] esclarece Peyer. Contudo, foi entre os séculos XI e XIV que se registrou uma significativa mudança nessas formas tradicionais de alojamento, graças ao desenvolvimento da economia, fator impulsionado pelo grande progresso do comércio internacional, fazendo surgir, segundo o mesmo autor, "em toda parte, nas cidades, nas aldeias e ao longo das grandes vias de comunicação, um número cada vez maior de tabernas, que não se limitavam a fornecer víveres, quase sempre oferecendo pousada".[30] Muitas vilas e cidades surgiram a partir dessas tabernas instaladas ao longo das vias de comunicação, como já havia acontecido na Antiguidade, principalmente na época do grande império romano, e continuaria ainda a acontecer na Idade Moderna. Além disso, observam-se também, no período compreendido entre os séculos XI e XIV, alguns importantes fatos para a história da hospitalidade:

- a forma primitiva de hospitalidade que predominava no início da Idade Média foi, aos poucos, recuperando sua importância e, do século VIII ao século XI, o visitante e o hospedeiro voltaram a estabelecer certa *cumplicidade* em seu relacionamento, a ponto de haver a obrigatoriedade de vingança nos casos de ofensas e agressões feitas ao visitante;
- foi sobretudo entre os séculos XIII e XIV que, na Europa, verificou-se uma significativa mudança na forma de se oferecer hospitalidade. Passou-se da hospitalidade privada, a título amigável, característica da economia de troca, para a hospitalidade pública e paga, carac-

[28] PEYER, H. C. Os primórdios da hotelaria na Europa. In: FLANDRIN, J.-L.; MONTANARI, M. et al., 1998. p. 440.

[29] PEYER, 1998. p. 441.

[30] PEYER, 1998. p. 442.

terística da economia monetária. Em outras palavras, graças ao desenvolvimento da economia e ao incremento das viagens internacionais, fatores que atingiram a maior parte das camadas sociais, a hospitalidade privada e amigável não podia mais suportar a crescente demanda por alojamento. Criou-se, assim, a hospitalidade pública e paga. Desse modo, viajantes e comerciantes passaram a utilizar as casas de hóspedes ou as casas de comércio, "onde o hospedeiro não se limitava a prover a sua subsistência, mas desempenhava também o papel de intermediário, agregando-lhe negócios vantajosos. Em troca os hóspedes lhe pagavam comissões e retribuíam-lhe os favores da mesma forma em suas cidades",[31] conforme reporta o resgate histórico de Peyer. Nesse contexto, verificou-se o surgimento de um novo tipo de relacionamento entre o hospedeiro e o visitante, um relacionamento mais profissional. Nasce, pois, nesse período (séculos XII a XIV), na Europa, o embrião da hotelaria moderna, da hotelaria como negócio. Em outras palavras, surgem estabelecimentos que oferecem alojamento e alimentação por um período determinado, mediante pagamento. Esse tipo de meio de hospedagem veio dar sequência àqueles tantos outros, mais simples e menos comerciais, que a história nos tem documentado;

- o começo de uma classificação dos meios de hospedagem, em função da categoria social das pessoas que os frequentavam. Os mais simples, na descrição de Peyer, "eram instalados em casas de madeira ou pedra com um único cômodo, onde os homens, com seus animais e mercadorias, eram alojados junto ao fogo. [...] Havia também prédios construídos especialmente para essa finalidade, que tinham um pátio interno, estrebarias e armazéns no térreo, enquanto o andar superior era reservado às salas de estar e quartos de dormir dos clientes. Nos séculos XIV e XV, os melhores hotéis – que ofereciam frequentemente quartos individuais que se podiam fechar a chave, com camas e armários, salas de estar e salas de jantar bem mobiliadas – encontravam-se na França, na Inglaterra e na Itália".[32] Desse modo, conclui Peyer, "a hospitalidade privada, amigável e arcaica, começou a dar lugar a uma diferenciação social entre hotéis considerados bons, menos bons e estabelecimentos de má reputação que convinha evitar";[33]

---

[31] PEYER, 1998. p. 442.

[32] PEYER, 1998. p. 445.

[33] PEYER, 1998. p. 442-443.

- o estabelecimento de normas, ditadas pelas autoridades municipais, para regular as atividades hoteleiras. No que se refere aos regulamentos impostos pelas autoridades municipais da época, para os hotéis públicos, Peyer[34] traz algumas curiosidades, entre as quais vale citar:
  - a obrigatoriedade dos hotéis públicos de aceitar clientes até o limite de sua capacidade. Quando esta era atingida, o hotel retirava a sua insígnia do frontal do estabelecimento;
  - o hotel com disponibilidade de vaga não podia recusar clientes, desde que obedecessem aos regulamentos;
  - o hotel não podia aliciar clientes na rua;
  - o hotel tinha a obrigação de encaminhar os clientes excedentes para outros meios de hospedagem;
  - o hotel tinha obrigação de fornecer a lista de hóspedes para as autoridades municipais; e
  - o hotel tinha de pagar impostos significativos aos poderes públicos, sobre a venda do vinho e da cerveja;
- o surgimento de marcas de hotéis, representadas por insígnias, símbolos (ramo verde, coroa, arco e bandeirolas) e nomes, para uma melhor identificação do estabelecimento por parte dos estrangeiros; e
- a afirmação da profissão de hoteleiro.

No fim da época medieval, lembra Peyer, "com o aparecimento dos hotéis, surgem formas totalmente novas de hospedagem pública mediante remuneração. Gozando de um certo prestígio social, elas iriam marcar cada vez mais profundamente o mundo da hospitalidade".[35] Além disso, com a criação de um tipo único de hotel público pelos conselhos de muitas cidades da Itália, da França e da Alemanha, houve uma propagação desse tipo de meio de hospedagem por toda a Europa, constituindo-se num *divisor de águas* entre a hospitalidade amigável e arcaica e a hospitalidade pública e paga.

---

[34] PEYER, 1998. p. 443-444.

[35] PEYER, 1998. p. 440.

Capítulo 4

A HOSPITALIDADE NA IDADE MODERNA

A Idade Moderna, se considerarmos uma linha do tempo, se caracteriza por um período que vai de meados do século XV até o final do século XVIII. Período esse marcado por significativos avanços expansionistas, políticos e culturais na sociedade, o que permitiu novas configurações e interfaces no que tange ao processo da hospitalidade, cabendo destacar: a Renascença e os grandes descobrimentos e o *grand-tour*.

4.1 A Renascença e os grandes descobrimentos

A Renascença (séculos XV a XVII) trouxe à tona uma nova mentalidade, uma nova maneira de pensar e viver que tomou conta de toda a Europa. Melhoraram os meios de comunicação, os intercâmbios foram incrementados, os negócios entre as nações foram desenvolvidos. Todos esses fatores fomentaram as viagens e o surgimento de meios de hospedagem para acolher bem os viajantes, dentre os quais se encontravam negociantes, cientistas, escritores, artistas, pintores, escultores, poetas, arquitetos e músicos.

O homem, na Renascença, tornou-se o parâmetro do mundo. Passou-se, assim, de uma visão teocêntrica para uma visão antropocêntrica, o que propiciou o surgimento dos estudos nos campos das ciências humanas. Compunha o denominado *savoir vivre* dos ilustres pensadores da época o desejo de viajar para ver, sentir e matar a curiosidade sobre a cultura e demais atrativos existentes em outras nações. Montaigne e Shakespeare, dentre outros, registraram em suas obras esse desejo, o que ajudou a incrementar as viagens. Encontramos também registros de como os viajantes eram acolhidos nas diversas localidades visitadas. Consta em vários relatos que a hospitalidade era maravilhosa em algumas localidades; em outras, nem tanto.

A Renascença, assim como a grande maioria dos movimentos que fizeram a história dos homens, não se esqueceu da mesa. Franco lembra que "a Renascença foi, essencialmente, uma nova atitude diante da vida que se expressou em todos os níveis, tornando-se também muito evidente na arte da mesa".[1] De fato, com a Renascença, houve uma quebra de paradigmas em relação aos padrões gastronômicos medievais, tornando as refeições, principalmente os banquetes, mais refinados. Isso se deveu a vários fatores, como:

- maior variedade de gêneros alimentícios;
- introdução de novos equipamentos e utensílios na cozinha, que permitiram desenvolver tanto novos métodos de cocção dos alimentos quanto novas formas de apresentação dos alimentos;
- introdução de novos utensílios na sala de refeições, como travessas, colheres, facas e garfos. O garfo foi a grande vedete. Não se sabe exatamente a sua origem, embora algumas fontes apontem Bizâncio. Parece ter sido adotado em Veneza, no século XI, mas foi somente bem mais tarde, no fim da Renascença, nos séculos XVI e XVII, que ele foi mais utilizado. No século XVIII é que ele veio para ficar, não somente na Itália, mas também em toda a Europa. De início, possuía dois dentes, depois três e, a partir do século XIX, quatro dentes. A utilização desse utensílio tão simples nas refeições revolucionou as formas de preparação dos alimentos e a maneira de portar-se à mesa. Os alimentos puderam ser cortados em pequenas porções e levados à mesa mesclados com molhos, até porque os comensais não necessitavam mais utilizar os dedos como instrumento para levar esses alimentos à boca, fazendo-o com o garfo. Franco observa que "por muito tempo, entretanto, o garfo foi visto somente nas cortes. Com a generalização do seu uso, passou-se a comer mais de acordo com a ideia de elegância à mesa, da qual os italianos foram os irrefutáveis precursores".[2] Ao sentar-se à mesa, as pessoas recebiam, individualmente, colher, faca, garfo e copo, evitando-se, assim, a promiscuidade (reutilização do utensílio sem o devido processo de higienização), muito em voga até então. A introdução da travessa de servir também contribuiu nesse sentido;

[1] FRANCO, A. *De caçador a gourmet*: uma história da gastronomia. São Paulo: Senac, 2001. p. 141.

[2] FRANCO, 2001. p. 153.

- introdução de maneiras mais refinadas de servir comidas e bebidas;
- casamentos entre as cortes europeias, sendo a de Catarina de Médicis, da Itália, com Henrique II, da França, em 1533, uma das uniões de grande destaque;
- invenção de instrumentos de corda, o que possibilitou a introdução de música-ambiente nos banquetes; e
- invenção da imprensa, possibilitando a difusão da arte culinária e das boas maneiras à mesa. Várias obras sobre o assunto foram publicadas, contribuindo para o refinamento das refeições em todo o continente europeu. Obras desse gênero, a partir de então, não pararam de ser produzidas; ainda encontramos inúmeras delas em todos os países.

Todos esses fatores contribuíram para a formação de um novo cenário social. Um cenário mais refinado não apenas no aspecto intelectual e artístico, mas também no que diz respeito ao trato com as pessoas e ao portar-se à mesa. Isso se deveu muito a Catarina de Médicis, sobrinha do papa Leão X (da família dos Médicis), que fora educada na corte papal. Ela realizou festas esplendorosas e muito criativas, graças aos cozinheiros italianos – na época os melhores da Europa – que foram com ela para a França, o que promoveu uma revolução na gastronomia francesa. Nem todos os estudiosos concordam com a referida revolução provocada pela *invasão* dos *chefs* italianos nos domínios franceses. Dentre eles, destaca-se Revel,[3] que afirma que a verdadeira revolução gastronômica ocorreu no século XVI, com a introdução dos novos produtos procedentes do Novo Mundo. Neste momento, entretanto, não é pertinente levar essa discussão adiante, considerando-se os propósitos desta obra. Cabe, contudo, enfatizar a contribuição de Catarina de Médicis e de seus cozinheiros na definição de novos procedimentos em relação à composição e à sequência das iguarias numa refeição, fatores intervenientes nas maneiras de portar-se à mesa e também nas interações realizadas durante a hospedagem.

Nas viagens que Catarina fazia pelo interior da França, com fins políticos para apresentar ao povo o seu filho Carlos IX, então com 14 anos, realizavam-se refeições refinadas, elaboradas pelos *chefs* de sua comitiva juntamente com os profissionais locais. Ao verem a maneira elegante e sofisticada de Catarina, as pessoas ficavam encantadas e passavam a imitá-la. Desse modo, ela prestou uma significativa contribuição não apenas para o aprimoramento das boas maneiras à mesa, como também para o estabelecimento de novos padrões no processo de hospitalidade.

---

3 REVEL, J.-F. *Um banquete de palavras*: uma história da sensibilidade gastronômica. São Paulo: Companhia das Letras, 1996.

Outro feito de Catarina, também relacionado ao aprimoramento do processo de convivibilidade, de acordo com Franco,[4] foi o de incluir as mulheres nos banquetes de Estado, o que até então não acontecia. Courtine,[5] no entanto, afirma que foi Carlos Magno (742-814 d.C.) quem primeiro convidou as mulheres para uma refeição à mesa com os homens. Nesse sentido, questiona-se o papel da mulher, ao longo da história, na construção da sociabilidade e da convivibilidade. Cabe perguntar: qual foi, efetivamente, sua participação no fomento da hospitalidade? Poucos são os registros a esse respeito, principalmente na Antiguidade, encontrados na bibliografia consultada para esta obra. Constatou-se que as mulheres recatadas raramente eram convidadas para as refeições solenes e, mesmo nesse caso, ficavam relegadas a lugares secundários ou à condição de meras espectadoras. Já as cortesãs, consideradas mulheres *abusadas* e sem pudor, aparecem mais assiduamente nos registros. Luís XIV, da França, que se destacou por seu gosto por boas refeições e bons ambientes para festas, convidava belas mulheres para lhe fazer companhia à mesa, *privilégio* de que sua esposa não desfrutava.

Além de incluir as mulheres nos banquetes, Catarina de Médicis trouxe para a França a elegância florentina e os bons cozinheiros italianos, que sofisticaram a cozinha francesa e tornaram mais atraente a apresentação dos alimentos, fazendo com que as pessoas os *comessem com os olhos*. Fruto desse novo contexto, os procedimentos relacionados ao acolhimento e à hospitalidade sofreram mudanças, principalmente quando se tratava de um banquete com um *menu* bem variado e esteticamente atraente. Constata Franco que, "com a assimilação do refinamento da Renascença italiana, os banquetes se tornaram mais esplêndidos do que nunca",[6] exigindo das pessoas o devido preparo para saber portar-se nessas ocasiões. Daí a importância das publicações sobre boas maneiras que começaram a se multiplicar na época, que contribuíram para uma melhor convivência entre a antiga nobreza feudal e a nova burguesia, que formaram a elite econômica e política da época.

Franco[7] chama a atenção também para dois interessantes locais de sociabilidade e de convivibilidade, surgidos no final da Idade Média:

- as tabernas e albergues ao redor de Paris, que ofereciam comida e bebida em mesas postas com toalhas, talheres e guardanapos. Eram

---

[4] FRANCO, 2001. p. 150.

[5] COURTINE, R. J. *La gastronomie*. Paris: Presses Universitaires de France, 1970.

[6] FRANCO, 2001. p. 150.

[7] FRANCO, 2001. p. 151.

ambientes bem mais requintados do que as rústicas estalagens medievais, existentes até então; e

- os *cabarets*, precursores dos restaurantes, que se difundiram em várias cidades. Neles as pessoas podiam assistir a espetáculos e dispor de boa mesa, sobretudo para jantar. Com o passar do tempo, esses estabelecimentos assumiram características peculiares, como a de transformarem-se em lugar de encontro de artistas e intelectuais.

No apagar das luzes do século XV e durante os séculos XVI e XVII, em plena Renascença, ocorreram os grandes descobrimentos, entre eles o das Américas. Descobrimentos que colocaram as comunidades europeias em contato com novos povos, com seus usos e costumes, com suas crenças e valores. Um contato marcado pelo paradigma do senhor e do escravo, nada propício para o fomento da cultura da hospitalidade.

Em 1500, Pedro Álvares Cabral descobriu o Brasil, dando início a uma história de grande interesse para os propósitos deste trabalho, e que será abordada adiante.

4.2 *Grand-tour*

As viagens sempre foram realizadas, desde a Antiguidade. Contudo, as do século XVI foram excepcionais por várias razões. Elas não apenas materializavam o *espírito renascentista*, que consistia na busca de *novos ares* por intermédio das artes, da literatura e das ciências, como também contribuíram significativamente para a descoberta de novos conhecimentos e de novas culturas. A Reforma Protestante, ocorrida na Inglaterra, também é fruto desse contexto e provocou o despertar de um grande interesse em conhecer o mundo. Viajar! Eis aí uma boa *receita*, que passou a ser muito praticada. Viajar não apenas para apoderar-se de bens materiais, mas também para observar os usos e os costumes de outros povos. Esse contexto contribuiu para agregar novas dimensões ao processo de hospitalidade.

O *grand-tour* começou no século XVI, atingindo o auge no século XVIII. Trata-se da viagem ou da grande turnê que os filhos de nobres, burgueses e comerciantes ingleses deveriam realizar com o intuito de conectar-se com o mundo cultural, como edificações e monumentos artísticos e históricos espalhados por toda a Europa, e, desse modo, adquirir melhor bagagem cultural. Na antítese dessa visão positiva, Swinglehurst[8] diz que "a influência social que essas viagens tiveram nos grandes centros culturais da Europa foi

---

[8] SWINGLEHURST, E. Contato direto: os efeitos do turismo nas sociedades do passado e nas atuais. In: THEOBALD, W. F. *Turismo global*. São Paulo: Senac, 2001. p. 105.

quase desprezível, pois o viajante privilegiado normalmente ficava nas vilas dos amigos ou em apartamentos particulares e, além de visitar um ou dois museus ou igrejas, conviviam apenas com os seus iguais"( ). Observação pertinente, tendo em vista o tradicional perfil inglês com relação às interfaces com as populações visitadas, na maior parte das vezes marcadas pela soberba e pela exclusão. Alguns registros da época comprovam esse *ar de superioridade*. Essa atitude arrogante, enfatiza Swinglehurst[9], "dificilmente incentivaria a comunicação e compreensão sociais, mas se explica pelo fato de uma grande parte das cidades europeias que os 'milordes' ingleses visitavam ser constituída por casebres da população pobre, entre os quais se erguiam os grandes palácios dos ricos e poderosos" ( ). Se, de uma parte, registra-se essa interface pouco hospitaleira dos "milordes", de outra parte, estes tinham consciência de suas deficiências em relação à bagagem cultural existente, em especial, na Itália e na França. Essa deficiência é a *pedra de toque* da aproximação da comunidade inglesa com as demais comunidades europeias. Instala-se, pois, a partir do século XVIII, um novo estado de espírito na sociedade europeia: buscam-se com intensidade novos conhecimentos, novos intercâmbios, novas tecnologias. Uma dessas novas tecnologias, postas à disposição das pessoas para facilitar seu deslocamento, foram as carruagens. Com essa invenção, aliada à melhoria das estradas e a um contexto social altamente favorável, as viagens ganharam impulso. Sempre que os meios de transporte passam por melhorias, esses avanços repercutem no aumento dos meios de hospedagem, consequência bastante previsível. Contudo, não é tão simples adequar as necessidades e os desejos dos viajantes aos diversos tipos e categorias de meios de hospedagem, tarefa que o marketing, no final do século XX, contribuiu para realizar. Aliás, sem a revolução dos meios de transporte por terra, mar e ar, não teríamos, na atualidade, o expressivo volume de usuários, o que forçou o surgimento de meios de hospedagem mais apropriados e adequados às diversas categorias de viajantes.

No século XVIII, período da supremacia marítima da Inglaterra, o *grand-tour* tomou conta das elites inglesas. Passou a ser um *bem de consumo*, necessário até para complementar a formação da classe jovem dessas elites. Tanto que, após o término dos estudos regulares, a viagem pela Europa ainda fazia parte da educação dos jovens. Esse período de intenso contato com outras crenças e valores europeus, além de agregar valor à formação do ponto de vista das artes e das ciências, promovia também uma *abertura de espírito* para melhor compreensão de outros paradigmas.

---

[9] SWINGLEHURST, 2001. p. 105.

Cabe também destacar que nesse período do *grand-tour*, época do Renascimento, além do progresso técnico que começou a se intensificar, surgiram importantes pensadores (sociólogos, filósofos, escritores) que contribuíram significativamente para a formação da nova maneira de ser da sociedade, muito mais aberta para o mundo, bem como para os usos e os costumes dos mais diferentes povos. Entre esses nomes, destacam-se Montesquieu, Rousseau, Victor Hugo, Jung, Goethe e Diderot. É a época do romantismo que, mais tarde, vai marcar presença também no Brasil, sobretudo por intermédio das obras de alguns escritores, como José de Alencar.

Outro registro que merece ser destacado para os propósitos desta obra refere-se à maneira pela qual as refeições passaram a ser realizadas. A partir de meados do século XVIII, elas passaram a ser feitas em salas específicas para esse fim, com mesas, cadeiras e demais móveis adequados aos serviços em questão. Criou-se, com isso, um ambiente apropriado para acolher e fazer as *honras da casa* aos convidados ou visitantes.

Capítulo 5

A HOSPITALIDADE NA IDADE CONTEMPORÂNEA

A Idade Contemporânea, comumente denominada de Época Contemporânea, quando projetada numa linha do tempo tem seu início no final do século XVIII, com a Revolução Francesa, e segue até os dias atuais, contribuindo com marcantes avanços tecnológicos, em especial dos meios de transporte e dos meios de comunicação. As viagens, com a finalidade de negócios e de lazer, ganharam destaque e possibilitaram novas alternativas e interfaces singulares ao processo da hospitalidade.

Em sintonia com o objetivo deste estudo e numa contextualização do período em evidência, optou-se por destacar alguns elementos: a Era Vitoriana, a *Belle Époque*, a era do lazer, o papel dos meios de transporte, a expansão da gastronomia e o papel dos meios de hospedagem.

5.1 Era Vitoriana

A Era Vitoriana (meados do século XIX) foi marcada pela expansão do Império Britânico e pela consolidação da Revolução Industrial, além de ter sido o cenário para o surgimento de novas invenções no campo da tecnologia. Foi um período de prosperidade e paz para o povo britânico, com reflexos em outros países e continentes; um período marcado pela *Pax Britannica*, à semelhança da *Pax Romana*, no período da Antiguidade, favorável para os movimentos de aproximação das pessoas. Esse contexto de paz e prosperidade, em conjunto com o fomento da cultura da hospitalidade, tem sido uma constante no decurso da história.

Durante o reinado da rainha Vitória no Reino Unido, lembra Franco, "passa-se da simples observação de maneiras propiciadoras de convivência agradável à prática de um código minucioso de regras e convenções. Essa etiqueta rígida, impregnada de pudicícia, tem também função de barreira social. A maneira de falar, de vestir, a habilidade em utilizar os talheres e a postura à mesa classificam os indivíduos".[1] As pessoas, normalmente, sabem que atitudes, regras e rituais são esses que necessariamente devem ocorrer e que, quando não são executados, não passam despercebidos, repercutindo na harmonia e no bem-estar do grupo. É compreensível, no julgar de Visser, "que se misturar a pessoas cujos rituais são diferentes dos nossos passa a ser muito penoso".[2] Nesse sentido, basta observar, na atualidade, a atitude e o comportamento da maior parte dos turistas ao visitar localidades com usos e costumes diferentes dos seus. Essa ligação temporária poderá não ser penosa para muitos turistas, mas é *estranha* e chama a atenção, no que tange aos detalhes que envolvem o comportamento das pessoas, em especial, por ocasião das refeições. Cabe lembrar que um dos aspectos mais mencionados pelos turistas, quando retornam de suas viagens, diz respeito a detalhes observados nos rituais das refeições nas localidades visitadas. Visser recolhe alguns exemplos para elucidar essas peculiaridades:

- a hora da refeição é anunciada pelo soar de sinetas, de sinos, de trompetes ou de gongos;
- em Papua-Nova Guiné, o anfitrião toma um gole de água antes de oferecê-la a um convidado, como sinal de educação;
- em várias sociedades africanas, a comida é provada pelo anfitrião antes de ser oferecida aos convidados;
- na Nigéria, a pessoa que parte e divide a noz de cola deve beijá-la primeiro, para demonstrar que não há veneno na jogada;
- orações feitas antes das refeições, pedindo a bênção, e, no final, para agradecer; e
- os índios americanos, antes de iniciar a refeição, jogam um pouco de comida numa fogueira, acompanhando esse gesto com uma oração.

É possível apurar, com base nessas breves considerações, que a etiqueta e a maneira de portar-se em público integram o conceito de cidadania e constituem indicadores da estratificação dos grupos sociais, gerando, entre eles, momentos de convivência bem característicos. Afinal, que valores e crenças estão subjacentes à etiqueta, praticada no processo da hospitalidade? Além disso, as pessoas exteriorizam,

---

1 FRANCO, A. *De caçador a gourmet*: uma história da gastronomia. São Paulo: Senac, 2001. p. 208.

2 VISSER, M. *O ritual do jantar*: as origens, evolução, excentricidades e significado das boas maneiras à mesa. Rio de Janeiro: Campus, 1998. p. 19.

em suas condutas, uma atitude moral e civilizada coerente? Qual a relação entre ética e etiqueta? O excesso de *polidez* não prejudica a verdadeira interação entre as pessoas? São perguntas que demandariam longas reflexões para serem adequadamente tratadas. Por uma questão de síntese, para elucidar essas questões recorreu-se a Romagnoli, quando afirma que: "a mesa é, por excelência, o lugar da sociabilidade assim como o espaço onde se encontram o corpo e a alma, a matéria e o espírito, a exterioridade da etiqueta e a interioridade da ética. O comportamento à mesa é regido portanto por uma dupla preocupação: trata-se ao mesmo tempo de controlar e conter os gestos, os movimentos do corpo e de zelar pelos movimentos do espírito e guiá-los, com o objetivo ético e social que as circunstâncias exigem".[3] Além dessa contribuição, certamente existem outras. Cabe lembrar que na Grécia Antiga a comensalidade foi considerada um dos indicativos do homem civilizado, conforme já afirmamos. Ela não se limitava somente às boas maneiras à mesa, mas a toda conduta do ser humano em relação a seus semelhantes. Nesse caso, ética e etiqueta andam juntas. À etiqueta cabe o papel de *materializar* os valores internos, morais. Esse tema ganhou grandes dimensões, principalmente a partir da chamada *cultura cortês*. Nesse sentido, as boas maneiras, segundo Visser, "eram, em parte, um código moral, forçando que na 'boa educação' fosse incluída a consideração pelos direitos e sentimentos das outras pessoas".[4] Afinal, a cortesia, chama a atenção Visser, "nos obriga a parar, gastar tempo extra, comportarmo-nos de maneiras preestabelecidas, pré-estruturadas, 'atender' às expectativas da sociedade".[5]

O processo da hospitalidade passa, necessariamente, pelas boas maneiras que podem ocorrer em diversas circunstâncias da vida em sociedade, entre as quais se encontram aquelas em que as pessoas realizam, com outras, suas refeições: refeições simples e descontraídas, ou ainda refeições pomposas e protocolares, como os banquetes. Para cada caso existem normas que devem ser seguidas, para que as pessoas presentes não se sintam agredidas. Daí a importância de alguns princípios capazes de nortear o comportamento das pessoas em sociedade. Romagnoli enfatiza que "todas as sociedades, em todas as épocas, estabeleceram princípios que regiam as relações entre os grupos e os indivíduos".[6] São esses princípios que regem as boas maneiras das pessoas em sociedade, inclusive por ocasião das refeições. Esses princípios não são padronizados e *imutáveis* para todas as nações do mundo. Ao contrário, variam muito de uma civilização para outra e de um período da história para outro; variam, inclusive, dentro de uma mesma coletividade.

---

[3] ROMAGNOLI, D. Guarda no sii vilan: as boas maneiras à mesa. In: FLANDRIN, J.-L.; MONTANARI, M. et al. *História da alimentação*. 2. ed. São Paulo: Estação Liberdade, 1998. p. 497.

[4] VISSER, 1998. p. 271.

[5] VISSER, 1998. p. 39.

[6] ROMAGNOLI, 1998. p. 496.

Inúmeros exemplos, tirados do cotidiano das pessoas, poderiam ser mencionados para evidenciar possíveis discrepâncias no modo de agir de diferentes sociedades, como será abordado mais adiante, ao focar o simbolismo dos gestos.

A segunda metade da Era Vitoriana coincidiu com o início da *Belle Époque*, movimento que mobilizou principalmente a Europa continental, com Paris como a "Cidade Luz" desse novo florescer. Um contexto glamuroso de convivência!

5.2 *Belle Époque*

O período de cultura cosmopolita da *Belle Époque* começou no final do século XIX e veio se juntar ao embalo da Era Vitoriana, uma época marcada por profundas transformações tecnológicas e culturais, que redesenhou o perfil da sociedade em geral. O impressionismo, a *art nouveau*, a literatura e mesmo o surgimento do cinema forjaram novos modos de pensar e viver o cotidiano, caracterizando o estilo *Belle Époque*. Esse período foi considerado uma era de ouro da beleza, da inovação e da paz entre os países europeus. Paris, com suas feiras internacionais (a Torre Eiffel foi construída em uma delas), seus cafés-concerto, balés, operetas, livrarias, teatros, *boulevards* e outros excelentes espaços para o exercício da convivência, passou a ser considerada o centro produtor e exportador da cultura mundial. A cidade passou a ser considerada "a primeira cidade turística e firmou a ideia de que a viagem podia ser motivada pela diversão tanto quanto pela cultura e saúde"[7]. Paris supriu o *desejo de consumo* das elites, em especial, inglesas e norte-americanas. Mesmo que alguns desses visitantes tenham sido qualificados de vulgares e bárbaros, desenvolveram-se com sucesso as interfaces entre visitantes-visitados. A esse respeito, vejamos:

- Em relação aos ingleses, Swinglehurst[8] destaca que "sendo os ingleses considerados pelos nativos com o respeito ainda devido ao país mais poderoso do mundo, seus modos e conduta como turistas eram observados com atenção e muitas vezes copiados pela população anfitriã". A recíproca também pode ser admitida. Contudo, tendo em vista o perfil inglês, admite-se que a intensidade nas permutas não tenha ocorrido em proporções equitativas.
- Em relação aos norte-americanos, com o seu estilo descontraído e informal, também passaram a ditar seu estilo de vida nas viagens que realizavam pela Europa.

Assim, não somente Monte Carlo, mas a maior parte da Riviera Francesa passou a ser um paraíso para norte-americanos e ingleses, além de atrair também ricos e aristocratas de outras nacionalidades.

---

7 SWINGLEHURST, E. Contato direto: os efeitos do turismo nas sociedades do passado e nas atuais. In: THEOBALD, W. F. *Turismo global*. São Paulo: Senac, 2001.

8 SWINGLEHURST, 2001. p. 109.

Foi nesse período da *Belle Époque* que a França estabeleceu a obrigatoriedade do repouso semanal para os trabalhadores (mais precisamente em 1906), criando, dessa forma, um espaço para a prática do lazer. E o turismo, claro, passou a ser uma das atividades procuradas pelos trabalhadores em seu tempo livre. Com isso, iniciou-se, ainda que timidamente, a chamada *civilização do lazer* que, após a Segunda Guerra Mundial, tomou proporções gigantescas. Em 1910, a França criou seu Órgão Oficial do Turismo, com o objetivo de fazer propaganda dos atrativos do país, o que era uma nova maneira de se efetuar movimentos de aproximação de pessoas, essência da hospitalidade.

A *Belle Époque* marcou o início da hotelaria moderna, e César Ritz foi o principal destaque desse progresso. Ele abriu seu primeiro Hotel Ritz na França, em 1898. Depois seguiram-se os hotéis em Londres, Madri e em várias outras cidades. Ritz inovou ao criar um novo conceito de hotel: quartos espaçosos com seus respectivos banheiros, decoração exímia (cortinas, tapetes, penteadeiras), música ambiente e iluminação indireta. Criou ainda os uniformes dos funcionários e centralizou os serviços na recepção para melhor atender os clientes.

Em todos os ambientes a regra de ouro era "higiene, eficiência e beleza", contextos favoráveis à realização de movimentos de aproximação, um dos fundamentos para o fomento da cultura da hospitalidade.

Considerando que o processo de hospitalidade envolvia também a comensalidade, César Ritz aliou-se ao *chef* Auguste Escoffier, o maior nome na gastronomia da época, e transformou os antigos refeitórios em luxuosos restaurantes, ambientes altamente apreciados e fomentadores da cultura da hospitalidade.

César Ritz era um anfitrião genuinamente hospitaleiro e encantava a realeza e as classes abastadas que frequentavam seu hotel. Criou, então, um contexto ambiental, humano e de atendimento que foi um verdadeiro divisor de águas da história da hotelaria mundial; um ambiente marcado pela cultura da hospitalidade.

Concomitantemente a essas conquistas, observa-se o surgimento dos conflitos sociais e políticos que vão desembocar na Primeira Guerra Mundial (1914-198), a antítese da hospitalidade.

5.3 A era do lazer

A sociedade contemporânea vive a era do lazer, em que as viagens são uma das atividades mais apreciadas. O desejo de viajar foi incentivado, desde o século XIX, não somente pelo progresso dos meios de comunicação, fruto da

Revolução Industrial, como também pela influência de homens ilustres da época, como Saint-Simon, Auguste Comte, Karl Marx e Stuart Mill, que pregavam a necessidade de os homens efetuarem não apenas trocas econômicas, mas também culturais e sociais. Desse modo, nesse período, como contextualiza Seydoux,[9] a viagem turística encontra sua verdadeira identidade: um meio de satisfazer a curiosidade pelas peculiaridades de cada povo, pelos aspectos pitorescos, pelas velhas lendas, tradições, autenticidade, liberdade, exotismo e sonhos dos "outros", aspectos que continuam, ainda hoje, a mobilizar milhões de pessoas.

Com a internacionalização das empresas, a globalização da economia, a maior facilidade de locomoção e o acesso praticamente irrestrito à informação, no final do século XX, o planeta Terra transformou-se numa verdadeira *aldeia global*. Em decorrência disso, foi possível conhecer melhor os usos e os costumes de povos que vivem nos mais distantes recantos do planeta; alguns deles interessantes para a abordagem do tema ora em foco, sobretudo aqueles que, de alguma forma, se integram ou destoam das culturas locais, na interface visitante-visitado.

Essa curiosidade suscita o espírito questionador: será que o desejo de transformar o planeta Terra num *rancho hospitaleiro*, num lugar em que todas as pessoas se sintam felizes, em paz e irmanadas, é uma utopia? Afinal, o grito dos excluídos não está nas ruas, em várias partes do mundo? Isso não evidencia que nem todas as pessoas, principalmente as que detêm o poder político e econômico, não possuem uma visão holística ou sistêmica do planeta que habitamos? Nesse particular, Baptista lembra que, "sem deixar de procurar a felicidade pessoal a que cada um tem direito, não se pode cair na tentação da inocência e ignorar que o mundo é também a moradia de outros sujeitos a quem nos ligam (ou devem ligar) os laços de proximidade, de responsabilidade e de solidariedade".[10] Muitas práticas do turismo fomentaram o espírito de compreensão e de entendimento entre pessoas e povos, contribuindo, de algum modo, para a formação de uma *aldeia global* mais humana e harmoniosa.

5.4 Papel dos meios de transporte

Qual é a relação que existe entre meios de transporte e meios de hospedagem? O processo de hospitalidade esteve, de alguma forma, condicionado à evolução dos meios de transporte?

---

9 SEYDOUX, J. *De l'hospitalité à l'accueil*. Denges: Delta & Spes, 1983.

10 BAPTISTA, I. Lugares de hospitalidade. In: DIAS, C. M. M. *Hospitalidade, reflexões e perspectivas*. São Paulo: Manole, 2002. p. 163.

O homem sempre foi fascinado por viagens, pelos mais variados motivos. Desde a viagem a pé, feita nos primórdios da civilização, até aquelas realizadas, hoje em dia, em naves espaciais, existe uma longa história para ser narrada, a qual é fascinante, por sinal. Nessa perspectiva, o deslocamento, o abrigo, o *comer e beber junto* vão ao encontro das necessidades essenciais de todo ser humano, já que desencadeiam a sociabilidade e a convivibilidade, encontrando significados relevantes nos tempos atuais e criando oportunidade para o intercâmbio com os usos e os costumes de outros povos.

Com o surgimento de meios de transporte mais rápidos, seguros e confortáveis, houve maior facilidade na realização de viagens de curta e de longa distâncias:

- aviões com capacidade para 440 passageiros já estão cruzando continentes. Outros, com capacidade para 550 passageiros ou mais, estão previstos para breve;
- trens de altíssima velocidade (TGV) atingem 300 km/h. Outros estão por vir, com velocidade ainda maior; e
- navios luxuosos estão sendo lançados anualmente para atender a uma demanda crescente.

O automóvel foi chamado de *vaca sagrada* do século XX. Tem, ainda no século XXI, sido um bem de consumo altamente desejado e *adorado* pelas pessoas, em função das inúmeras necessidades a que atende. Com o desenvolvimento da indústria automobilística e a melhoria das rodovias, o número de viajantes foi ganhando proporções consideráveis. Em decorrência desse quadro, enfatiza Franco, "começam a aparecer restaurantes famosos em aldeias e proximidades de estradas, ensejando o aparecimento de verdadeiras dinastias culinárias, com papel importante na evolução da gastronomia".[11]

5.5 Expansão da gastronomia

É pertinente indagar: qual é o papel exercido pelos restaurantes, desde a Antiguidade até a Era Contemporânea, para o fomento da sociabilidade e da convivibilidade das pessoas, fundamentos da hospitalidade? São os restaurantes os locais apropriados para o exercício da hospitalidade?

No final do século XVIII, em especial a partir do século XIX, surgiram os restaurantes, que ganharam grande destaque e constituiram-se em importantes

[11] FRANCO, 2001. p. 220.

espaços para a prática da sociabilidade e da convivibilidade. Não foi em vão que Napoleão Bonaparte, registra Franco, "nunca perdeu de vista o fato de que uma boa refeição pode ser instrumento valioso em diplomacia".[12] Opinião também compartilhada, mais tarde, por Escoffier, um dos "ícones" da gastronomia francesa, ao dizer que "a arte da cozinha é, talvez, uma das formas mais úteis da diplomacia",[13] conforme consta nos apontamentos de Pitte.

A partir do final do século XVIII e início do século XIX, observou-se o surgimento de alguns nomes nas áreas do turismo, da hotelaria e da gastronomia, que se tornaram verdadeiros ícones no fortalecimento da arte de bem acolher e de bem hospedar. Formaram uma verdadeira *seleção de ouro*. Seguem-se os nomes de alguns deles:

- Alexandre Baltazar Lourenço Grimod de La Reynière (1758-1838) – nascido em Paris, mesmo sendo filho de uma família rica e aristocrata, foi afastado do convívio social familiar devido a um defeito de nascença nas duas mãos. Formou-se em direito, mas dedicou-se ao jornalismo gastronômico e à classificação de restaurantes, cafés e similares. Em 1803, publicou o *Almanach des gourmands* (*Almanaque dos gastrônomos*), um guia dos restaurantes de Paris, precursor de muitos outros renomados guias, como *Michelin* e *Fodor's*. Em 1808, publicou o *Manual dos anfitriões,* que o consagrou como um educador da nova burguesia que ganhou a cena após a Revolução Francesa e que havia esquecido a prática das boas maneiras à mesa. Uma das partes do *Manual dos anfitriões* de G. de La Reynière é consagrada aos *elementos de civilidade gastronômica*, e estabelece as normas básicas que convidados e anfitriões devem seguir para a boa convivência, de modo a promover o bem-estar próprio e alheio. Essa obra foi uma referência na época;
- Anthelme Brillat-Savarin (1755-1826) – escreveu *Physiologie du goût* (*A fisiologia do gosto*), publicado em 1825, merecendo grandes elogios, principalmente de Hoffmann, um crítico muito respeitado na época, que contribuiu para que a obra fosse logo um sucesso. Sucesso que continua até hoje, uma vez que foi traduzida para diversos idiomas. Brillat-Savarin foi um estudioso singular da arte culinária, merecendo a fama de ser um grande gastrônomo;

[12] FRANCO, 2001. p. 201.

[13] PITTE, J.-R. Nascimento e expansão dos restaurantes. In: FLANDRIN, J.-L.; MONTANARI, M. et al., 1998. p. 760.

- Marie-Antoine Carême (1784-1833) – é considerado o fundador da cozinha clássica francesa. Foi um *chef* como poucos, tanto que era disputado pelas várias cortes. Cozinhou para Jorge IV, da Inglaterra, Nicolau, da Rússia, e para Francisco, imperador da Áustria. Escreveu *Le maître d'hotel français* e *Le cuisinier parisien*. A decoração de seus pratos parecia verdadeiras obras de arte, o que se devia, sobretudo, ao fato de ser um estudioso da arquitetura clássica. Carême pode ser considerado não somente *o cozinheiro dos reis* e *o rei dos cozinheiros*, como também o grande patrono da gastronomia;
- Auguste Escoffier (1846-1935) – destacou-se na organização da cozinha. Criou a brigada da cozinha, com seus diferentes chefes de partida (chefe de molhos, chefe de peixes, chefe de grelhados, chefe de frituras, chefe de assados, chefe de vegetais, chefe de sopas, chefe de *garde manger*, chefe de legumes, chefe de confeitaria, chefe *tournant*, açougueiro), até hoje em vigor nos grandes restaurantes. Preocupou-se muito em restaurar o prestígio da profissão. Foi considerado o *chef* de maior prestígio de sua época. Dirigiu a cozinha do Savoy Hotel e do Carlton, ambos em Londres, e do Ritz, em Paris. Em Lucerna, na Suíça, trabalhou com César Ritz, tendo formado com ele uma *dupla de ouro*, que marcou a história da hotelaria. Escreveu várias obras, dentre as quais o *Guide culináire*, um manual obrigatório para todos os cozinheiros profissionais;
- César Ritz (1850-1918) – nasceu na Suíça, tornando-se o pai da hotelaria moderna. Filho de uma família numerosa e modesta, trabalhava como pastor. O início de sua carreira, em seu país, foi desalentador. Chegou a ser desaconselhado, por um hoteleiro, a prosseguir no ramo. Foi ganhar a vida em Paris, onde exerceu diversas atividades, uma delas no restaurante *Voisin*, famoso por sua cozinha e clientela. Em 1877, assumiu a direção do Grande Hotel de Monte Carlo, ocasião em que conheceu e iniciou uma grande amizade com A. Escoffier, um dos *chefs* mais destacados de todos os tempos. Formaram uma dupla que marcou época. Assumiu, aos 28 anos, a direção do Hotel Nacional de Lucerna, na Suíça, um dos melhores hotéis daquele país, um desafio coroado de sucesso, graças às melhorias introduzidas nas instalações e nos serviços. Acolhia os principais homens de negócios e membros das cortes da época. Todos ficavam encantados, não somente com a considerável melhoria em termos de conforto que introduziu no hotel, como também com a amabilidade e a cortesia com que eram recebidos. Além do Hotel Nacional, dirigiu outros,

como o Savoy e o Carlton, em Londres, e o Ritz, em Paris. Ajudou a organizar e modificar vários hotéis; e

- Thomas Cook (1808-1892) – nasceu na Inglaterra. É considerado o pai do turismo. O ano de 1841 foi uma data marcante para Cook e para o turismo. Ele organizou, por ocasião de um congresso contra o alcoolismo, a primeira viagem de um grupo de 570 pessoas, que percorreu, de trem, o trajeto entre Leicester e Loughborough. O sucesso foi tamanho que a partir daquela data inúmeras outras viagens, inclusive de lazer e de negócios, foram realizadas. Conforme registro de Fuster,[14] Cook transportou 165 mil pessoas por ocasião da exposição mundial do Hyde Park, realizada em 1851, em Londres. Diante dessas evidências, criou, com seu filho, a primeira agência de viagem, denominada Thomas Cook and Son, que passou a operar também em várias cidades importantes do continente europeu e, mais tarde, estendeu suas atividades, por intermédio de filiais, aos Estados Unidos e a dezenas de outros países. Cook introduziu diferentes inovações para facilitar as viagens, como o *Individual Inclusive Tour – IIT*, o *voucher* e a *circular note* (uma espécie de *traveller check*). As agências de viagens passaram a compor o *trade* turístico e a exercer um importante papel para a imagem de bom acolhimento e de boa hospitalidade de uma cidade, região ou país, em especial, quando se ocupam também de *fazer o receptivo*.

Além das inovações nos meios de transporte, registrou-se, nesse período entre a segunda metade do século XIX até o início do século XX, o surgimento de novos equipamentos e utensílios de cozinha que em muito contribuíram para criar novos contextos para o ato do *comer junto*, como o fogão a gás (seguido, posteriormente, pelo fogão elétrico), os inúmeros utensílios de cozinha que passaram a ser feitos não mais em cobre, mas em alumínio, níquel e metal inoxidável, os liquidificadores, as panelas de pressão, as batedeiras, bem como uma centena de outras inovações. Todas essas inovações, somadas às facilidades cada vez maiores dos meios de transporte e ao desejo das pessoas de conhecer os usos e os costumes de outros povos, ocasionaram a globalização e a internacionalização da arte culinária. Nesse caso, a sociabilidade e a convivibilidade, geradas pelo ato do *comer junto*, foram também influenciadas pelo elenco de novos, e por vezes exóticos, insumos que passaram a compor as refeições oferecidas em restaurantes e em banquetes. Por trás desses insumos ou ingredientes, componentes dos cardápios, está a cultura de cada povo. Assim, além de as pessoas desfrutarem

[14] FUSTER, L. F. *Teoria y técnica del turismo*. Madrid: Nacional, 1980. p. 772.

da boa convivência, ao degustarem uma *raggmunkar* (panqueca de batatas), da Suécia, um bacalhau à Brás, de Portugal, uma *moussaka* (berinjela, carne de cordeiro moída e assada no forno), da Grécia, um *cassoulet* (feijão branco, legumes, carnes variadas), da França, um *yakisoba* (macarrão feito à base de vegetais e carne), da China, um *carpaccio*, da Itália, uma *paella,* da Espanha, um *sashimi*, do Japão, um cuscuz marroquino, dos países árabes, e uma feijoada, do Brasil, estão também *ingerindo*, por meio desses alimentos, a cultura dos povos que oferecem essas especialidades. Encontramos na culinária, como lembra Franco, "os vestígios das trocas culturais entre os povos. As cozinhas são produtos de miscigenação cultural".[15] Além disso, cabe também salientar que a arte culinária não é estática, se recicla e sofre influências de diversas ordens, que a transformam continuamente. Ou seja, assim como acontece em todas as artes, a luta entre o novo e o velho, entre o simples e o complicado também acontece na arte culinária. Franco, refletindo a esse respeito, afirma que "inevitavelmente o conceito do que é bom ou mau em matéria de cozinha muda através dos tempos. Assim, tomar como definitivas as características da culinária de um momento, transformando-as em dogmas gastronômicos, é esquecer o fato de que a maneira de comer, além de expressão de uma realidade complexa, é também moda".[16]

A Idade Contemporânea, devido aos fatores já mencionados, tornou os cardápios exóticos bem mais acessíveis no tempo e no espaço. Basta, para tanto, percorrer as ruas das grandes cidades para nos darmos conta dessa realidade. A cidade de São Paulo é um desses exemplos, já que lá existem restaurantes típicos, representativos das culinárias das mais variadas regiões do planeta.

As pessoas frequentam o restaurante por motivos diversos, inclusive para comer. Nesse caso, o ato de nutrir-se é relegado a segundo plano. Talvez o prazer do convívio, do relacionamento e da realização de um negócio esteja em primeiro lugar. Vejamos alguns aspectos desse tema.

Ao analisar a história dos restaurantes – que só começaram a ganhar esse nome a partir do século XVIII, mais precisamente no século XIX –, verifica-se que, desde os tempos mais remotos, sempre foram locais propícios não apenas para restaurar necessidades fisiológicas, mas também para restaurar necessidades de segurança, sociais e de estima. A esse respeito, Pitte contribui dizendo que "as origens do restaurante recuam aos limites da pré-história e da história. Esse tipo de comércio surgiu com os mercadores e as feiras que obrigavam camponeses e artesãos a deixarem seu domicílio durante um ou vários dias e, portanto, a se

[15] FRANCO, 2001. p. 249.

[16] FRANCO, 2001. p. 250.

alimentarem ao mesmo tempo em que estabelecem ou mantêm relações sociais, de amizade ou de negócios".[17] Muitos desses locais, os mais populares especialmente, foram marcados por ambientes barulhentos e briguentos. Outros, no entanto, foram locais singulares de encontros e de materialização da hospitalidade, com a oferta de alimentação mais elaborada e de um serviço mais requintado, principalmente a partir do início do século XIX. Nesse sentido, a França é um dos países protagonistas, devido, sobretudo, aos excelentes cozinheiros que, com a Revolução Francesa, saíram das cortes e se estabeleceram por conta própria. Principalmente a partir do século XX, a França exportou centenas e centenas de *chefs* para o mundo inteiro, que implantaram, nos locais de destino, restaurantes requintados. Cabe, contudo, destacar que, por trás dessa *exportação*, está a astuta estratégia de minimizar o desemprego no país de origem e de estabelecer inúmeros pontos de venda para os produtos franceses. Onde houver um restaurante francês, lá estará também a França! Estratégia essa defendida de maneira enfática por Escoffier, um dos ícones da culinária francesa do final do século XIX e início do século XX. Pitte, já mencionado neste estudo, extrai das *Mémoires* do famoso cozinheiro a seguinte declaração:

> Solicitado em todas as partes do mundo para organizar os serviços de alimentação dos mais suntuosos hotéis de luxo, tive sempre o cuidado de impor o material francês, produtos franceses e, antes de tudo, funcionários franceses. Com efeito, o desenvolvimento da cozinha francesa é amplamente devido aos milhares de cozinheiros franceses que trabalham nos quatro cantos do mundo. Eles expandiram-se para dar a conhecer, nos países mais longínquos, os produtos franceses e a arte de prepará-los. Sinto uma grande satisfação por ter contribuído para esse desenvolvimento.[18]

Esse mesmo ponto de vista aparece, ainda hoje, na maior parte dos restaurantes de *chefs* franceses, implantados nos quatro cantos do mundo. Eis o que diz Escoffier, também em suas *Mémoires*, segundo citação de Pitte:

> Durante toda a minha carreira, "semeei" uns dois mil cozinheiros no mundo inteiro. A maioria deles criou raízes nesses países, e pode-se dizer que se trata de outros tantos grãos de trigo semeados em territórios incultos.[19]

Incultos! Será que Escoffier estaria pensando que tudo o que não fosse francês seria inculto ou *bárbaro*? Será que incultas ou *bárbaras* não são aquelas pessoas que não conseguem ver o valor existente em outras culturas, nos aspectos

---

[17] PITTE, 1998. p. 751.

[18] PITTE, 1998. p. 760.

[19] PITTE, 1998. p. 760.

culinários inclusive? A propósito, Ovídio, exilado no Mar Negro e em meio aos nativos que não falavam latim, lamentava-se, dizendo: *Barbarus hic ego sum, quia non intelligor illis* (Aqui, o bárbaro sou eu, que não os entendo). Saber abrir-se para o outro, para o novo e saber apreciar os valores de outras culturas é possuir e exercer o espírito hospitaleiro.

A sociedade atual vive momentos de grandes mudanças em seus hábitos alimentares, consequência das profundas transformações sociais. A esse respeito, Franco observa que "mudanças de práticas alimentares são manifestações de transformações mais profundas na vida da família e da sociedade em geral. O sucesso do *fast-food* deve ser considerado, portanto, expressão de um fenômeno amplo, ou seja, a *McDonaldização* da própria sociedade".[20] O termo *McDonaldização*, numa contextualização de Franco,[21] foi introduzido por G. Ritzer e consiste no paradigma do processo de maximização da produtividade, conceito que permeia todas as atividades humanas na atualidade, sendo válido também para a educação, o turismo, a recreação, as comunicações, o sistema bancário e o atendimento médico-hospitalar, entre outros setores.

A *McDonaldização* tem afetado o conceito do acolhimento e da hospitalidade? Será que na era da *McDonaldização* ainda existe espaço para a sociabilidade e a convivibilidade no momento da refeição? Franco[22] fornece interessantes elementos para reflexão quando reconhece que a *McDonaldização*, bem presente nos estabelecimentos de *fast-food* espalhados em todos os recantos do mundo, possui alguns traços característicos, tais como:

- desritualização da refeição;
- atendimento da clientela com um mínimo de comunicação verbal, com fórmulas despersonalizadas e estereotipadas;
- desumanização das relações entre os membros do *staff* e destes com a clientela. Nas empresas *McDonaldizadas*, há pouca oportunidade para a expressão de emoções;
- esvaziamento da refeição de seus elementos de ritual de comunicação e intercâmbio humano, sendo ela transformada em mera operação de reabastecimento;
- generalização paulatina de refeições domésticas calcadas no modelo *fast-food*, até mesmo em ocasiões festivas; e

[20] FRANCO, 2001. p. 230.

[21] FRANCO, 2001. p. 230.

[22] FRANCO, 2001. p. 231.

- substituição dos tradicionais utensílios de mesa por equivalentes descartáveis.

O espírito da *McDonaldização* certamente levou as empresas de *fast-food* a adotar o máximo de produtividade e de eficiência, embora tenham esquecido que o homem é um ser social, que deseja interagir com seus semelhantes, principalmente nas refeições, como tem acontecido ao longo da história. O ato do *comer junto* e o saber portar-se nessas ocasiões foram considerados pelos gregos da Grécia Antiga uma característica do homem civilizado. O mesmo tem acontecido com as sociedades posteriores. A *McDonaldização*, contudo, reduziu o ato do *comer junto* a uma atividade insignificante. Colocou no *podium* a maximização da produtividade, muito peculiar à vida trepidante das empresas e das pessoas na atualidade. Parece que, na época contemporânea, o tempo para acolher pessoas e desfrutar com elas de momentos agradáveis reduziu-se consideravelmente. Isso afetou, inclusive, as refeições em família, já que "nas casas vigora o império dos micro-ondas, e no trabalho, na rua ou na diversão expandem-se as práticas da 'alimentação rápida', de beliscar petiscos e lanches em 'lanchonetes', fenômeno que surge na fronteira difusa entre os bares e restaurantes e que simboliza esta nova relação com os horários e os rituais da comida",[23] afirma Carneiro. No entanto, reconhece Pitte, "não adianta acusar a América, mãe da fórmula do *fast-food* que arrasta multidões, de *Des Moines*, pátria do *McDonald's*, a Paris, Moscou e Pequim, cidade onde prospera o maior estabelecimento desse tipo no mundo. Se a fórmula é bem-sucedida, é porque corresponde a certas necessidades. Sem dúvida, a concorrência de estilo tradicional não tem sabido ouvir a clientela".[24] Será que não faltou a essas organizações tradicionais um pouco mais de *espírito de marketing*?

A gastronomia, de acordo com a conclusão de Franco, "induz a fazer do comer uma imensa fonte de satisfações, uma experiência sensorial total. Assim, além dos sabores, consistências, texturas e odores, são importantes o cenário, os sons, as cores, a intensidade da luz, as alfaias, o flamejar das velas, o tilintar dos cristais e, evidentemente, a interação entre os convivas".[25] Para muitas pessoas, a interação entre os convivas é o ponto culminante de uma refeição. Será que o *fast-food* vai ao encontro dessa aspiração? Felizmente, percebe-se que, na contramão da *McDonaldização,* está surgindo o movimento do *slow-food*, que vem novamente resgatar o momento agradável e *sagrado* do saber *comer junto*, com a lentidão que a circunstância recomenda, ocasião em que as pessoas tornam possível a prática

[23] CARNEIRO, 2003. p. 19.

[24] PITTE, 1998. p. 762.

[25] FRANCO, 2001. p. 234.

da sociabilidade, da convivibilidade e da comensalidade, fundamentos do acolhimento e da hospitalidade.

5.6 Papel dos meios de hospedagem

Para acolher o contingente de viajantes, cada vez maior, nas próximas décadas será necessário dotar os meios de hospedagem não somente de excelentes equipamentos e instalações, mas também de pessoas qualificadas. Isso é tão verdadeiro que os hotéis que estão sendo inaugurados já estão priorizando esses aspectos. Sem um suporte físico adequado e colaboradores talentosos, dificilmente um hotel pode oferecer um acolhimento encantador. O grande desafio dos hotéis para os próximos anos, no que diz respeito ao acolhimento, afirma Gouirand,[26] será o de conciliar quantidade e qualidade. Independentemente do número de apartamentos, cada viajante, ao chegar ao hotel, deseja e exige um tratamento personalizado, até porque, lembra o autor, a necessidade de acolhimento é uma necessidade geral, que é satisfeita individualmente, de uma pessoa para outra. O acolhimento hoteleiro consiste em tratar cada viajante em sua individualidade, procurando captar o que ele deseja e espera. Ao hoteleiro, enfatiza ainda Gouirand,[27] cabe realizar o milagre de acolher individualmente uma multidão de pessoas. O hotel as acolhe, indistintamente, dentro das regras gerais de cortesia, amabilidade e calor humano. Contudo, se o hotel se caracterizar de modo especial por atender determinado tipo de clientela, é possível preparar-lhe um atendimento *sob medida.*

a) Tipologia

Cada alojamento, em função de suas características, oferece um acolhimento que lhe é peculiar. A história tem documentado essas diferenças, desde os tempos mais remotos. Essas soluções estiveram também relacionadas à situação econômica, política, social e cultural de cada época.

Os meios de hospedagem podem ser agrupados em duas grandes categorias:

- não comerciais: são estabelecimentos privados e institucionais, sem fins lucrativos, como casas particulares, abrigos e casas de estudantes; e
- comerciais: são empresas que exploram ou administram um meio de hospedagem, como um hotel, motel e pousada.

---

[26] GOUIRAND, P. *L'accueil hôtelier*. Paris: Editions BPI, 1994.

[27] GOUIRAND, 1994.

Mais recentemente, sobretudo com o advento do turismo em grande escala, os meios de hospedagem foram se diferenciando:

- em função de sua localização: hotel de cidade, de praia, de campo, de montanha etc.; e
- em função de seu principal foco de negócios: hotel de congressos, hotel residencial etc.

Para cada um desses tipos de hotéis, existem várias categorias, representadas por símbolos (estrelas). Todos eles podem oferecer uma excepcional hospitalidade, com níveis de conforto distintos.

b) Perspectivas

Com o incremento do turismo e dos negócios, as viagens chegarão ao patamar de, aproximadamente, 1,6 bilhão em 2020, segundo a Organização Mundial do Turismo (OMT). Esse número estava, em 2009, na ordem de, aproximadamente, 700 milhões. É de se pressupor que haverá, cada vez mais, interações entre culturas muito distintas. Daí a importância de se agregar aos profissionais da área o devido preparo, tomando-se o cuidado de não limitá-lo exclusivamente às funções técnicas e operacionais. Além disso, parece oportuno delinear um panorama da hotelaria nacional e internacional, percebendo esses locais de acolhida como aqueles em que mais se exerce a hospitalidade na atualidade.

c) Meios de hospedagem no mundo

Quais as razões do surgimento das grandes e megarredes de hotéis? Existem várias causas que podem justificar essa situação, mas a principal delas, certamente, é a disputa por um mercado de milhões de viajantes, que só tende a crescer, segundo previsões da OMT.

Com a explosão do turismo, no final do século XX, os hotéis ganharam grandes proporções e se constituíram em grandes e megarredes. Como a hospitalidade se faz presente nesse novo cenário?

Vivemos a era da globalização, a era da internacionalização das empresas. Admite-se não ser mais suficiente atingir o conceito de melhor empresa da região, do estado ou do país, é preciso ser a melhor empresa do mundo, tendo em vista que a competição passou da esfera local para a esfera internacional. Nesse contexto, que estratégias vêm sendo adotadas pelas empresas? As empresas de hospitalidade buscam responder a essa questão por intermédio de algumas alternativas, como formação de redes globais de hotéis, mediante fusões e aquisições; e criação de novas marcas, visando a atingir a necessidades específicas e faixas de renda definidas.

As redes hoteleiras ganharam impulso, inicialmente, na Europa e nos Estados Unidos, expandindo-se em seus próprios países e, posteriormente, em diversos outros. Cada localidade possui diversos tipos e tamanhos de meios de hospedagem.

No final dos anos 1960 e principalmente no início da década de 1970, as companhias aéreas passaram a adquirir redes de hotéis ou mesmo a construir suas próprias redes como complemento de suas atividades de transporte. Surgiram, desse modo, os hotéis Meridien, da Air France; a rede Tropical de hotéis, da Varig; a rede American Hotels, da American Airlines; a cadeia European Hotel Corporation, da British Airways associada à Swissair, Lufthansa e Alitalia; a Hilton International, da TWA; e a Trans-Continental Hotels e a cadeia Meliá, da United Airlines. Essa estratégia, adotada pelas empresas de transporte aéreo, no entanto, não teve vida longa. No final da década de 1970 e início da de 1980, devido à crise do petróleo e à desregulamentação das atividades aéreas desencadeada pelos Estados Unidos, as viagens internacionais reduziram-se ou estagnaram. Nesse novo cenário, a competição entre as empresas de transporte aéreo acirrou-se, provocando várias fusões. Diante desse quadro, as companhias aéreas voltaram a se concentrar no transporte, abandonando a ideia de desenvolver negócios hoteleiros.

Embora a crise do petróleo, sobretudo no período 1979-1983, tenha levado o movimento internacional de viagens a uma estagnação, havia previsões otimistas quanto a seu incremento nos anos seguintes. Tanto isso é verdade que, já em 1984, as viagens internacionais aumentaram em relação ao ano anterior.

Desse ano em diante, tem-se registrado um crescimento anual permanente, em razão da redução dos preços das passagens aéreas e da política adotada pelas companhias de transporte aéreo de aumentar suas escalas operacionais e diversificar os destinos. Esse incremento movimentou as grandes operadoras hoteleiras, levando-as a um intenso processo de fusões e aquisições de redes hoteleiras americanas, europeias e asiáticas, fazendo surgir grandes grupos hoteleiros, como mostram o Quadro 5.1 e o Quadro 5.2, com o número de hotéis e respectivo número de UHs (unidades de habitação). Nesse contexto ainda subsiste o espírito de hospitalidade? Chon e Sparrowe reconhecem que cada uma dessas grandes redes "tem a sua própria identidade, estilo administrativo, metas e clientes fiéis. Mas estejam no hemisfério oriental ou ocidental, sejam luxuosos ou econômicos, há uma coisa que todos têm em comum: envolvem seus hóspedes com o espírito da hospitalidade".[28]

[28] CHON, K.-S.; SPARROWE, R. T. *Hospitalidade*: conceitos e aplicações. São Paulo: Pioneira, 2003. p. 85.

Quadro 5.1 – *Ranking* das100 maiores redes hoteleiras.

Rank	Company	Hotels	Rank	Company	Hotels
1	Wyndham Hotel Group	6.544	26	Interstate Hotels & Resorts	191
2	Choice Hotels International	5.570	27	America's Best Franchising Inc.	188
3	Best Western International	4,035	28	Barcelo Hotels & Resorts	162
4	IHG (InterContinental Hotels Group)	3,949	29	Longhouse Hospitality	155
5	Accor	3.871	30	Husa Hotels Group	152
6	Hilton Hotels Corp.	3,000	31	Budget Host International	150
7	Marriott International	2.999	32	Ocean Hospitalities	133
8	Carlson Hotels Worldwide	969	33	Protea Hospitality Corp. Ltd.	122
9	Golden Tulip Hospitality Group	944	34	White Lodging Service	122
10	Starwood Hotels & Resorts Worldwide	897	35	Drury Inns Inc.	113
11	Groupe du Louvre	848	36	Millennium & Copthorne Hotels plc	111
12	Vantage Hospitality Group	798	37	Riu Hotels & Resorts	102
13	Global Hyatt Corp.	721	38	Grupo Posadas	101
14	Westmont Hospitality Group	703	39	Iberostar Hotels & Resorts	97
15	Extended Stay Hotels	686	40	G.S.M. Hoteles	94*
16	LQ Management LLC	633	41	Paradores de Turismo	92
17	Whitbread Hotels Ltd.	530	42	Taj Hotels Resorts & Palaces	88
18	Jin Jiang International Hotels	380	43	ITC – Welcomgroup	86
19	Tharaldson Lodging Cos.	372	44	Pestana Hotels & Resorts	86
20	NH Hoteles SA	341	45	AC Hotels	85
21	The Rezidor Hotel Group	329	46	Fairmont Raffles Holdings International	85
22	Hospitality International Inc.	302	47	Steigenberger Hotels AG	83
23	Sol Meliá SA	301	48	Rica Hotels	81*
24	TUI AG/TUI Hotels & Resorts	288	49	Southern Sun Hotels Ltd.	81
25	AmericInn	213	50	Club Mediterranée	80

Continua

Continuação

Rank	Company	Hotels	Rank	Company	Hotels
51	Island Hospitality Management Inc.	80	76	Tokyu Hotels	52
52	GreenTree Inns Hotel Management Inc.	78	77	Guangdong Hotel Management Holdings	51
53	EurostarsHotels	77	78	Hoteles Hesperia SA	51
54	Settle Inn LLC/ GuestHouse International	76	79	Aramark Harrison Lodging	50
55	Sunroute Company Ltd.	76	80	CTS HK Metropark Hotels Mgmt. Co. Ltd.	50
56	Four Seasons Hotels & Resorts	74	81	Maritim Hotels	50
57	John Q. Hammons Hotels & Resorts	73	82	APA Hotel Ltd.	49
58	Columbia Sussex Corp.	71	83	Concord Hospitality Enterprises Co.	48
59	Hospitality Alliance AG	69	84	Three Cities Group	48
60	Hoteles Islazul	68	85	Alliance Hospitality Management LLC	47
61	JAL Hotels Co. Ltd.	64	86	Host Hoteleiendom AS/First Hotels	47
62	Jinling Hotels & Resorts Corp.	64	87	Mexico Boutique Hotels	47
63	Orbis SA	63*	88	Sage Hospitality Resources	47
64	Mövenpick Hotels & Resorts	61	89	Lodgian Inc.	46
65	BTG Jianguo Hotel Management Co. Ltd.	60	90	Remington	46
66	MeriStar Hospitality Corp.	60*	91	Rim Hospitality	46
67	Prince Hotels	60	92	American Property Management Corp.	45
68	The Procaccianti Group	59	93	Restel Hotel Group	45*
69	Sokotel Oy	57*	94	Swiss-Belhotel International	45
70	Danubius Hotels Group	56	95	Vagabond Franchise System Inc.	45
71	JJW Hotels & Resorts	55*	96	EuroAgentur Hotels & Travel	44
72	Kempinski Hotels	55	97	H10 Hotels	44
73	Shangri-La Hotels and Resorts	55	98	Hankyu-Hanshin-Daiichi Hotel Group	44
74	Solare Hotels and Resorts Co. Ltd.	55	99	Pandox AB	44
75	Red Lion Hotels Corp.	53	100	Fujita Kanko	43

Fonte: Disponível em <www.hotelsmag.com/article/CA6575623.html>. Acesso em: 10 jan. 2010.

Quadro 5.2 – *Ranking* das redes hoteleiras por número de apartamentos.

Rank	Brand Name	Rooms	Rank	Brand Name	Rooms
1	Best Western	308,636	26	Renaissance Hotels & Resorts	48,934
2	Holiday Inn Hotels & Resorts	256,699	27	Fairfield Inn by Marriott	47,877
3	Marriott Hotels & Resorts	188,544	28	Hilton Garden Inn	47,838
4	Hilton	176,541	29	Americas Best Value Inn	47,815
5	Holiday Inn Express	156,531	30	Doubletree	47,004
6	Days Inn	153,333	31	Howard Johnson	45,781
7	Comfort Inn	149,991	32	Embassy Suites Hotels	45,751
8	Hampton Inn	147,326	33	NH Hoteles	42,122
9	Sheraton	138,878	34	Extended Stay America	40,426
10	Super 8	128,587	35	Comfort Suites	38,605
11	Quality	118,386	36	Jin Jiang Inn	38,355
12	Courtyard by Marriott	117,800	37	Sofitel	38,195
13	Ramada	106,978	38	Clarion	37,867
14	Mercure	93,827	39	Red Roof Inn	37,068
15	Motel 6	92,497	40	Travelodge	36,876
16	Radisson Hotels & Resorts	87,980	41	Riu Hotels & Resorts	35,492
17	Ibis	86,486	42	Radisson SAS	35,364
18	Crowne Plaza Hotels & Resorts	83,170	43	Country Inns & Suites By Carlson	34,866
19	Novotel	69,234	44	Le Méridien	31,170
20	La Quinta Inns/La Quinta Inn & Suites	69,089	45	Etap	30,719
21	Residence Inn by Marriott	65,416	46	Barcelo	30,498
22	Hyatt Regency	63,267	47	Formula 1 & Formula Inn	29,286
23	Westin	61,928	48	Sleep Inn	28,176
24	Econo Lodge	52,693	49	Jin Jiang	28,136
25	InterContinental Hotels & Resorts	50,762	50	Melia	24,478

Continua

Continuação

Rank	Brand Name	Rooms	Rank	Brand Name	Rooms
51	Homewood Suites	24,119	76	TownePlace Suites by Marriott	14,122
52	Scandic	24,005	77	Wingate by Wyndham	13,944
53	Campanile	23,922	78	Mövenpick Hotels & Resorts	13,923
54	Fairmont Hotels & Resorts	23,564	79	Jinling	13,514
55	Golden Tulip	23,553	80	Maritim	13,500
56	Sol	23,282	81	Staybridge Suites	13,466
57	Shangri-La Hotels and Resorts	22,523	82	Kempinski Hotels	12,713
58	Four Points by Sheraton	21,958	83	Guangdong Hotel	12,692
59	The Ritz-Carlton	21,218	84	HNA Hotels & Resorts	12,666
60	Prince Hotels	21,174	85	Kyriad/Kyriad Prestige	12,358
61	Wyndham Hotels and Resorts	20,953	86	Hyatt Place	12,020
62	Omni	20,748	87	Orbis	12,000
63	SpringHill Suites by Marriott	20,589	88	AmericInn	11,838
64	Microtel Inns	20,215	89	Marriott Vacation Club	10,896
65	Knights Inn	18,733	90	Extended Stay Deluxe	10,602
66	Nikko Hotels International	18,059	91	Rica Hotels	10,441
67	Homestead Studio Suites	16,864	92	H10	9,912
68	Candlewood Suites	16,825	93	Grand Metropark	9,595
69	Rodeway Inn	16,800	94	The Luxury Collection	9,542
70	Grand Hyatt	16,728	95	Princess Hotels	9,300
71	Baymont Inn & Suites	16,592	96	GreenTree Inn	9,170
72	Millennium Hotels & Resorts	15,677	97	Protea Hotels	9,116
73	Tryp	15,471	98	Value Place	8,971
74	Premiere Classe	15,137	99	Red Lion Hotels	8,824
75	Park Inn	14,693	100	Tulip Inn	8,738

Fonte: Disponível em: <www.hotelsmag.com/article/CA6575623.html>. Acesso em: 10 jan. 2010.

d) Marcas

A marca representa a assinatura da empresa, que referencia, por sua vez, os bens e serviços por ela oferecidos. Por isso, diz-se que a marca, uma vez consolidada, diz muito da *cara da empresa*, inclusive de sua forma de tratar e de acolher as pessoas, principalmente quando tratamos de hotéis. Quem vê a marca Ritz de hotéis imediatamente imagina a forma pela qual os hóspedes são servidos. Em consonância com a sua filosofia de trabalho, na Ritz os hóspedes são considerados damas e cavalheiros, tratamento esse que é dispensado também a seus colaboradores. O viajante, ao escolher uma marca de hotel para hospedar-se, almeja um local para satisfazer suas necessidades de abrigo e repouso e procura, também, um ambiente no qual possa *sentir-se em casa* (não confundir com sentir-se na própria casa!), no qual seja bem-aceito e possa sentir-se integrado àquela comunidade durante sua estada. Dessa maneira, o hóspede passa a identificar-se com o hotel que é capaz de lhe proporcionar essa sensação. Cabe enfatizar que esse contexto não se refere exclusivamente à satisfação de necessidades fisiológicas, mas também de necessidades de ordem psicológica e social, que integram o conceito de hospitalidade oferecido pelo hotel.

Para cada tipo de hotel existe uma contextualização que lhe é peculiar e que cria um tipo bem característico de acolhimento. Não se pode dizer que um seja melhor ou pior do que o outro. Todas as formas podem ser excelentes, dentro de suas respectivas propostas. É o caso, por exemplo, do processo de acolhimento do Hyatt e do Íbis. Ambos são bem distintos no que diz respeito a espaços, ambientação e tarefas dos profissionais, mas podem ser de excelente qualidade, dentro de suas respectivas propostas.

Hoje em dia, estão surgindo inúmeras marcas de meios de hospedagem dentro de uma mesma organização, com o objetivo de melhor atender a segmentos definidos de mercado.

Além das diferentes marcas de uma mesma organização, existem também, com os mesmos objetivos, hotéis que adotam outras estratégias:

- *towers*: dentro de um mesmo hotel, são preparadas uma estrutura e a oferta de bens e serviços diferenciados. Pode-se mesmo dizer que o *tower* é um hotel dentro do mesmo hotel; e
- *clubs*: dentro de uma mesma rede, como é o caso da rede Hyatt, os *clubs* oferecem instalações, bens e serviços para hóspedes exclusivos.

Essa diversidade de marcas vem confirmar a tese de que, na atualidade, existem cada vez menos hotéis sem segmentos definidos de mercado. Daí a importância de se criar novas marcas dentro de uma mesma organização, para atingir segmentos distintos de mercado, mantendo, assim, a fidelização da clientela. Cabe lembrar, contudo, segundo a constatação de Beni que "nos últimos anos, o aumento das unidades habitacionais e de leitos em hotéis, nos mais diversos países, ultrapassou a casa de cinco milhões; entretanto deve-se lembrar que esse crescimento da oferta instalada de alojamentos hoteleiros sofre um sensível ajuste estrutural e funcional, em razão de uma nova filosofia de hospitalidade que requer conforto aliado a tarifas mais econômicas, compatíveis com o deslocamento do intenso tráfego turístico, com menor tempo de permanência e renda disponível".[29]

5.7 Turismo, paz e hospitalidade

A presente reflexão deseja examinar a associação entre turismo e paz e seus reflexos no processo de hospitalidade. A "paz" é entendida aqui não somente como ausência de guerra, mas também como uma atmosfera de cordialidade, uma relação harmoniosa e agregadora de valor para as partes envolvidas, bem como contextos favoráveis para o compartilhar, que constituem a essência da hospitalidade.

A Organização das Nações Unidas (ONU), fundada em 1945, logo após a Segunda Guerra Mundial, desempenhou um importante papel na busca da paz, condição fundamental para a prática da hospitalidade. Essa busca incansável da paz está bem evidente em seus objetivos:

- Manter a paz mundial
- Proteger os Direitos Humanos
- Promover o desenvolvimento econômico e social das nações
- Estimular a autonomia dos povos dependentes
- Reforçar os laços entre todos os Estados soberanos

A ONU nos diz que a Cultura de Paz é um conjunto de valores, atitudes, modos de comportamento e de vida que rejeita a violência, e que aposta no diálogo e na negociação para prevenir e solucionar conflitos, agindo sobre suas causas.

A ONU empenhou-se em fomentar contextos de paz entre as diferentes comunidades planetárias, com base nos princípios de tolerância, solidariedade, bem como respeito à vida, aos direitos individuais e ao pluralismo. Ao prevenir situações que pudessem ameaçar a paz e a segurança no mundo, como o desres-

[29] BENI, M. C. *Análise estrutural do turismo*. 3. Ed. São Paulo: Senac, 2000. p. 17-18.

peito aos direitos humanos, a discriminação e a intolerância, a exclusão social, a pobreza extrema e a degradação ambiental, a ONU contribuiu para criar contextos hospitaleiros entre as diferentes nações do mundo. Esses contextos não eliminam, contudo, os conflitos; eles criam condições para soluções pacíficas e democráticas, fomentando um modelo mais humano e civilizatório. Um ícone desse modelo é Mahatma Gandhi, líder indiano que pregava a não violência; graças à sua força de vontade e liderança, a Índia pôde conquistar sua independência de maneira pacífica, realizando, assim, uma das maiores revoluções não violentas da história mundial. Existem muitos outros que podem reforçar a lista, como: Martin Luther King, Mandela, Dom Hélder Câmara, Betinho, Madre Teresa de Calcutá.

Para o presente estudo, considerando a grande movimentação de pessoas com o intuito de realizar negócios e fazer turismo, o que cria oportunidade de interfaces com as culturas mais diferentes, elegeu-se duas importantes iniciativas: (1) o Programa da Cultura da Hospitalidade da Organização das Nações Unidas para a Educação, a Ciência e a Cultura (Unesco) e (2) o Turismo, uma força vital para a paz, da Organização Mundial do Turismo (OMT). Além dos dois programas, a seguir abordados, fomentadores da paz, cabe, também, mencionar, nesse mesmo alinhamento, entre outros:

- O Prêmio Nobel da Paz, legado do sueco Alfred Nobel, como sendo uma iniciativa agregadora do movimento pela paz. Ele visa a destacar a pessoa que tenha feito a maior e melhor ação pela fraternidade entre as nações e que tenha mantido e promovido os tratados de paz; e
- A obra *À paz perpátua*, do filósofo alemão Immanuel Kant (1795), que considera o homem mais razão do que poder. Em consequência ele condena a guerra e coloca o estado de paz como um dever imediato, assegurado por meio de um contrato entre os povos.

Essas e outras iniciativas similares evidenciam que "o papel do turismo como embaixador e veículo do entendimento entre os povos e da paz foi reconhecido por organismos internacionais como as Nações Unidas"[30]. Esse reconhecimento, entretanto, é frequentemente questionado por estudiosos do assunto tendo em vista a carência de pesquisas para comprovar, realmente, esse papel do turismo. Sem entrar no âmago dessa questão, deseja-se colocar em evidência o papel do turismo como sendo o maior movimento de aproximação pacífica de pessoas e comunidades que a história tem registrado, com o intuito de compartilhar experiências e conhecimentos, justamente a essência

[30] VAR T.; AP J. O turismo e a paz mundial. In: THEOBALD, 2001. p. 67

do processo de hospitalidade. Fica também o registro que esse movimento tem trazido desencontros, massacres de culturas locais, degradação do meio ambiente e outras tantas consequências negativas – são as fraquezas desse movimento. Fraquezas que vêm sendo amenizadas, na atualidade, com programas de educação voltados, em especial, para a valorização das identidades das comunidades locais. No passado, algumas delas se deixaram "prostituir", em troca do aporte econômico, muito em foco por ocasião da grande explosão do turismo na década de 1960, até porque várias dessas localidades de destino eram, economicamente, carentes. Tem sido o caso da Costa do Sol (na Espanha) e da Riviera Italiana, para citar dois exemplos no contexto europeu que evidenciam aspectos desses desencontros. Na atualidade, as comunidades locais estão, cada vez mais, tomando consciência de que o grande diferencial de um destino turístico são, precisamente, suas peculiaridades. São elas que necessitam ser colocadas no *podium* e devem ser eleitas para representar o orgulho de todos os integrantes dessas comunidades. Assim, é possível atingir-se um patamar de partilhas que agreguem valor para ambas as partes – visitantes e visitados –, minimizando os possíveis aspectos negativos desses relacionamentos.

5.7.1 Programa da cultura da hospitalidade da Unesco

A Cultura de Paz foi adotada como Programa da Unesco pela primeira vez em 1989, por ocasião da Conferência Internacional da Paz, em Yamoussoukro, África, tendo como objetivos:

- ajudar na construção de uma nova visão de paz, desenvolvendo uma cultura de paz baseada nos valores universais de respeito à vida, liberdade, justiça, solidariedade, tolerância, direitos humanos e igualdade entre mulheres e homens;
- aumentar a consciência do destino comum de toda a humanidade para fomentar a implementação de políticas comuns que assegurem justiça nas relações entre seres humanos e uma parceria harmoniosa entre humanidade e natureza;
- incluir elementos de paz e direitos humanos como características permanentes em todos os programas educacionais; e
- encorajar ações coordenadas em nível internacional para gerenciar e proteger o meio ambiente, bem como assegurar que as atividades praticadas sob a autoridade ou o controle de um Estado em particular não comprometam a qualidade ambiental de outros Estados nem causem dano à biosfera.

Atualmente, a Cultura de Paz é promovida por diversas organizações ao redor do globo, tendo como base oito pilares, todos fomentadores da cultura da hospitalidade:

- Cultura de Paz através da Educação
- Economia Sustentável e Desenvolvimento Social
- Compromisso com todos os Direitos Humanos
- Equidade entre os Gêneros
- Participação Democrática
- Compreensão – Tolerância – Solidariedade
- Comunicação Participativa e Livre Fluxo de Informações e Conhecimento
- Paz e Segurança Internacional

Como pode ser percebido, por meio dos objetivos e dos eixos temáticos previstos no Programa da Unesco, a paz não é, simplesmente, compreendida como ausência da guerra. Ela está inserida, também, na prática da mutualidade e da reciprocidade, visando a criar relações harmoniosas entre visitantes e visitados. Isso nos permite apurar que a hospitalidade é muito mais um processo do que um determinado momento ou uma meta a ser alcançada.

5.7.2 Turismo: uma força vital para a paz

A questão fundamental em relação à temática do turismo e da paz é a seguinte: o turismo é causa ou efeito de um contexto de paz? Ou seja, o turismo se expande porque existe um contexto de paz, ou ele contribui para criar essa atmosfera de paz?

A Organização Mundial de Turismo (OMT) é uma agência das Nações Unidas especializada no campo do turismo. Ela também busca o fomento da paz em suas ações. É o que prevê o artigo 3º dos seus Estatutos: "o objetivo principal da Organização é o de promover e desenvolver o turismo com vista a contribuir para a expansão econômica, a compreensão internacional, a paz, a prosperidade, bem como para o respeito universal e a observância dos direitos e liberdades humanas fundamentais, sem distinção de raça, sexo, língua ou religião".

A Conferência Mundial do Turismo, realizada em 1980, em Manila (Filipinas), destaca o importante papel do turismo na construção da paz mundial. Ou seja: "o turismo mundial pode desenvolver-se em um clima de paz e segurança que pode alcançar-se mediante o esforço conjunto de todos os Estados para promover a redução da tensão internacional e fomentar a cooperação internacional com um espírito de amizade, respeito dos direitos humanos e compreensão entre todos os Estados", enfatiza o texto da conferência. O espírito de amizade, o respeito pelos direitos humanos e a compreensão são pressupostos fundamentais para o fomento da paz, bem como conformam o contexto favorável para o exercício da hospitalidade.

Outra iniciativa da OMT foi a Conferência Mundial: Turismo – uma força vital para a paz, realizada em Vancouver, no Canadá, em 1988. Nessa ocasião, buscou-se aprofundar a reflexão sobre o turismo como elemento fomentador da cultura da paz. Foi nessa conferência que se originou a "oração do viajante pacífico"[31]:

> Grato pela oportunidade de viajar e experimentar o mundo e porque a paz começa com o indivíduo, afirmo minha responsabilidade pessoal e meu compromisso de:
>
> - viajar com mente aberta e coração sincero;
> - aceitar com encanto e gratidão a diversidade que encontrar;
> - reverenciar e proteger o ambiente natural que sustenta a vida;
> - apreciar todas as culturas que descobrir;
> - respeitar e agradecer a meus anfitriões por sua recepção;
> - oferecer minha mão em sinal de amizade a todos que encontrar;
> - apoiar os serviços turísticos que compartilham dessas visões e agir de acordo com elas, com meu espírito, palavras e ações;
> - encorajar outros a viajar em paz pelo mundo ( ).

Se esses *mandamentos* integrantes dessa oração tivessem sido *rezados* e praticados pelos viajantes que percorreram o mundo nessas últimas décadas, teríamos um mundo melhor, com menos destruição ambiental e cultural. Contudo, cabe também enfatizar que muito foi feito na direção de estabelecer melhor compreensão e melhor entendimento entre as diferentes comunidades, inclusive naquilo que elas possuem de diferencial. Sim, é possível constatar, ao lançarmos um olhar para trás, que percorremos um caminho marcado por avanços. O turista amadureceu. Entendeu que, ao conquistar um tempo livre,

[31] GOELDNER, C. R. et al. *Turismo, princípios, práticas e filosofias*. 8. ed. Porto Alegre: Bookman, 2002. p. 203

ocupado em grande parte com a prática do turismo, ele não pode matar a *galinha dos ovos de ouro*, caracterizada pelo conjunto de bens naturais, históricos e culturais existentes nos destinos. Esse turista está mais consciente das virtudes da hospitalidade. Afirmar que o turismo, uma força vital para a paz, conforme enfatizado nas conferências de Manila e de Vancouver, seja uma afirmativa ainda futurista não faz parte do que consideramos pertinente. Isso não quer dizer que não exista, ainda, caminhos a serem percorridos e outros a serem traçados.

As referidas conferências de Manila e de Vancouver destacaram, na época, o papel do turismo na construção da paz, mesmo que ainda sejam necessárias mais pesquisas para alicerçar essas convicções. Mesmo convivendo com essas carências, cabe observar que:

- a movimentação de pessoas para destinos isentos de conflitos – em especial os bélicos – e que ofereçam atrativos naturais, históricos e culturais com condições adequadas de acesso e de acolhida parece ser uma evidência que a história tem documentado. Afinal, se assim não fosse, os grandes movimentos de turistas se dirigiriam para áreas de guerra! Não nos parece adequado afirmar que a relação entre turismo e paz seja tênue. O turismo se expande porque existem condições para a paz em seus destinos. Paz, aqui entendida, em especial, como ausência de guerra. Ela, contudo, pode ser compreendida, em uma visão mais abrangente, como um contexto em que se praticam relações harmoniosas. Quantas cidades celebram acordos de *fraternidade* com o objetivo de fortificar seus relacionamentos? Na contramão desse alinhamento, observa-se que alguns países e cidades, embora não estejam em guerra, possuem um relacionamento ríspido, nada propício para o exercício da hospitalidade; e
- a movimentação de pessoas permite interfaces entre comunidades com usos, costumes, crenças e valores distintos, além de indicar movimentos de aproximação essenciais para que as partilhas ocorram. Esse compartilhar estimula a compreensão, contribui para a paz e fomenta a cultura da hospitalidade entre as comunidades. Assim, é possível vislumbrar a participação do turismo no fomento da paz entre comunidades, incluindo sua contribuição para a paz mundial. O turismo favorece a paz. Não se pode negar que a atuação de alguns movimentos xenofóbicos vieram na contramão desse olhar; e que o turista, esse estrangeiro, é fonte de estranheza, certos *hostis* que vêm *invadir nossa praia*.

5.8 Hospitalidade e globalização

O que o fenômeno da globalização tem a ver com o processo da hospitalidade praticado pelas comunidades das mais diferentes regiões do planeta? Essa é a questão a ser examinada.

Ao trazer à pauta o tema globalização, há quem veja o mundo de forma plana ("o mundo é plano", de Thomas Friedman), há outros que o veem em descontrole ("o mundo em descontrole", de Anthony Giddens) e outros ainda que o acham parecido com o que sempre foi. Afinal, quais dessas abordagens nos sinaliza o melhor caminho e contribui para a melhor compreensão do processo da hospitalidade? Talvez, todas elas.

O assunto globalização, com maior ou menor intensidade, sempre tem acompanhado historicamente a caminhada dos homens, agregando novos componentes ao processo de construção da identidade das comunidades. A era das grandes descobertas registradas no final do século XV e início do XVI é um dos exemplos que podem ser mencionados para apoiar aqueles que comungam com a ideia de que a globalização não é um fenômeno recente. Contudo, a maior parte dos estudiosos do assunto concorda que meados do século XX seja o marco do início da globalização; época marcada pela tecnociência, ou seja, pelo desenvolvimento tecnológico em especial na área da comunicação, o que promoveu certa aceleração das características temporais e espaciais.

Ianni[32] diz que "a globalização cria injunções e estabelece parâmetros, anula e abre horizontes". É sabido que o tema da globalização ao ser analisado pode abranger uma diversidade de dimensões, entre as quais, a política, a tecnológica, a cultural e a econômica. Por vezes, contudo, uma delas ganha mais destaque, projeção e ingerência que outras.

Com a globalização, uma das questões colocadas em debate – e de grande interesse para o assunto ora abordado – é a seguinte: estamos a caminho de uma homogeneização cultural e, nesse caso, com reflexos no processo de hospitalidade praticado pelas comunidades? Giddens[33] alerta que "a globalização está reestruturando o modo como vivemos, e de uma maneira muito profunda". E mais, segundo o autor, "vivemos num mundo de transformações que afetam quase todos os aspectos do que fazemos". Portanto, "a globalização não é um acidente em nossas vidas hoje. É uma mudança de nossas próprias circuns-

[32] IANNI, O. *Teorias da globalização*. 13. ed. Rio de Janeiro: Civilização Brasileira, 2006. p. 244.

[33] GIDDENS, A. *Mundo em descontrole*. Rio de Janeiro: Record, 2000. p. 15 e 17.

tâncias de vida. É o modo como vivemos agora". Existe, pois, diz Giddens[34] "uma revolução global em curso no modo como pensamos sobre nós mesmos e no modo como formamos laços e ligações com outros". Isso significa que passaremos a nos relacionar no casamento, na sexualidade e na família com a intervenção de novas variáveis, em especial, as de origem externa. Parece, sob um prisma, que existem fortes indícios que convergem para uma caminhada na direção da homogeneização cultural. Por outro ângulo, constata-se, de acordo com a opinião de Giddens[35], que "a globalização é a razão do ressurgimento de identidades culturais locais em várias partes do mundo". Há, pois, uma valorização dos localismos. Em função disso, podemos dizer que tal postura não corresponde à afirmação de que a globalização arrasa por completo as culturas locais. Se isso fosse verdadeiro, não seriam constatados o surgimento e a força dos localismos culturais.

Souza[36] sinaliza que "uma nova relação se estabeleceu entre as culturas locais e a emergente cultura global. O processo de revalorização das particularidades e dos localismos culturais é inegável no atual momento histórico social". Assim, as comunidades locais passaram, por um lado, a incorporar em seus usos e costumes novos hábitos, oriundos de outras comunidades, indo ao encontro da emergente cultura global, e, por outro, a valorizar cada vez mais suas próprias culturas como componente diferenciador. Nesse particular, a globalização, paradoxalmente, também fortaleceu os localismos culturais. Ou seja, segundo Souza[37] "há uma busca das particularidades e o senso de diferença se intensifica, cada vez mais, em todas as regiões". Hall[38] reforça esse argumento, ressaltando que o impacto do global despertou um interesse também pelo local. Dessa maneira, a construção de uma identidade cultural local, diz Souza[39], "passou a ser uma estratégia de diferenciação, de busca de um lugar ou de uma caracterização distinta no cenário globalizado". O interesse pelos localismos, com suas peculiaridades, deu surgimento a novos e diferenciados nichos de mercado. Hall[40] chama a atenção para a imbricação do global e do local, ressaltando que, na medida em que o

[34] GIDDENS, 2000. p. 61.

[35] GIDDENS, 2000. p. 23.

[36] SOUZA M. V. de. *Reinvenção das tradições e promoção do turismo*: estratégias diferenciadas de mercantilização da identidade cultural – os casos de Nova Petrópolis e São Francisco de Paula no Rio Grande do Sul. Tese de doutorado – Instituto de Filosofia e Ciências Humanas, Universidade Federal do Rio Grande do Sul, 2005. p. 11.

[37] SOUZA, 2005. p. 11.

[38] HALL, S. *A identidade cultural na pós-modernidade*. 5. ed. Rio de Janeiro: DP&A, 2001.

[39] SOUZA, 2005. p. 11.

[40] HALL, 2001.

global ganha proporções, o interesse pelo local também avança. O autor observa ainda que a globalização dá oportunidade para o surgimento simultâneo de novas identificações globais e de novas identificações locais e, nessa dialética, é pouco provável que a primeira destrua, por completo, a segunda, e vice-versa. Há, pois, uma caminhada em paralelo. Assim, parece que uma homogeneização cultural global, desvinculada de uma vigorante cultura local, seja pouco provável. Essa imbricação do global e do local é reforçada por Ianni[41], que acredita que "o local e o global determinam-se reciprocamente, umas vezes de modo congruente e consequente, outras de modo desigual e desencontrado".

Ao fazer uma análise da prática do turismo e do mundo dos negócios, na atualidade, verifica-se a coexistência de duas tendências: a formação de uma cultura global e o fortalecimento da cultura local. Essa cultura local é justamente marcada como um diferencial singular, componente da estratégia de marketing da localidade. Portanto, diz Souza[42], "o global e o local não são dicotômicos, não se apresentam separados no espaço e no tempo, pelo contrário, o processo globalizante provoca um sentimento de afirmação das culturas e tradições locais". Nesse contexto, a prática da hospitalidade ganha novos contornos ou novas dimensões. Uma marcada pela prática da hospitalidade conduzida por paradigmas tradicionais e a outra marcada e conduzida por novos paradigmas, em especial por aqueles que incluem culturas de comunidades as mais diversas e das mais distantes regiões do planeta, provendo oportunidade de experiências múltiplas, inclusive num mesmo dia.

As comunidades, por um lado, buscam preservar suas identidades locais, e, por outro, comungam com aspectos de uma cultura global. Essa é a dialética. Ambos os movimentos, de algum modo, interferem e contribuem para modificar as identidades culturais das comunidades, garantindo lhes novas feições e incluindo os atributos integrantes do processo de hospitalidade. Essa é síntese.

41 IANNI, 2006. p. 243.

42 SOUZA, 2005. p. 37.

Capítulo 6

O SIGNIFICADO DE HOSPITALIDADE

A hospitalidade permeia o agir de todos os cidadãos. É só observar o dia a dia das pessoas para perceber que a hospitalidade é o oxigênio que mantém a vida de uma pessoa e de uma comunidade. Isso pode ser percebido por meio de gestos simples, como um sorriso e uma saudação, e também por meio de outros eventos, como casamentos, aniversários, atividades de lazer e tantos outros acontecimentos que colocam os cidadãos frente a frente, efetuando trocas em várias dimensões. Esse contexto, atualmente, com o incremento dos negócios e do turismo, tem adquirido dimensões e proporções nunca antes registradas. Todas essas interfaces caracterizam movimentos de aproximação, ou seja, ações que integram o significado de hospitalidade.

6.1 Olhares

Afinal, o que é hospitalidade? Eis aí uma importante questão sobre a qual, necessariamente, devemos refletir, tendo em vista os objetivos traçados para o desenvolvimento do tema em questão. Parece, à primeira vista, ser uma questão de fácil resposta. No entanto, não é bem isso que ocorre, pois, compreender o significado e a abrangência da hospitalidade é compreender muito mais do que algumas características das formas de ação do ser humano. Trata-se, isso sim, de tocar fundo num dos aspectos essenciais da "família humana". Montandon, um estudioso do assunto da hospitalidade, nos diz que: "a hospitalidade é uma noção que parece ser simples mas, pelo contrário, é uma das mais complexas, das mais ricas e aparentemente das mais contraditórias".[1]

---

1 MONTANDON, A. *Lieux de l'hospitalité.* Clermont-Ferrand: Presse Universitaires Blaise Pascal, 2001. p. 13.

Qual a razão dessa complexidade? Certamente existem muitas. Destacamos aqui duas delas:

- a hospitalidade integra o objeto de inúmeras ciências. Em função disso, registra-se a complexidade para se chegar a um conceito de livre trânsito em todas elas; e
- a hospitalidade integra o perfil de uma comunidade local e nacional. Esse perfil é constituído por múltiplos fatores ou atributos diferenciados, sejam eles de ordem política, econômica ou social. Por isso, temos uma comunidade planetária composta de inúmeras comunidades locais diferenciadas, com características bem peculiares na maneira de receber, de hospedar, de alimentar, de entreter e de se despedir dos visitantes. Por essa razão, a compreensão do significado de hospitalidade é complexa.

Mesmo diante dessas duas ressalvas, vamos em busca de um conceito de hospitalidade suficientemente claro e capaz de nos orientar no desenvolvimento de ações que visem ao fomento da cultura da hospitalidade.

Para apreendermos o significado de hospitalidade, idealizamos o desenvolvimento dessa atividade, levando em consideração doze olhares:

- da sacralidade;
- da comensalidade;
- da sublimidade do servir;
- das necessidades humanas;
- dos direitos humanos;
- da incondicionalidade;
- da democracia;
- dos paradigmas;
- da percepção do outro;
- do processo;
- do simbólico; e
- dos domínios da hospitalidade.

6.1.1 Sacralidade da hospitalidade

Para Leonardo Boff, "a hospitalidade congraça assim o humano e o divino e pode garantir o fundamento para uma convivência minimamente terna e fraterna de todos dentro da mesma Casa Comum, o planeta Terra".[2] A hospitalidade, por tocar na essência da espécie humana, não pode ser considerada, portanto, apenas uma mera contingência: ela se faz presente na mitologia e na religião dos povos do mundo inteiro.

6.1.1.1 Mito da hospitalidade

Para abordarmos alguns referenciais do vínculo da hospitalidade com as divindades e com o sagrado, vamos recorrer à mitologia, com um exemplo, dentre tantos outros, para compreender esse olhar sobre o significado de hospitalidade na perspectiva da sua sacralidade.

6.1.1.1.1 O mito de Filêmon e Báucis

O mito de Filêmon e Báucis trata da hospitalidade. Quem o narra é Ovídio, poeta romano. Em síntese, o mito da hospitalidade consiste na seguinte narrativa: certa vez, Júpiter, pai criador do céu e da terra, e seu filho Hermes resolveram disfarçar-se de pobres e visitar sua criação, o reino dos mortais. Assim, disfarçados de pobres andarilhos percorreram muitos caminhos, solicitando ajuda às pessoas que encontravam. Resultado: receberam maus-tratos, palavras ofensivas e portas fechadas em sua cara. Além disso, muitas pessoas nem sequer olhavam para eles. Eram repelidos como cães lazarentos. Em resumo, passaram toda a sorte de privações. Nem mesmo um copo de água e um prato de comida, o mínimo que se espera da hospitalidade, lhes foram oferecidos.

Eis que um dia bateram à porta de um casal de velhinhos, ele chamado Filêmon (que em grego significa amigo e amável) e ela chamada de Báucis (delicada e terna). Esse casal era muito pobre e vivia em harmonia, em uma morada muito simples, mas bem cuidada. Ao abrir a porta e se deparar com aqueles andarilhos que os saudavam com um sorriso, logo os convidaram para entrar na casa, para se sentar e tomar água enquanto algo para comer já estava sendo feito com os escassos alimentos que possuíam. Quando tudo ficou pronto, o casal de velhinhos convidou os forasteiros para a refeição. Juntos comeram. Após a

---

[2] BOFF, L. *Virtudes para um outro mundo possível* – Hospitalidade: direito e dever de todos. Petrópolis: Vozes, 2005. v. 1, p. 199.

janta, foi oferecida aos viajantes a cama para os andarilhos repousarem, por sinal a única cama da casa.

Eis que durante a noite uma grande tempestade se abateu, ocasião em que ocorreu a grande metamorfose. Num piscar de olhos, aquela casa modesta transformou-se num esplendoroso templo, e Júpiter e Hermes, os andarilhos, revelaram-se com todo o esplendor divino. Foi então que o casal de velhinhos deu-se conta de que estava diante da divindade. Para compensar a hospitalidade que havia recebido, Júpiter solicitou que o casal fizesse um pedido. Eles fizeram dois pedidos: servir naquele templo esplendoroso (sublimidade do servir!!!), no que foram atendidos; e morrer juntos, já que se amavam tanto. Esse segundo pedido também foi realizado da seguinte maneira: um dia Filêmon e Báucis estavam sentados junto a sua choupana, comentando a acolhida que haviam dado aos deuses, quando, subitamente, ambos começam a transformar-se em duas grandes e frondosas árvores. Ele se tornou um enorme carvalho e ela, uma frondosa tília. E assim, abraçados, morreram, realizando-se a grande metamorfose.

6.1.1.1.2 O significado do mito

Vamos explorar um pouco mais esse belíssimo mito sobre a hospitalidade, propondo, como ponto de partida, três indagações.

- O que é um mito e o que ele narra?

Mito é uma palavra que deriva do grego e significa narrativa e enredo. Trata-se do dispositivo utilizado pelos antigos para contar ou narrar fatos relevantes da vida humana, utilizando, para tanto, uma linguagem simbólica.

Por que os mitos atraem tanto a atenção das pessoas e as comovem? Os mitos são, pois, narrativas, histórias carregadas de emoção, que fazem vibrar o coração por tratar de temas que afetam profundamente a vida das pessoas. Muitas são as questões que compõem as suas agendas e algumas delas foram respondidas, ao longo da história, por diferentes ramos das ciências. Outras, no entanto, continuam sem explicação, o que gera inquietação e angústia. Como abordar essas questões que envolvem realidades tão profundas? Os mitos sinalizam caminhos, que são apresentados por meio do simbolismo.

Quanto ao mito da hospitalidade, do que ele trata? Ele narra uma bela e comovente história sobre um dos mais importantes aspectos do comportamento humano: a hospitalidade. A hospitalidade que envolve o ato da recepção, da hospedagem, da alimentação, da atenção e da despedida do visitante. Não foi isso que Filêmon e Báucis, um casal idoso e pobre, vivendo numa casa modesta, fizeram ao acolher os deuses disfarçados de míseros viajantes? Ofereceram hospitalidade incondicional, sem reservas, sem condições, sem preconceitos, sem "intenções ocultas". Foram genuinamente hospitaleiros, pois lhes ofereceram, de coração, o que tinham de melhor, como a comida, a cama e a atenção permanente.

- O que o mito revela?

O mito revela o sentido de certas dimensões que tocam fundo a alma do ser humano, como as origens do cosmo, das forças e dos fenômenos naturais, e dos comportamentos humanos de profundo significado. A hospitalidade é um desses comportamentos. Nem sempre é possível traduzir em palavras e em conceitos abstratos algumas experiências que tocam fundo o ser humano. Os mitos preenchem essa lacuna, com sua maneira própria de narrar. Portanto, eles foram e são válidos precisamente por nos levar a refletir sobre experiências e vivências humanas de grande significado e alcance, e a experiência da hospitalidade é uma delas, como nos revela o mito de Filêmon e Báucis: hospitalidade exercida com amabilidade, cortesia, generosidade, respeito e tolerância. Essas são virtudes essenciais para o exercício da hospitalidade. Filêmon e Báucis colocaram em prática essas virtudes ao acolher os andarilhos em sua casa, oferecendo lhes água fresca, lavando-lhes os pés e dando-lhes de comer e beber do melhor que dispunham.

- Que lições podemos tirar dos mitos?

Quem passa pela Turquia, local de referência para os fatos ocorridos na narrativa do mito em questão, poderá encontrar duas árvores centenárias e frondosas, com seus galhos entrelaçados, lembrando o casal Báucis e Filêmon e a hospitalidade por eles proporcionada.

Que lições podemos tirar desse mito? Várias, mas uma delas merece destaque. Os deuses apreciavam a hospitalidade por saber que sem ela os homens não teriam chance de sobreviver. Assim, estabeleceram que, ao receber um viajante, independentemente de seu *status* social, os homens estariam acolhendo a própria divindade. Existe algo mais espetacular do que conviver com a própria divindade na pessoa do viajante acolhido?

Esse acolher o viajante, que representa uma divindade, está, enfaticamente, presente em quase todas as religiões. Isso evidencia que a hospitalidade não é uma mera contingência ou algo fortuito do ser humano. Pelo contrário, a hospitalidade tem marcado profundamente os relacionamentos humanos. Sem a sua prática, provavelmente, a espécie humana já teria sucumbido.

6.1.1.2 Bíblia

A Bíblia, em diversas passagens, enfatiza a sacralidade da hospitalidade. Cristo, ao enviar seus discípulos para divulgar seus ensinamentos, lhes diz:

- "Quem vos recebe, a mim recebe. E quem me recebe recebe aquele que me enviou" (Mateus 10: 40); e
- "Todo aquele que der ainda que seja somente um copo de água fresca a um destes pequeninos, porque é meu discípulo, em verdade vos digo: não perderá sua recompensa" (Mateus 10: 42).

Esses textos, entre tantos outros, enfatizam que acolher um mensageiro de Jesus significa acolher o próprio Jesus, e acolher Jesus significa acolher o próprio Deus Pai, origem e fonte de toda missão: "o que fizeres a estes (nus, famintos, sedentos e estrangeiros) ou deixastes de fazer, foi a mim que o fizestes ou o deixastes de fazer" (Mateus 25: 31-46). Nessa passagem fica clara a identificação de Deus com os mais necessitados.

6.1.2 Comensalidade

Comensalidade significa comer e beber junto. O ato de comer e beber junto foi, e é, momento marcante na vida de todas as comunidades, pois marcam ocasiões em que nutrimos nossos corpos e nossos espíritos, fortificamos nossos relacionamentos, aprofundamos nossas amizades e consolidamos nossas crenças e valores. Assim, a comensalidade, ocasião em que se exerce a hospitalidade, passa a integrar a essência da condição humana.

A mesa ao redor da qual se pratica a comensalidade constituiu-se, ao longo dos tempos, em local privilegiado para o exercício da hospitalidade. Foi nesse contexto que as pessoas, genuinamente hospitaleiras, praticavam as virtudes da hospitalidade, como a convivência, a cortesia, a amabilidade e a generosidade. Será que esse contexto não é válido também para a sociedade atual? Certamente, sim. Contudo, a vida moderna é marcada por uma agitação muito forte. Ela incorporou, em grande parte, o *fast-food* como o momento para a comensalidade. Afinal, será que o *fast-food* oferece condições para a verdadeira prática da comensalidade? Que oportunidades de sociabilidade oferece o *fast-food*? Será que não estamos nos tornando menos humanos, porque não partilhamos os alimentos e as bebidas, a alegria do encontro e da comunhão? Com certeza, o ato de nutrir-se não é meramente um ato biológico individual, mas é um momento precioso para praticarmos, intensamente, as várias virtudes da hospitalidade.

6.1.3 Sublimidade do servir

A noção de servir, não raras vezes, é confundida com subserviência. Será que o sentimento das pessoas ao servir a pátria, servir a Cristo, servir a uma causa nobre é o mesmo sentimento sentido por aquelas pessoas que executam serviços marcados pela subserviência? Ou seja, servir na condição escravo? Servir é agir no lugar do outro. Por isso, Jesus disse "quem vos recebe, a mim recebe". Os pregadores estão agindo em seu lugar. No cotidiano, podemos identificar, em contextos distintos, inúmeras ações que estão alinhadas a essa atitude marcada pela sublimidade do servir. Como diz a poetisa Gabriela Mistral, "servir não é faina de seres inferiores". Há pequenos serviços que são bons serviços, como adornar uma mesa, arrumar seus livros e pentear uma criança, enfatiza a autora.

Amar e ter orgulho do trabalho que se faz é um pressuposto para se fazer o trabalho bem feito, o tempo todo e com muita satisfação e realização pessoal. Dessa maneira, o profissional age com atitude hospitaleira e percebe que seu trabalho é apreciado pelas pessoas, sentindo-se honrado e orgulhoso. Nesse caso, encontramo-nos diante da grandeza e da sublimidade do servir. Recorremos à poetisa chilena Grabriela Mistral para nos auxiliar a compreender melhor a sublimidade do servir, com sua poesia que é uma verdadeira pérola.

SERVIR

Gabriela Mistral

Toda a natureza é um serviço
Serve a nuvem.
Serve o vento.
Serve a chuva.
Onde haja uma árvore para plantar;
plante-a você.
Onde haja um erro para corrigir;
corrija-o você.
Onde haja um trabalho e todos se esquivem, aceite-o você.
É muito belo fazer o que os outros recusam.
Mas não caia no erro de que somente há mérito
nos grandes trabalhos.
Há pequenos serviços que são bons serviços:
adornar uma mesa,

arrumar seus livros,
pentear uma criança.
Uns criticam, outros constroem.
Seja você o que serve.
Servir não é faina de seres inferiores.
Seja você o que remove,
a pedra do caminho,
o ódio entre corações
e as dificuldades do problema.
Há a alegria de ser puro
e a de ser justo.
Mas há, sobretudo,
a maravilhosa, e imensa alegria de servir.

Fonte: *Gazeta do Povo.* 24 out. 1999.

6.1.4 Necessidades humanas

Nesta abordagem, para a melhor compreensão da hospitalidade, destacamos três aspectos:

1º Categorias de necessidades. O conceito de hospitalidade pode ser apreendido também por meio da análise das necessidades humanas. O convívio social, ou a vivência em grupo, é uma das necessidades fundamentais de todo ser humano. A hospitalidade, essência da vida em grupo, é uma necessidade natural, biológica e social. Os estudos de Maslow reforçam esse argumento ao enfatizar que as necessidades sociais são fundamentais para as pessoas. Além delas, existem também as necessidades fisiológicas, as de segurança, as de estima e as de autorrealização, as quais também, de alguma forma, participam ou interferem no processo de hospitalidade.

2º As trocas. No epicentro dessas necessidades estão as trocas. As trocas, que visam a suprir as necessidades fisiológicas, em especial a comida e o abrigo, sempre estiveram bem presentes no dia a dia da comunidade humana, desde os primórdios, até porque se trata da sobrevivência da própria espécie humana. Diante desse contexto, fortemente marcado pela sobrevivência da espécie humana, é possível dizer que o conceito de hospitalidade brotou de um tênue senso de organização coletiva, em que o ato de partilhar, em especial a caça, a coleta de alimentos e o abrigo, deu início a um conjunto de interfaces e comportamentos entre os membros do grupo. A hospitalidade brotou desse contexto.

3º Os espaços. É possível vislumbrar três dimensões de espaços:

a) espaços físicos: a hospitalidade implica a abertura de espaços físicos apropriados, como as salas de visitas nas residências; o *hall* da recepção nos hotéis; e os parques, praças, ruas, centros de informações, pórticos etc. nas cidades;

b) espaços emocionais: a hospitalidade implica a abertura de espaços emocionais, ou seja, implica demonstrar prazer no conviver e cativar o visitante/turista; ou externar gestos e sinais de receptividade (painéis de boas-vindas); e

c) espaços intelectuais: a hospitalidade implica a abertura de espaços intelectuais. Assim, é preciso aprender a conviver com outras culturas; bem como a interagir, ampliando a capacidade de interlocução e de relacionamentos.

6.1.5 Direitos humanos

O olhar mediado pelos direitos humanos nos coloca diante de uma alternativa para a busca da compreensão do significado de hospitalidade: a Declaração Universal dos Direitos do Homem, adotada e proclamada pela Assembleia Geral das Nações Unidas, coloca em destaque os direitos e liberdades que fomentam:

- a dignidade inerente a todos os membros da família humana;
- o respeito pela liberdade da palavra, da crença e da liberdade;
- o desenvolvimento das relações amistosas entre as nações; e
- o progresso social e as melhores condições de vida.

Esses direitos e liberdades objetivam resgatar a dignidade das pessoas e dar oportunidades para a inclusão e a integração nas comunidades, dois componentes essenciais da hospitalidade.

A Carta da Terra, cujos princípios estão alinhados aos da Declaração Universal dos Direitos Humanos, destaca a importância, em um dos seus princípios, de: "defender, sem discriminação, os direitos de todas as pessoas a um ambiente natural e social, capaz de assegurar a dignidade humana, a saúde corporal e o bem-estar espiritual, concedendo especial atenção aos direitos dos povos indígenas e minorias".

6.1.6 Incondicionalidade

É possível vislumbrar a prática da hospitalidade sem qualquer reserva, uma hospitalidade em estado puro, incondicional? Uma hospitalidade, assim como o amor, que não exige nada em troca? A resposta positiva a essas questões traduziria o ideal da hospitalidade. O estabelecimento de um ideal sempre é estimulante, pois ele motiva as pessoas a caminhar em sua direção. No mito da hospitalidade, anteriormente visto, foi possível identificar a prática de uma hospitalidade incondicional por parte de Filêmon e Báucis. Eles acolheram os desconhecidos que bateram à porta de sua casa, sem qualquer reserva. De outra parte, eles, ao disponibilizarem aos hóspedes necessitados tudo de que dispunham, exerceram a hospitalidade incondicional.

A história da humanidade nos tem demonstrado que houve momentos mais propícios, e outros nem tanto, para o exercício da hospitalidade. Muitas muralhas, físicas ou não, foram construídas, servindo de barreiras contra possíveis "invasores". Invasões por parte de pessoas, de culturas, de religiões e de etnias. Na sociedade moderna, é possível identificar dezenas de exemplos que levam as comunidades a confrontos, como maneira de proteger sua "árvore proibida". Ou seja, proteger seu mercado de trabalho, sua economia, sua política de governo e suas convicções religiosas. Ao observarmos o conjunto das comunidades que estão sob os cuidados de nossa grande mãe *Gaya*, constatamos que muitos de seus filhos estão condenados a perambularem pelo mundo, perdendo seus bens e suas raízes. São exilados políticos, refugiados de guerras e carentes econômicos que, simplesmente, ficaram sem "mãe". Na esfera nacional, a *Pátria amada*, essa mãe simbólica, acolhe todos os seus filhos de maneira incondicional? Não é verdade que muitos filhos dessa "mãe gentil" se sentem desamparados, excluídos, sem as melhores condições de existência, dentro de seu próprio espaço físico? O que diriam os deuses, se eles estivessem disfarçados nessas pessoas como andarilhos, assim como aconteceu no mito da hospitalidade?

Para Boff,[3] a hospitalidade é utopia e prática:

> ...a hospitalidadede é antes de mais nada uma disposição da alma, aberta e irrestrita. Ela, como o amor incondicional, em princípio, não rejeita nem discrimina ninguém. É simultaneamente uma utopia e uma prática. Como utopia representa um dos anseios mais caros da história humana: de ser sempre acolhido independente da condição social e moral e de ser tratado humanamente. Como prática cria as políticas que visualizam e ordenam a acolhida. Mas por ser concreta sofre os constrangimentos e as limitações das situações dadas.

---

[3] BOFF, 2005. p. 198.

A hospitalidade quase sempre esteve condicionada. Até mesmo Deus, ao hospedar Adão e Eva no paraíso, impôs-lhes condicionantes: não podiam comer os frutos da árvore proibida. Essa "árvore proibida" é que estabelece a "distância" ou a "reserva" de privacidade de uma pessoa ou de uma comunidade que acolhe alguém. O contrário também é verdadeiro.

Fica evidente, de acordo com Baptista, que "acolher o outro como hóspede significa que aceitamos recebê-lo em nosso território, em nossa casa, colocando à sua disposição o melhor do que somos e possuímos".[4] Entretanto, fica claro também, como complementa Baptista, que "nossa casa continua a ser isso mesmo, a nossa casa. Do mesmo modo, o outro mantém a liberdade do forasteiro, continuando a seduzir-nos com sua exterioridade e seu segredo".[5] Existe, assim, um espaço disponibilizado e não uma ocupação de espaço; um espaço delimitado, entre visitante e visitado, que permite a ambos atuar. Ou seja, "a hospitalidade permite celebrar uma distância e, ao mesmo tempo, uma proximidade, experiência imprescindível no processo de aprendizagem humana".[6] Essa distância e proximidade entre visitante e visitado representam o *hospes* e o *hostis* da relação. Essa mesma dialética pode ser analisada na dimensão pessoal. Kristeva trata desse estrangeiro que habita em nós, considerado a face oculta da nossa identidade, ou seja, "o estrangeiro começa quando surge a consciência de minha diferença e termina quando nos reconhecemos todos estrangeiros...".[7]

6.1.7 Democracia

Como as comunidades estabelecem e exercem processos de aproximação, tanto interna quanto externamente? Os vários regimes políticos ao longo da história documentam essas relações possíveis. Destacamos um deles, a democracia, muito em voga na atualidade. A democracia busca, em especial, a inclusão e a integração de todos os cidadãos na comunidade nacional e internacional. Esse regime se opõe, portanto, ao processo de exclusão e, em consequência, à falta de hospitalidade. Na democracia, todos os cidadãos contam e valem; são membros efetivos de uma comunidade regional e nacional, até porque são eles que elegem seus representantes para a condução de suas comunidades. Com isso não se quer

---

4 BAPTISTA, I. Lugares de Hospitalidade. In: Dias, C. M. M. *Hospitalidade, reflexões e perspectivas*. São Paulo: Manole, 2002.

5 BAPTISTA, 2002.

6 BAPTISTA, 2002.

7 KRISTEVA, J. *L'avenir d'une révolte*. Paris: Calmann-Lévy, 1998. p. 9.

dizer que a democracia, na prática, não tenha exponenciado algumas faltas de hospitalidade, ou exclusões, que chocam o mundo. Isso no plano das comunidades locais, nacionais e internacionais. Não faz parte do ideal da democracia conviver com as exclusões: resta ainda um longo caminho a ser percorrido para que se atinja esse ideal. Face a isso, impõe-se a necessidade do fomento de políticas para o fomento da hospitalidade. A Carta da Terra, ciente desse desafio, propõe como um de seus princípios "construir sociedades democráticas que sejam justas, participativas, sustentáveis e pacíficas". Um contexto que favorece movimentos de aproximação.

A escritora búlgara Julia Kristeva, acolhida pela França – que lhe concedeu a cidadania francesa –, afirma, contudo, que foi no continente americano (especialmente nos Estados Unidos e Canadá) que passou os melhores momentos de sua vida pessoal e profissional. O ponto alto dessa sua realização foi a de ter sentido de perto o significado da democracia americana. É com base nessa compreensão que ela vislumbra o significado de hospitalidade; afirma que a hospitalidade é "essa capacidade que alguns seres humanos possuem de oferecer uma morada a outros, que não a têm, ou dela se encontram momentaneamente privados".[8]

6.1.8 Paradigma

Ao analisar a temática da hospitalidade, Leonardo Boff destaca dois paradigmas: amigo-inimigo e hóspede-aliança.

1º Paradigma: amigo-inimigo

O paradigma do amigo-inimigo é recorrente em várias comunidades ao longo da história da humanidade. Trata-se de um modelo calcado, em especial, no fundamentalismo religioso, político e econômico, testemunhado por rivalidades, confrontos e guerras. Situação que ainda é bem presente na vida das comunidades. Esse cenário nos permite dividir a comunidade planetária, que contempla o binômio amigo-inimigo, em dois grandes grupos. Aliás, não foi isso que Deus fez ao estabelecer a sua aliança com o povo judeu, excluindo quase todos os demais e, além disso, considerando-os inimigos? É o que reza a Bíblia no livro do Gênesis: "estabelecerei minha aliança entre mim e ti e a tua descendência no decurso das suas gerações, aliança perpétua, para ser o teu Deus, e da

---

[8] KRISTEVA, 1998. p. 88.

tua descendência" (Gênesis 17:7). Além dessa exclusividade, em decorrência desse pacto, Deus compromete-se a dar para esse povo "a terra das tuas peregrinações, toda a terra de Canaã, em possessão perpétua..." (Gênesis 17:8). Esse mesmo teor de inclusão e exclusão aparece, também, por ocasião das peregrinações aos lugares santos, em especial após a queda do Império Romano. Os mosteiros acolhiam exclusivamente os cristãos. Ou seja, como ressalta Kristeva,[9] "o estrangeiro não está excluído se for cristão, mas o não cristão é um estrangeiro cuja hospitalidade cristã não é levada em conta". Para ser recebido e acolhido, era necessário estar de posse do *passaporte* cristão. Dessa maneira, "uma hospitalidade assim sem dúvida obriga o peregrino a ser peregrino de Cristo e qualquer indivíduo errante a se tornar cristão".[10] Esse tipo de hospitalidade religiosa, marcada pela exclusão da alteridade, atingiu o ápice com a Inquisição.

A dialética do amigo-inimigo, do senhor e do escravo, que tem como força motora motivos religiosos, econômicos e políticos, tem sido uma constante na experiência da grande família humana. Esses contextos caracterizam um ambiente nada propício ao exercício da hospitalidade, sendo necessária a busca de soluções mais harmoniosas, como bem argumenta Boff:

> Esse modelo amigo-inimigo, por mais realista que se apresente, deve ser descartado se quisermos compartilhar do único e mesmo espaço, pois não temos outro, a Casa Comum, a Terra.[11]

Essa postura de Leonardo Boff já demonstra bons resultados, sendo possível vislumbrar, na atualidade, uma convergência para uma identidade mínima, comum a todas as comunidades integrantes da família humana. A União Europeia pode nos servir de exemplo nesse caso. Essa base comum contribui para fomentar a cultura da hospitalidade, enfraquecendo o paradigma do amigo-inimigo, até porque, na contribuição de Boff:

> Continuar a construir a família humana com as inspirações deste velho paradigma nos levará a cenários dramáticos com o sério risco de destruir o projeto planetário humano. O que ele perpetua é a dialética destrutiva do amigo-inimigo que caracterizou o passado dramático para a maioria dos povos.[12]

---

9 KRISTEVA, 1998. p. 92.

10 KRISTEVA, 1998. p. 93.

11 BOFF, 2005.

12 BOFF, 2005.

Assim, resta-nos a opção de buscar novos rumos e contextos capazes de fomentarem a cultura da hospitalidade.

2º Paradigma: hóspede-aliança

Afinal, seria o paradigma do hóspede e da aliança (aliado) uma utopia, considerando os conflitos que marcaram e ainda marcam as diferentes comunidades no cenário internacional? Mudar de um paradigma focado no amigo-inimigo para outro que realça o hóspede e o aliado envolve profundas mudanças, em especial na maneira de perceber o outro. Quem é esse "outro"? Ele pode ser nossa consciência, as pessoas que nos rodeiam com suas próprias crenças e valores, usos e costumes. Pode ser também a natureza, com toda a sua cadeia de vida. Saber relacionar-se, respeitosamente, com esse outro é exercitar a hospitalidade, até porque está implícito, no conceito de hospitalidade, a **inclusão** das mais variadas diferenças que podem ser encontradas nesse outro.

Esse novo paradigma, focado no hóspede e na aliança, projeta seu olhar para o futuro; vislumbra uma comunidade humana planetária, na qual as pessoas, inseridas em comunidades locais, efetuam movimentos de aproximação com outras comunidades, valorizando a percepção do outro como *hospes* (hóspede) e não como *hostis* (inimigo). Embora pareça existir ainda uma longa caminhada a ser realizada nessa direção, observa-se que algumas comunidades já estão se libertando de algumas amarras do paradigma amigo-inimigo e começam a formar comunidades calcadas na aliança, com reflexos altamente positivos para o bem-estar das pessoas. Nesses novos contextos, a cultura da hospitalidade permeia os relacionamentos entre os cidadãos, destacando relacionamentos marcados, necessariamente, pela prática das virtudes da hospitalidade. Essas "virtudes" são fundamentais para a construção de uma comunidade mundial marcada por um ambiente de amabilidade, cortesia, convivência, generosidade e harmonia.

O paradigma da aliança é um convite para um "olhar para frente". Essa atitude já marca a experiência de algumas comunidades, ou seja, constatamos que algumas comunidades passaram do confronto para a conciliação, da conciliação para a convivência e da convivência para a comunhão. Houve uma caminhada na direção da inclusão e da integração. Não foi isso o que aconteceu com a União Europeia? Alguns dos países que a compõem, há poucos anos, eram inimigas viscerais, com histórico de sangrentas guerras ao longo dos séculos. Na atualidade, esses países comungam e até mesmo celebram como uma comunidade. Houve ou não um progresso na direção da aliança? Certamente, sim. Um exemplo digno de ser imitado por outros conjuntos comunitários que colocam suas diferenças como bandeiras, gerando o confronto em vez de resgatá-las como agregadoras de valor, de inclusão e de integração.

O paradigma do hóspede e da aliança é uma proposta desafiadora e fomentadora da cultura da hospitalidade.

6.1.9 Percepção do outro

Um dos importantes pontos de partida para a compreensão do significado de hospitalidade é a *percepção do outro*. Quem é esse "outro"? Eles são nossos parentes, amigos, vizinhos, cidadãos das diferentes comunidades, integrantes da grande família humana, com todas as suas diferenças, em especial as culturais, étnicas e religiosas. São eles que nos "pedem passagem" pela porta de nossas mentes e nossos corações, pelas portas das nossas casas, pela recepção dos hotéis, pela televisão, rádio, telefone, jornais e e-mails. Todos esses outros nos são, de alguma maneira, estranhos; nos causam estranheza, nos são estrangeiros. Julia Kristeva, em sua obra *Estrangeiros para nós mesmos*, nos apresenta uma interessante abordagem sobre esse *outro*, na condição de estrangeiro. Silvana Pirilo Ramos também contribui com essa temática, focando o *case* dos brasileiros que migraram para o Canadá. O mesmo pode ser percebido com o filme *Terra estrangeira*, de Walter Sales.

No final do século XX, com a globalização e a internacionalização das empresas, o assunto do estrangeiro bateu à porta de muitos países, organizações, moradias e pessoas. Como conviver com esse estrangeiro sem rejeitá-lo ou, ainda, ceder à tentação de absorvê-lo? Kristeva nos convida a refletir sobre essa questão.

Oferecer morada significa disponibilizar um *espaço* para esse outro; significa trazer o outro para dentro de nosso país, de nosso lar, de nossa organização e, em especial, para dentro de nós mesmos, tornando-o membro dessa nova comunidade e, também, em parte, membro de nós mesmos. Quando esse outro nos é uma pessoa querida, essa inclusão não exige grande esforço. Pelo contrário, é um momento de celebração. Será que o mesmo acontece com esse outro quando ele é um pobre econômico, alguém com extrema necessidade? Alguém que exige de nós mais *humanitas*, mais "disposição da alma, aberta e irrestrita", como nos diz Boff?[13] Essa disposição está presente nas poderosas nações econômicas quando se deparam com aquelas que "pedem passagem"? A integração econômica e política, em escala internacional, continua uma utopia nesse início do século XXI?

[13] BOFF, 2005. p. 198.

Kristeva nos revela que "a absorção do estranho proposta por nossas sociedades revela-se inaceitável para o indivíduo moderno, defensor de sua diferença, não somente nacional e ética, mas essencialmente subjetiva, irredutível".[14]

O momento presente, em algumas regiões do planeta, em especial naquelas economicamente desenvolvidas, tem colocado algumas facetas do tema da hospitalidade em destaque. Essas regiões passaram a receber quantidades significativas de trabalhadores sazonais ou permanentes, exilados políticos, estudantes, turistas e intelectuais, oriundos das mais diferentes nações, fomentando um novo *mix* sociocultural. Para realmente perceber essa realidade, basta percorrer as ruas de cidades e de povoados dos principais países europeus. Como esse contingente humano de etnias e culturas tão diversificadas foi recebido e como convive com os habitantes locais?

Aristóteles afirmou ser a hospitalidade uma das mais importantes virtudes da sabedoria humana; Platão considerou a hospitalidade o primeiro dos deveres de todos os cidadãos. A postura desses dois filósofos gregos revelam conceitos muito presentes nas comunidades ocidentais ao longo dos tempos; no entanto, o seu exercício, na atualidade, está muito aquém do ideal pregado pelos pensadores gregos. A discrepância é tamanha que surgiram partidos políticos com posicionamentos claros sobre a recusa do acolhimento e da permanência de estrangeiros em seus países, o que tem gerado graves tensões sociais. Nesse contexto, sem entrar na complexidade do tema, percebe-se as dificuldades para o exercício da hospitalidade em sua plenitude. Contudo, como bem enfatiza Boff, "nem por isso devemos renunciar ao ideal da hospitalidade que está na base de nossa humanidade e da convivência civilizada".[15] Sempre podemos encontrar razões e ocasiões para proclamar esse ideal, com a consciência de que contribuímos com a parte que nos cabia, independentemente da existência de políticas públicas a respeito e do descaso de muitos cidadãos. Claro que apenas isso não basta. É necessário que a cultura da hospitalidade esteja mais presente na atitude coletiva dos cidadãos. Integre, na prática, o conceito e o exercício da cidadania, afinal, todos os cidadãos fazem parte de uma só família humana e pertencem a uma comunidade de vida planetária. Na medida em que essa visão holística for compreendida, os preconceitos e as hostilidades contra os estrangeiros serão relegados a patamares irrelevantes. Será mesmo? Não estamos falando de uma utopia?

[14] KRISTEVA, 1988. p. 10.

[15] BOFF, 2005. p. 163.

6.1.10 Processo

Um olhar mais detido sobre os caminhos da hospitalidade, na perspectiva do processo, nos conduz a refletir sobre: (1) a hospitalidade como componente do processo educacional; e (2) a hospitalidade como componente do processo identitário de uma comunidade.

6.1.10.1 Processo educacional

O processo educacional, por estar imbricado na herança cultural dos povos, toma formatos diversos, segundo as estruturas e os valores priorizados pelas gerações, de acordo com o momento histórico, com maior ou menor ênfase na capacitação coletiva e individual, e com reflexos nas dimensões comportamento, habilidades e atitudes.

a) Processo da hospitalidade

O processo pode ser entendido como um conjunto de causas que têm por objetivo gerar um efeito. Quais são os insumos ou fatores (causas) geradores da hospitalidade (efeito)? O Quadro 6.1 sinaliza uma alternativa.

Quadro 6.1 – Processo da hospitalidade.

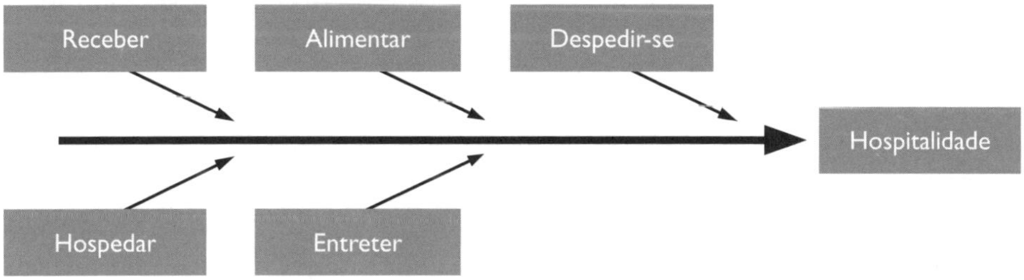

Ou seja:

- **receber**: significa recepcionar bem os viajantes ou visitantes;
- **hospedar**: significa bem acolher o viajante ou visitante, trazendo-o para dento do lar, do estabelecimento, da cidade ou do país por algumas horas ou por alguns dias;
- **alimentar**: significa disponibilizar para o visitante os alimentos e as bebidas que integram a oferta gastronômica do lar ou do estabelecimento;

- **entreter**: significa dar oportunidade ao visitante para a inclusão e a integração com a comunidade no âmbito familiar, público e comercial, mediante atividades lúdicas; e
- **partir**: significa despedir-se do visitante, deixando as portas abertas para um próximo encontro.

Ser recebido, alojado, alimentado e bem cuidado, com atitude hospitaleira, em especial quando se está em viagem, sempre foi, e ainda é, uma necessidade e também um grande desejo de todo o ser humano. A hospitalidade compreende esse conjunto de ações.

b) Formação da atitude hospitaleira

Educar para a hospitalidade é contribuir para a formação da atitude hospitaleira. O educar para a hospitalidade funciona como uma espécie de alfabetização social. Nesse contexto está em jogo a tessitura do aprender a ser e do aprender a conviver, dois pilares da educação propostos pela Unesco. A educação para a hospitalidade vai ao encontro do que Goleman denomina "inteligência social",[16] uma das inteligências múltiplas. A inteligência social, quando desenvolvida, capacita o indivíduo tanto na perspectiva da "consciência social" (sentir o estado interno do outro, compreender seus sentimentos e pensamentos e entender situações sociais complicadas), como também na perspectiva da "facilidade social" (garantir interações produtivas, permitir interações fluentes e eficazes).

O processo educacional é fundamental na formação da atitude hospitaleira. Trata-se de um processo formativo à mercê de diferentes ambientes educacionais e cenários de inclusão, de acolhimento, bem como da cultura do amor. A escola é uma agência incubadora formadora de atitudes que devem favorecer o processo da hospitalidade, na medida em que exerce e cumpre seu papel e sua missão básica.

Atitude hospitaleira é uma predisposição favorável para a ação de receber, hospedar, alimentar, entreter e despedir-se do visitante, com sinais e gestos que caracterizam uma cultura da hospitalidade.

O Quadro 6.2 evidencia alguns dos principais fatores que conformam a atitude hospitaleira, valendo citar: pessoas, metodologias, informações, espaços, pedagogias e parcerias.

[16] GOLEMAN, Daniel. *Inteligência social*: o poder das relações humanas. Rio de Janeiro: Elsevier, 2006.

Quadro 6.2 – Formação da atitude hospitaleira.

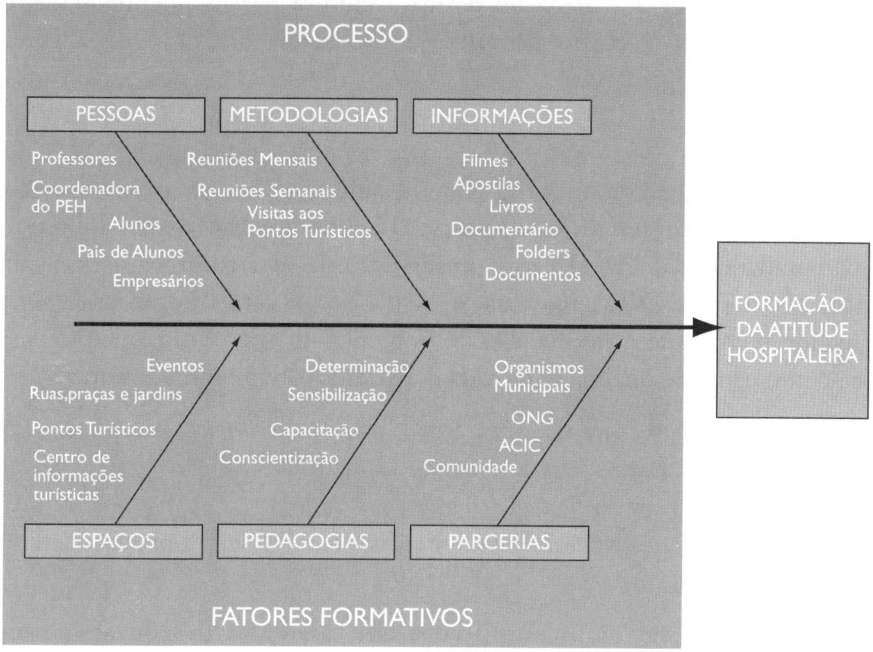

c) Pressupostos

São pressupostos, para a implantação de um programa de educação para a hospitalidade:

- trabalhar a hospitalidade como tema transversal nas escolas, identificando seu tema local como a cultura da hospitalidade;[17]
- receber o apoio amplo das prefeituras e dos organismos no âmbito estadual e nacional, em especial do Ministério do Turismo e do Ministério da Educação;
- possuir o apoio dos empresários locais (rede hoteleira e gastronômica, pontos turísticos e comércio em geral), a fim de que as visitas de estudo sejam facilitadas;
- dispor de recursos financeiros para apoiar as escolas na operacionalização do programa; e

[17] BRASIL. Lei de Diretrizes e Bases da Educação Nacional. Lei n. 9.394, de 20 dez. 1996.

- desenvolver ações visando a motivar todos os envolvidos no processo de formação da nova cultura para a hospitalidade, em especial o corpo docente (o professor motivado e valorizado em sua profissão).

d) Objetivos

O objetivo geral de um programa de educação para a hospitalidade consiste em desencadear um processo propício à conscientização e à compreensão da comunidade local em relação à preservação de seus recursos naturais, históricos e culturais. Dessa maneira, a escola surge como importante agente formador, bem como a valorização do potencial turístico do município destaca-se como canal de qualidade de vida e de desenvolvimento sustentável.

Trata-se de *formar cidadãos com atitude hospitaleira, tendo a escola como agente formadora de cidadãos, conscientes da importância da preservação do seu ambiente sociocultural e natural, com vistas a agir em prol do desenvolvimento sustentável e da qualidade de vida de seus moradores, e nos processos de interface com os visitantes.* Ou seja, é preciso caminhar no sentido de:

- estabelecer uma concepção e um paradigma de educação para a hospitalidade adequados à realidade do município;
- ampliar a compreensão a respeito da hospitalidade junto à comunidade escolar;
- contribuir para a formação da atitude hospitaleira do cidadão enquanto munícipe;
- propiciar conscientização dos alunos da comunidade escolar a respeito do potencial turístico do município e da preservação dos recursos naturais e culturais;
- valorizar o acervo cultural como componente delineador de identidade e, em razão de seu diferencial, capaz de melhor dimensionar o potencial cultural e turístico do município;
- desencadear uma espécie de incubadora cultural com ênfase nas raízes históricas, na identidade e na personalidade de base do município; e
- ressignificar os efeitos e os benefícios decorrentes das práticas de cidadania e de educação para a hospitalidade, tanto para os munícipes quanto para os visitantes.

e) Metodologia

Sugere-se, como metodologia para a operacionalização do Programa de Educando para a Hospitalidade:

- **programas de sensibilização e conscientização** na busca da adesão das escolas ao programa;
- **programas de capacitação** (em ordem de prioridade) com as equipes das Secretarias Municipais de Educação e de Turismo, e com os docentes das escolas que aderirem ao programa;
- **programas de subsídios e logística**, como elaboração de subsídios pedagógicos necessários (manuais, filmes, *datashows*, *folders*, distinções, selos, estampas, mascotes) e de logística para as interfaces dos alunos com a realidade municipal e do entorno dos municípios integrantes do programa;
- **participação** ativa dos alunos nos eventos promovidos pelas Secretarias Municipais; e
- **reuniões periódicas** organizadas pela coordenação do programa com os professores representantes das escolas. Pauta das reuniões a destacar: o tema hospitalidade, ações de implantação do programa (desenvolvimento de projetos), distribuição e discussão de diferentes materiais, palestras com autoridades vindas de outros locais, programação das visitas de estudo.

A **pedagogia de projetos**, como metodologia e ferramenta pedagógica, surge como instrumento capaz de mediar o processo educativo para a hospitalidade, permitindo ao alunado uma interação aberta com a realidade pontual em suas múltiplas dimensões, de forma atrativa e agregadora de valor no processo formativo.

f) Ciclo do processo

O processo de educar para a hospitalidade, segundo Castelli,[18] é cíclico e compreende diversas fases, como podemos visualizar na Figura 6.1 a seguir.

[18] CASTELLI, S. *Educação para o turismo*: o programa de educação para o turismo na cidade de Canela – RS. Dissertação de Mestrado. Universidade de Caxias do Sul, Rio Grande do Sul, 2005.

Figura 6.1 – Ciclo do processo da educação para a hospitalidade.

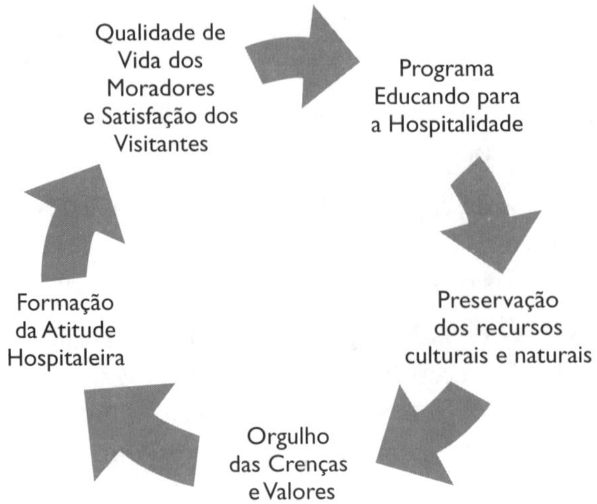

Fonte: CASTELLI, S. 2005.

g) Fluxograma

O Programa Educando para a Hospitalidade, em seu planejamento, prevê um fluxograma, apresentado na Figura 6.2 que traduz sua forma de expansão em uma linha de tempo.

Figura 6.2 – Fluxograma do Programa Educando para a Hospitalidade.

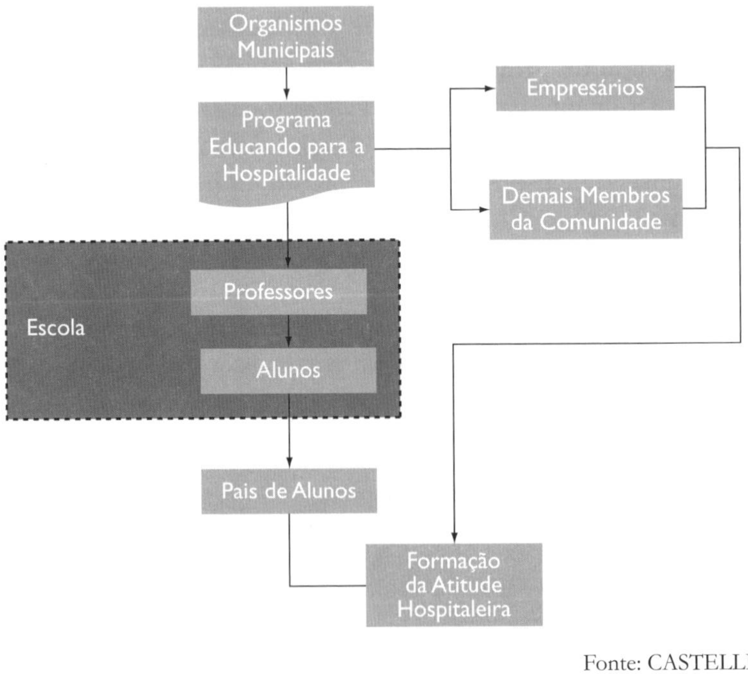

Fonte: CASTELLI, S. 2005.

6.1.10.2 Processo de formação da identidade

A hospitalidade pode ser analisada, também, na perspectiva do processo de formação da identidade cultural de uma comunidade. Afinal, a hospitalidade faz parte da experiência de uma comunidade. É um componente que integra a identidade do grupo.

a) Identidade

Ao se analisar a questão do processo de formação da identidade de uma comunidade, cabe destacar a identidade cultural e a construção social da identidade.

- Identidade cultural

Embora a questão da identidade cultural seja uma questão amplamente abordada na teoria social, seu conceito necessita ser mais bem compreendido e desenvolvido.

Todas as comunidades possuem peculiaridades que as distinguem umas das outras, mesmo dentro de um mesmo país. Identificamo-nos como gaúchos, cariocas, paulistas e cearenses. E também como brasileiros. As comunidades regionais e a nacionalidade nos conferem identidade; elas nos vinculam a uma cultura com características peculiares. É o caso das culturas nacionais que, no parecer de Hall,[19] "se constituem em uma das principais fontes de identidade cultural", em especial por seus componentes raciais, linguísticos, religiosos e étnicos.

A identidade cultural, no parecer de Souza, "é constituída pelo sistema de crenças, atitudes e comportamentos comuns aos membros de um grupo social em que partilham as atitudes, unicamente pelo fato de pertencerem ao mesmo grupo. Está apoiada no passado, com um ideal coletivo projetado".[20]

- A construção social da identidade

De acordo com Souza, a construção da identidade social "é um processo social, uma construção realizada a partir das dinâmicas sociais, se estabelecendo

[19] HALL, S. *A identidade cultural na pós-modernidade*. 5. ed. Rio de Janeiro: DP&A, 2001. p. 47.

[20] SOUZA, M. V. de. *Reinvenção das tradições e promoção do turismo*: estratégias diferenciadas de mercantilização da identidade cultural – os casos de Nova Petrópolis e São Francisco de Paula no Rio Grande do Sul. Tese de Doutorado – Instituto de Filosofia e Ciências Humanas, Universidade Federal do Rio Grande do Sul, Rio Grande do Sul, 2005. p. 31.

e se construindo ao longo da existência do indivíduo, por meio de relações sociais, no conjunto das instituições às quais está vinculado".[21]

A pessoa é, ao mesmo tempo, um ser individual e um ser social. Esses dois aspectos são indissociáveis e estão circunscritos a um tempo e a um espaço. Trata-se de um processo relacional. Nesse contexto, como se processa a construção da identidade social? Souza tenta responder a essa questão: "o processo de formação da identidade social deve ser analisado como um processo que se estabelece a partir das vivências do indivíduo no mundo social".[22] Em outras palavras, a identidade social resulta não apenas da transmissão das crenças e dos valores nem tampouco dos usos e dos costumes de uma geração para a outra; são componentes herdados, integrantes da construção social da identidade, como também daqueles atributos criados e desenvolvidos dentro das comunidades em que os indivíduos se inserem. Nesse sentido, Souza chama a atenção para dois processos distintos, mas imbricados, que necessitam ser levados em consideração quando se analisa a formação identitária de uma comunidade:

- "processo de atribuição": visa a definir a identidade do indivíduo, com base nos atributos que caracterizam seu pertencimento a um determinado grupo socialmente formado, como é o caso da etnia. É uma atribuição coletiva e constitui uma espécie de "etiquetagem" dos membros integrantes do grupo. É, pois, uma atribuição genérica; e
- "processo de incorporação": visa a definir a identidade do indivíduo com base em sua história, tendo como referência suas vivências. Trata-se de uma forma de construção marcada pela subjetividade. Afinal, as experiências, com suas intensidades emocionais, dizem respeito a cada indivíduo.

A existência dessas duas formas identitárias, enfatiza Souza, "pode, muitas vezes, ser discrepante, podendo a identidade atribuída pelo grupo social não coincidir com aquela constituída subjetivamente pelo próprio indivíduo".[23] Dessa dualidade conflitante entre identidade atribuída, herdada, e identidade incorporada, construída, poderá ocorrer rupturas entre o "eu" e o "nós", que, segundo a autora, "se constituem em um processo comunicacional complexo não redutível a uma 'etiquetagem' de identidade predefinidas. É estabelecida através de articulação dos dois processos que são, ao mesmo tempo, autônomos e complementares, pois não se faz identidade das pessoas sem elas, da mesma

[21] SOUZA, 2005. p. 27.

[22] SOUZA, 2005. p. 27.

[23] SOUZA, 2005. p. 29.

forma que não se pode dispensar os outros para construir a própria identidade".[24] Em outras palavras, a identidade do "eu" está imbricada com a identidade do "nós". São indissociáveis, mas não são conceitos estáticos; eles se modificam. Os indivíduos e as coletividades assumem novos paradigmas em detrimento de outros, ocasionando conflitos nas relações da identidade-eu e da identidade-nós: conflitos de consciência, de lealdade e de identidade pessoal, entre outros. Ou seja, estabelece-se a "crise de identidade".

b) Dimensões, categorias e indicadores

O processo identitário de uma comunidade nos possibilita compreender melhor o significado e a abrangência de hospitalidade. Para tanto, cabe analisar algumas dimensões, categorias e indicadores desse processo, como será visto a seguir. Nesse particular, desenvolveremos uma estrutura teórica inspirada na tese de doutorado de Magda Souza, examinando duas das dimensões desse processo, com suas respectivas categorias e seus indicadores.

Cada uma dessas dimensões, com suas respectivas categorias e indicadores, contribui para tornar possível uma melhor compreensão do significado e da abrangência da hospitalidade, lembrando que cada comunidade sofre influências e ingerências internas e externas que modificam, em alguns aspectos, sua identidade. Influências e ingerências essas que são aceleradas pelos modernos meios de comunicação.

- Dimensão 1: contexto

  O contexto é a dimensão que visa a analisar a comunidade local quanto às seguintes categorias e indicadores:

  - características físico-geográficas de uma localidade, em especial em relação ao clima, à paisagem e à localização;
  - formação histórica, em especial em relação à organização social e política;
  - desenvolvimento econômico, em especial em relação às transformações ocorridas no processo de desenvolvimento econômico; e
  - educação, em especial em relação ao sistema e às políticas educacionais.

[24] SOUZA, 2005. p. 29.

1) Categorias e indicadores relativos aos aspectos físicos e geográficos

A situação físico-geográfica é uma categoria que envolve, em especial, dois indicadores: o clima e a paisagem. Ambos contribuem para forjar uma maneira peculiar de ser e agir de uma comunidade. Ou seja, uma localidade que apresenta uma constituição física marcada por altitudes variadas, com baixas temperaturas no inverno, incluindo fortes geadas e nevascas, apresentará elementos que contribuem para definir atributos integrantes da identidade daquela comunidade.

Outro aspecto que merece atenção, para análise do processo identitário, é a localização da comunidade em relação às rotas de acesso (terrestre, fluvial, marítimo, aéreo) e aos grandes centros urbanos. Nesse particular, é interessante observar, a título de exemplo, como tem sido determinante a expansão ou o declínio de certos povoados, vilas e cidades em função dos novos traçados que se impuseram. Em alguns casos, como ocorre frequentemente no Brasil, muitos povoados de outrora, localizados ao longo das primitivas picadas ou estradas por onde trafegavam tropeiros, mascates e alguns "exploradores", sofreram um primeiro desgaste com os novos traçados das vias de acesso, que afastaram essas povoações de um contato maior com os centros urbanos. Mais tarde, com o advento das autoestradas, que exigiram outros traçados, tais localidades foram ainda mais marginalizadas. Na contramão desses processos, pequenas aglomerações surgidas ao longo das grandes rodovias, geralmente ligando grandes centros urbanos, transformaram-se rapidamente em prósperas comunidades. Ou seja, as facilidades e a qualidade dos acessos contribuíram, de maneira significativa, para impulsionar o desenvolvimento econômico. Algo semelhante pode-se dizer em relação à formação de comunidades próximas aos grandes rios. O Norte do Brasil é rico de exemplos desse tipo.

A maior ou menor visibilidade das comunidades deveu-se, em grande parte, primeiramente, aos acessos e, posteriormente, aos demais meios de comunicação. Essas facilidades têm oportunizado novos contatos, que agregaram às comunidades distintos atributos, formando um novo *mix* sociocultural que forjou novos usos e costumes. Assim, as comunidades passam de forma permanente por essa dinâmica, e essas transformações repercutem na formação de seu processo identitário e, em consequência, de seu processo de hospitalidade. O ato de receber, alojar, alimentar, entreter e despedir-se sofreram adequações, fruto da interface visitante-visitado.

2) Categorias e indicadores relativas à formação histórica

Todas as comunidade têm história para contar. Essas narrativas são marcada por desafios, lutas, adversidades, conquistas e adaptações a conjunturas econômicas, políticas e sociais. Em uma linha de tempo, observa-se que cada comunidade passou por vários e distintos momentos em sua formação sociopolítica, em especial de acordo com a influência do contexto econômico em vigor. É o caso do ciclo da borracha, da cana-de-açúcar, da madeira, do ouro, das pedras preciosas, do trigo, da soja e de tantos outros produtos de grande valor econômico registrados no processo de desenvolvimento do Brasil, cada um deles marcante na formação da maneira de ser e de agir das pessoas que integram (ou integraram) as comunidades que experimentaram essas situações.

Do estabelecimento dos primeiros moradores à formação dos povoados e das cidades existiu, pois, uma história que é marca "registrada" de cada localidade.

3) Categorias e indicadores relativos ao desenvolvimento econômico

Na análise da categoria desenvolvimento econômico, é possível observar as transformações ocorridas em cada comunidade e as adaptações que experimentou ao passar por diferentes momentos. É o caso, por exemplo, daquelas que iniciaram sua trajetória com as atividades agrícolas, migrando, depois, para a indústria (entre elas, a do coureiro-calçadista, a da confecção de malhas, a de móveis e a de metalurgia). Isso não quer dizer que uma atividade exclui a outra. Esse elenco diversificado de atividades gera novas formas de sociabilidade, bem como dá oportunidade de se agregar novos valores à cultura da comunidade, com implicações para seu processo identitário. Essas implicações são mais frequentes no mundo globalizado, uma vez que, atualmente, a velocidade das mudanças é impressionante. Diante disso, as comunidades assumem, também, com mais velocidade, novas "roupagens".

4) Categorias e indicadores relativos à educação

O sistema educacional formal constitui-se em uma importante categoria do processo identitário. A construção social da identidade de uma comunidade está intimamente relacionada à vivência escolar. Assim, as instituições e as pessoas a elas atreladas agem em conformidade com seus paradigmas, ou seja, de acordo com sua identidade exercida naquele momento e espaço, passando, dessa forma, a contribuir na construção social da identidade das crianças. Não se pode dizer que essa identidade foi escolhida. Contudo, a criança, ao longo do seu processo de sociabilização, incorporará novos paradigmas com base em sua vivência no mundo social.

- Dimensão 2: cultura e tradições

Outra importante dimensão a ser levada em consideração para identificar o perfil de uma comunidade, em especial com relação às práticas de hospitalidade, é a da tradição e cultura. Que categorias e indicadores podem ser eleitos para a análise dessa dimensão? A seguir, apontamos algumas sugestões.

– Formação étnico-cultural: trata-se de identificar os grupos étnicos presentes na formação da cultura local.

– Tradições: trata-se de identificar as tradições reconhecidas pela comunidade local.

– Manifestações da cultura: trata-se de identificar as principais manifestações culturais presentes na comunidade local: costumes, língua, crenças, religiosidade, arte, culinária.

1) Categorias e indicadores relativos à formação étnico-cultural

A formação étnico-cultural é uma importante categoria para compreender melhor a maneira de ser e de agir de determinada comunidade. As comunidades formaram-se, em sua maioria, a partir de determinados grupos étnicos, como portugueses, alemãs, italianos etc. Essas origens determinaram um *modus vivendi* peculiar. É o caso, por exemplo, de Nova Petrópolis e Antônio Prado, no Rio Grande do Sul. A primeira de origem germânica e a segunda, italiana. A população dessas duas cidades, hoje em dia, ainda fala os idiomas "natais", alemão e o italiano, com naturalidade e cultiva as tradições com grande fervor. Isso ocorreu em grande parte devido à localização geográfica das cidades, distante dos contatos com outras populações, em especial dos grandes centros urbanos. O mesmo fenômeno não se repetiu em Novo Hamburgo e em São Leopoldo, cidades de imigração alemã, próximas a Porto Alegre.

Além dos exemplos já mencionados, muitos outros poderiam ser aqui expostos, todos marcados fortemente por grupos étnicos que, com o passar dos anos e o crescimento dos povoados, incorporaram novos grupos étnicos, dando novo formato à identidade social das comunidades. Fica evidente que o processo identitário é dinâmico. Em uma linha de tempo, é possível "fotografar" aspectos dessas identidades, destacados por alguns atributos peculiares a cada uma delas.

2) Categorias e indicadores relativos às tradições

A globalização mexeu com as tradições das comunidades regionais e nacionais? É claro que sim. Muitos são os exemplos que poderiam ser mencionados para reforçar essa afirmativa. O casamento e a família são dois deles que, como diz Giddens, "estão sofrendo mudanças profundas nos países industrializados e, em certa medida, no mundo todo".[25] Os usos e os costumes das diferentes comunidades espraiadas pelo mundo estão passando por transformações significativas, estão incorporando novas maneiras de ser e de agir, seja pelo fruto da convivência direta com pessoas que estão viajando cada vez mais para os locais mais distintos, seja pelos avanços dos meios de comunicação que colocam dentro dos lares outras maneiras de se viver e de ver o contexto que nos cerca. Portanto, "a ideia de que a tradição é impermeável à mudança é um mito. As tradições evoluem ao longo do tempo, mas podem também ser alteradas ou transformadas de maneira bastante repentina".[26] Ou seja, elas podem ser inventadas e reinventadas. Isso tem acontecido mesmo com as tradições religiosas, especialmente em relação a certos ritos e rituais. Nesse aspecto, em certas religiões, houve profundas mudanças nesses últimos tempos. Portanto, como diz Giddens, "uma tradição completamente pura é algo que não existe".[27]

Giddens chama atenção para alguns aspectos sobre o que se considera tradição nos dias de hoje. Dois deles afloram: um diz respeito à linha de tempo, verificando-se que muitas tradições são mais recentes do que se pensa; o outro aspecto diz respeito aos interesses explícitos ou velados no fomento de determinadas tradições, como interesses políticos e econômicos. Assim, "muito do que supomos tradicional, e imerso nas brumas do tempo, é na verdade um produto no máximo dos últimos dois séculos, e com frequência é ainda mais recente".[28] O autor afirma ainda que a noção de tradição não existia nos tempos medievais, até porque estava presente em toda a parte. Ela é, pois, uma *invenção* da modernidade. Contudo, isso não quer dizer que essas invenções não possam ser também consideradas tradições. Ou seja, "é simplesmente errôneo, porém, supor que, para ser tradicional, um dado conjunto de símbolos ou práticas precisa ter existido por séculos".[29] Uma vez que determinados acontecimentos ou maneiras de se fazer determinadas coisas ganham em ritualidade e repetição, elas passam

[25] GIDDENS, A. *Mundo em descontrole*. Rio de Janeiro: Record, 2000. p. 37-38.

[26] GIDDENS, 2000. p. 51.

[27] GIDDENS, 2000. p. 51.

[28] GIDDENS, 2000. p. 48.

[29] GIDDENS, 2000. p. 51.

a fazer parte da tradição, repercutindo em várias dimensões da vida comunitária dos cidadãos, inclusive na maneira de receber, de hospedar, de alimentar e de entreter as visitas ou hóspedes, ou seja nos vários domínios do processo da hospitalidade.

A maioria das povoações e das cidades brasileiras não passa de algumas décadas de existência. Algumas poucas ultrapassam centenas de anos. As tradições presentes nessas comunidades são, portanto, aquelas oriundas principalmente dos países de origem da população e estiveram fortemente presentes no dia a dia das comunidades. São tradições que se mantiveram vivas e por longo período, em especial devido ao isolamento em que se encontravam essas comunidades. Isso continuou ocorrendo mesmo com a melhoria das estradas, que facilitou o intercâmbio com outras comunidades e o progresso dos meios de comunicação. Houve, de fato, um grande zelo para a conservação das tradições por parte de grupos organizados, o mesmo ocorre na atualidade. Essa característica é marcante no processo identitário da comunidade.

- Categorias e indicadores relativos às manifestações da cultura

Ao analisar a dimensão tradição e cultura com o objetivo de identificar o processo identitário das comunidades, conforme já mencionamos, a categoria manifestações da cultura é um grande propulsor, pois nos permite captar a complexa rede de significados que permeiam os valores, as crenças, as práticas e os sentimentos dos atores sociais locais. Com certa facilidade, é possível constatar que alguns valores presentes nas culturas, sejam eles conscientes ou não, afloram e são bem apreciados pelos moradores locais, dentre os quais cabe destacar: convivência, respeito, tolerância, generosidade, solidariedade e cortesia, entre outros. Todos estes valores, diz Boff, "lentamente vão se firmando e constituindo a convergência coletiva da história globalizada da humanidade".[30] Passam a ser valores universais, indispensáveis para o diálogo entre a família humana. Diálogo nem sempre fácil de ser realizado devido à grande diversidade cultural, própria das diferentes comunidades. "No diálogo intercultural aparecem os muitos caminhos de construção da identidade, as várias maneiras de dialogar com a natureza, de nomear o divino e o Sagrado, de rezar, de festejar, de fazer arte e música."[31] Ou seja, cada cultura possui suas peculiaridades, que mostram modos diferentes de sermos humanos e caracterizam uma determinada comunidade, inclusive no que diz respeito ao processo da hospitalidade.

---

[30] BOFF, 2005. p. 169.

[31] BOFF, 2005. p. 169.

A categoria manifestações da cultura local pode ser avaliada por meio dos seguintes indicadores:

– idiomas: as pessoas se comunicam em especial por meio do idioma. Por isso, ele é uma das expressões marcantes da cultura. Ele permite, em muitas localidades, compreender melhor as manifestações folclóricas – canções e danças – praticadas pela comunidade. Nova Petrópolis e Antônio Prado, no Rio Grande do Sul, são bons exemplos nesse particular, por serem comunidades fortemente marcadas, ainda na atualidade, pelo idioma alemão e italiano. Nessas comunidades, quem não falar os idiomas natais "são estranhas no ninho". Existe um forte interesse em preservar o idioma, um dos componentes fundamentais da cultura local, presente nos fundadores daquelas comunidades;

– música: a música é uma manifestação cultural presente em diversos momentos da vida das comunidades, em especial nas festas populares e nas igrejas. Os programas das rádios locais também contribuíram para manter vivas as músicas típicas. Para tanto, basta sintonizar algumas delas, ainda presentes nessas comunidades; e

– culinária: a identidade social de uma comunidade pode ser caracterizada por sua cultura gastronômica, marcada por inúmeros atributos e contextos, entre os quais cabe citar as artes culinárias. Franco afirma que "encontramos nas culinárias os vestígios das trocas culturais entre os povos. As cozinhas são produtos de miscigenação cultural".[32] A história da alimentação é rica em exemplos nessa direção. Segundo Carneiro, isso é "mais do que a história dos alimentos, de sua produção, distribuição, preparo e consumo. O que se come é tão importante quanto quando se come, onde se come, como se come e com quem se come".[33] Ou seja, a hospitalidade, como diz Selwyn, deriva do ato de dar, receber e retribuir.[34] Nesse caso, a essência da hospitalidade reside na troca, na partilha e no compartilhar. O que é trocado? Quais são os objetos, as coisas que mais entraram em pauta quando se fala das trocas? Que valor representa, para os membros da comunidade, aquilo que é trocado? A partilha dos alimentos e do alojamento tem marcado significativamente a história dos homens, a tal ponto que é possível afirmar que, se isso

---

[32] FRANCO, A. *De caçador a gourmet*: uma história da gastronomia. São Paulo: Senac, 2001. p. 249.

[33] CARNEIRO, H. *Comida e sociedade*: uma história da alimentação. Rio de Janeiro: Campus, 2003. p. 2.

[34] SELWYN, T. Uma antropologia da hospitalidade. In: LASHLEY, C.; MORRISON, A. *Em busca da hospitalidade*: perspectivas para um mundo globalizado. Barueri: Manole, 2004. p. 37.

não tivesse ocorrido, a espécie humana não teria sobrevivido. A partilha dos alimentos e do alojamento foram momentos ímpares para a prática da sociabilidade e da convivibilidade. Passaram, inclusive, a definir a identidade de um grupo. Certas comunidades podem comer determinados alimentos, mas não outros. Na medida em que isso for praticado pelo anfitrião e pelo hóspede, legitima-se e afirma-se uma identidade comum. Cabe enfatizar que o conceito de troca, integrante do conceito de hospitalidade, é bem mais abrangente do que a simples permuta de alimentos, bebidas e alojamento. Trata-se também, por parte do anfitrião, da partilha de seus espaços físicos, de seu entretenimento e, em especial, de seu comprometimento com a segurança do hóspede. Nada, absolutamente nada, poderia acontecer de mal a um hóspede enquanto estivesse sob os cuidados do anfitrião. Era uma questão de honra, de *status*, de cidadania e de temor ao castigo dos deuses.

A sociedade atual vive momentos de grandes mudanças em seus hábitos alimentares, consequência das profundas transformações na vida da família e da sociedade em geral. Será que na era atual, marcada pelo *fast-food*, ainda existe espaço para a sociabilidade e a boa convivência no momento da refeição? Franco[35] propõe uma resposta a essa questão, citando:

- a desritualização da refeição;
- o atendimento da clientela com um mínimo de comunicação verbal, com fórmulas despersonalizadas e estereotipadas;
- a desumanização das relações entre os membros do *staff* e destes com a clientela. Nas empresas *Mcdonaldizadas*, há pouca oportunidade para a expressão de emoções;
- o esvaziamento da refeição de seus elementos de ritual de comunicação e intercâmbio humano, transformando-se esta em mera operação de reabastecimento;
- a generalização paulatina de refeições domésticas calcadas no modelo *fast-food*, até mesmo em ocasiões festivas; e
- a substituição dos tradicionais utensílios de mesa por equivalentes descartáveis.

Parece que, na época contemporânea, o tempo para se acolher pessoas e para desfrutar com elas momentos agradáveis reduziu-se consideravelmente.

---

[35] FRANCO, 2001.

6.1.11 Significado simbólico

O significado de hospitalidade, em seu sentido mais amplo, pode ser analisado, também, por meio da dimensão simbólica. Isso sugere a necessidade de um aprofundamento no campo dos conteúdos simbólicos, ou seja, uma análise mais profunda de possíveis imagens da hospitalidade. O que representava no imaginário dos romanos, da Roma Antiga, a *tessera hospitalis*? E o que dizer da pluralidade de simbologia da qual a hospitalidade recorreu para se representar? Que conteúdos simbólicos estão representados nos presentes que oferecemos às pessoas que nos são queridas por ocasião de eventos comemorativos, como aniversários e casamentos?

Nesse sentido, para referendar os questionamentos, vamos analisar a simbologia de alguns elementos.

a) O sal

O sal, em sua simbologia genérica, tem significados diversos:

- para os hebreus e judeus, é o símbolo da amizade, da eterna aliança de Deus com Israel;
- na prática do judaísmo, mergulhar o pão no sal é uma forma de simbolizar a manutenção do pacto entre Deus e seu povo;
- para os gregos, é utilizado nas oferendas religiosas; e
- para os romanos, serve para despertar a sabedoria no recém-nascido.

A hospitalidade valeu-se do sal como um de seus principais símbolos. Assim como o sal possui a capacidade de preservar os alimentos, ele, simbolicamente, preserva a amizade, a lealdade e os relacionamentos.

b) A tamareira

A tamareira, árvore típica do mundo árabe, simboliza a união entre o céu e a terra. Sua presença junto às casas é sinal de hospitalidade.

c) O umbu

O umbu, árvore típica da flora brasileira, está associado à hospitalidade por sua constituição frondosa, capaz de abrigar os transeuntes.

Para compreender melhor esse olhar da hospitalidade ora em análise, é possível, também, buscar sinalizações mediante a seguinte questão: se a hospitalidade fosse um animal, qual seria? É bem provável que um bom número de respostas indicasse o cachorro. Isso porque o cachorro é tido como um grande amigo do homem, como seu fiel guardião e como guia. Essa dimensão pode ser percebida em uma visita ao cemitério dos cachorros, nos arredores de Paris, para ver os majestosos monumentos erguidos aos animais e as mensagens a eles dedicadas. Uma análise mais criteriosa desses monumentos e declarações permite descrever muitas e interessantes histórias que evidenciam uma grande cumplicidade entre o homem e o cão. Essa cumplicidade, historicamente, remete à interessante narrativa de Homero quando, numa passagem da *Odisseia*, ele descreve que seu personagem Ulisses, ao retornar a sua terra disfarçado de mendigo e todo maltrapilho, após anos de ausência, é reconhecido por Argos, seu cão.

De fato, existe uma riqueza de simbologia nos saberes e formas de convivência das diferentes culturas. Na pluralidade de versões, vamos encontrar o anel simbolizando a aliança; o arco-íris traduzindo a aliança entre Deus e o homem; o azeite como símbolo da paz; a balança representando a justiça; a colmeia caracterizando a solidariedade; o coração associado ao amor e à fidelidade; e o pão retratando a hospitalidade.

6.1.12 Domínios da hospitalidade

A oferta da hospitalidade abrange, predominantemente, segundo Lashley, três grandes domínios da convivência humana, como indica a Figura 6.3.

- Hospitalidade privada (doméstica): considera, em especial, os impactos oriundos dos relacionamentos anfitrião-hóspede, no âmbito doméstico.
- Hospitalidade social (pública): considera "os cenários sociais em que a hospitalidade e os atos ligados à condição de hospitalidade ocorrem junto com os impactos de forças sociais sobre a produção de alimentos, bebidas e acomodação".[36]
- Hospitalidade comercial (profissional): considera a hospitalidade como atividade econômica.

[36] LASHLEY, C.; MORRISON, A. *Em busca da hospitalidade*: perspectivas para um mundo globalizado. Barueri: Manole, 2004. p. 5.

Figura 6.3 – Domínios da hospitalidade.

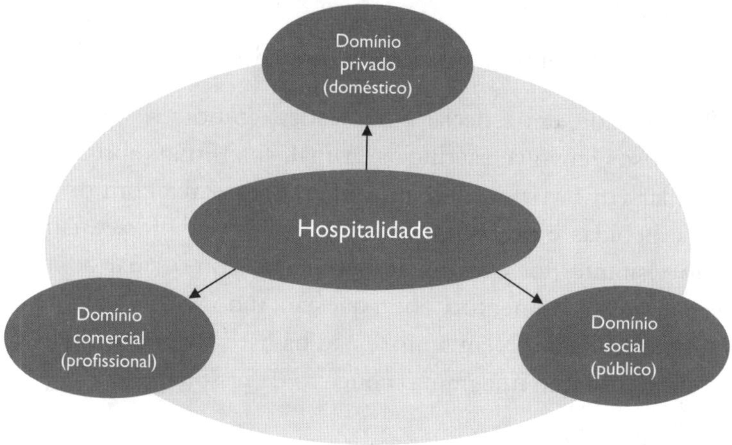

6.1.12.1 Hospitalidade no domínio privado (doméstico)

Trata-se da hospitalidade praticada no ambiente doméstico, no interior dos lares, ocasião em que se oferecem alimentos e bebidas e, ocasionalmente, acomodação para pessoas que não são membros regulares da casa, ou seja, para parentes, conhecidos e amigos. Lashley afirma que "a oferta de alimentos, bebidas e acomodação representa um ato de amizade, cria laços simbólicos e vínculos entre as pessoas envolvidas na partilha da hospitalidade".[37]

No ambiente da hospitalidade doméstica, a tríade **dar-receber-retribuir** está intimamente conectada ao conceito de hospitalidade. No dia a dia de uma comunidade é possível observar inúmeros exemplos que ilustram isso, como as visitas, as festas de casamento, de aniversário e de tantas outras em que as pessoas convidadas se sentem na obrigação de retribuir o gesto. Essas práticas contribuem para fortalecer os relacionamentos dos integrantes do grupo. Quando essas práticas são violadas, gera-se a hostilidade, o oposto da hospitalidade. Quais são os atributos que caracterizam, genuinamente, o perfil de uma pessoa hospitaleira no domínio privado? São várias, e aqui destacaremos algumas:

---

[37] LASHLEY, 2004. p. 15.

- gostar de receber pessoas em sua casa, com frequência;
- saber criar uma ambiente agradável entre os convidados, tornando-os felizes; e
- zelar pelo bem-estar de cada convidado.

A hospitalidade, em especial a doméstica, embora seja marcada por momentos prazerosos, envolve sacrifícios. Afinal, o anfitrião abre mão do espaço físico de seu lar em favor do visitante. Além disso, arca com os gastos de alimentação, de bebidas e de entretenimento. Por vezes, oferece também alguns "mimos" ao visitante por ocasião da despedida, como sinal de amizade e de perpetuação do relacionamento. Cabe a questão: tudo isso é feito meramente por altruísmo e generosidade? Nem tanto, e não há nada de errado nisso. O desejo e o interesse de retribuição integram o conceito da hospitalidade.

Na dimensão doméstica:

- o local onde se processa a hospitalidade é numa casa particular, num lar;
- a hospitalidade não é paga ou vendida, ela é gratuita, dada; e
- os hóspedes são convidados ou escolhidos.

A hospitalidade, no domínio doméstico, empresta significados de familiaridade e de familiarização aos hóspedes ou convidados, estreitando-se o elo social e a dinâmica de grupo social, traduzidos em gestos carregados de afetividade e de atenção.

A hospitalidade, mesmo no âmbito doméstico, sofre as influências das diferentes culturas locais, propiciando formas diversas de receber, hospedar, alimentar, entreter e despedir-se. Em cada país ou região encontram-se aspectos que lhe são peculiares. A Figura 6.4 pode auxiliar a compreender melhor os diversos componentes culturais que integram o domínio da hospitalidade doméstica.

Figura 6.4 – Domínio privado (doméstico) da hospitalidade.

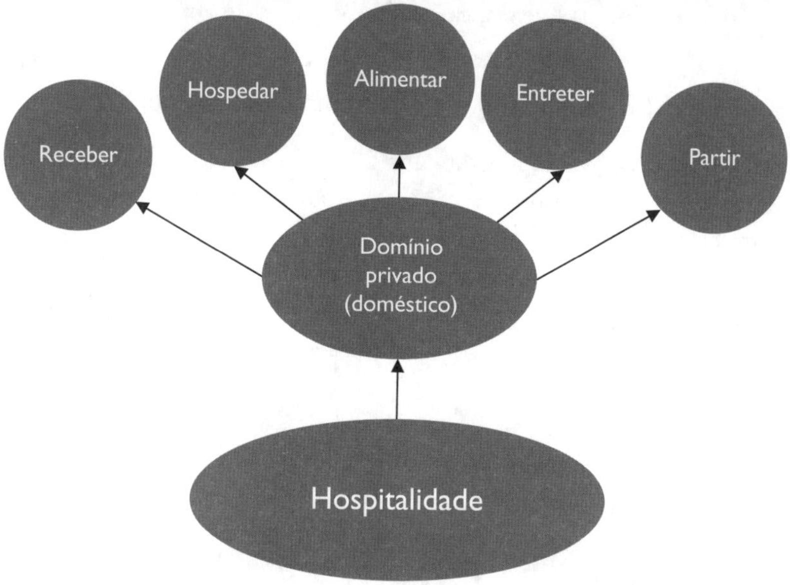

A hospitalidade doméstica, como indica a Figura 6.4, na abrangência de seu eixo cultural e categoria, compreende processos de:

- receber: implica um somatório de gestos e procedimentos (etiqueta) capazes de garantir a inserção do convidado ou hóspede no acolhimento e na familiarização a um núcleo familiar específico;
- hospedar: significa dar abrigo e segurança ao hóspede ou convidado, assegurando o "sentir-se em casa" e a relativa privacidade e, concomitantemente, possibilita solução de continuidade à vida doméstica;
- alimentar: significa disponibilizar o acesso e o compartilhamento das refeições com iguarias típicas do núcleo familiar, alterando, eventualmente, as rotinas domésticas;
- entreter: implica uma atenção permanente ao hóspede ou convidado que se estende desde a conversação e a comunicação informal até o cuidado no compartilhamento de aspectos lúdicos e festas familiares; e

- partir, ou seja, trata-se de referendar e assegurar um encantamento de uma despedida e estabelecer a abertura para um reencontro enriquecido, muitas vezes, por manifestações de amizades.

6.1.12.2 Hospitalidade no domínio social (público)

Trata-se da hospitalidade praticada no ambiente social, no domínio público, como mostra a Figura 6.5. É a ocasião em que se patrocinam e se emprestam significados de acolhimento, de cidadania, de sociabilidade e de proteção aos visitantes, estreitando-se o elo social e a dinâmica de grupo social, o que se traduz em gestos carregados de respeito e consideração à diversidade étnica e cultural, e contribui para a criação de laços e vínculos na partilha da hospitalidade.

Figura 6.5 – Domínio público.

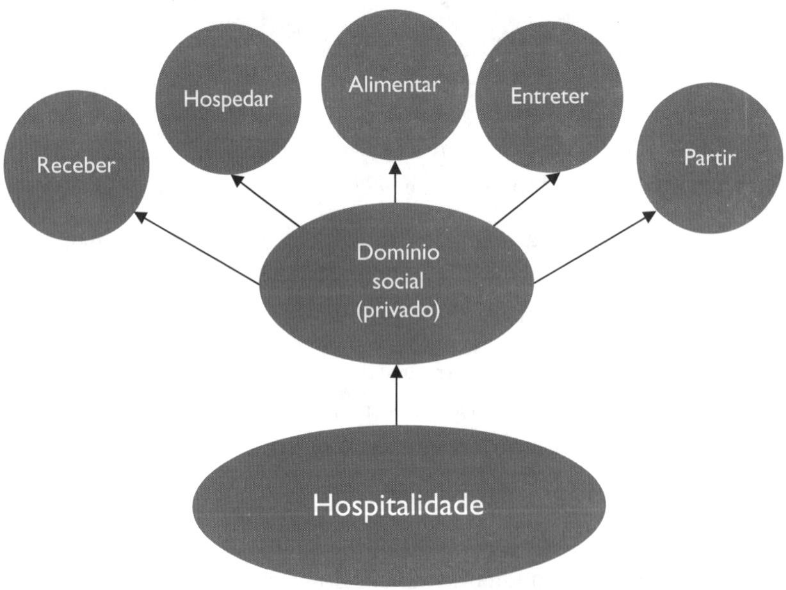

A hospitalidade social e de domínio público, na abrangência de seu eixo cultural e categoria, também compreende alguns processos:

- receber: implica assegurar ao visitante o direito de ir e vir, e disponibiliza espaços físicos adequados e pertinentes, bem como multimeios capazes de sinalizar o respeito e o acolhimento em relação ao visitante, com o objetivo de facilitar a convivência social. São gestos de bem receber: pórticos, *outdoors*, sinalização viária, dos pontos turísticos;

- hospedar: implica disponibilizar meios de hospedagem capazes de assegurar alternativas de abrigo, conforto, segurança e bem-estar ao visitante. São gestos de bem hospedar: centros de informação, albergues, hotéis, terminais de transporte;
- alimentar: implica disponibilizar um suporte e um aporte logístico de meios alternativos de alimentação, nutrição e culinária, tanto típica quanto universal;
- entreter: implica disponibilizar espaços públicos, como parques, praças e áreas livres, para a prática de atividades de lazer e a realização de eventos culturais e esportivos; e
- partir: implica referendar e assegurar a emoção do encantamento de uma despedida, por vezes enriquecida por manifestações de amizade, em casos especiais, até mesmo de condecorações, bem como a abertura e a possibilidade de um breve retorno por parte do visitante;

6.1.12.3 Hospitalidade no domínio comercial (profissional)

A hospitalidade praticada, na atualidade, dentro de modernas estruturas hoteleiras e gastronômicas, graças, em especial, ao incremento do mundo dos negócios e do turismo, possui vínculos históricos que se perdem no tempo, como bem destaca Walton ao dizer que: "a atividade comercial associada à hospitalidade é tão antiga quanto o comércio, a migração e a peregrinação...".[38] Nessa caminhada, é possível perceber a apropriação de alguns significados que compõem o conceito de lar por parte do que se convencionou chamar de hotéis.

Com a expansão dos negócios, das atividades culturais e das viagens a lazer, registradas, em especial, a partir do século XX, a hospitalidade como atividade comercial, destacam Lockwood e Jones, "se desenvolveu em uma indústria altamente diversificada, abarcando todas as operações comerciais que propor-

[38] WALTON, J. K. O negócio da hospitalidade: uma história social. In: LASHLEY, C.; MORRISON, A. *Em busca da hospitalidade*: perspectivas para um mundo globalizado. Barueri: Manole, 2004. p. 80.

cionavam aos seus clientes qualquer combinação dos três serviços nucleares relativos à comida, bebida e acomodação".[39]

A hospitalidade, no domínio comercial, ao contrário do que acontece no domínio doméstico, apresenta as seguintes características:

- o local não é o lar;
- ela é paga; e
- os convidados não são escolhidos.

A respeito da questão do pagamento e do lucro, Lashley nos lembra de que "a oferta de hospitalidade comercial depende da reciprocidade com base na troca monetária e nos limites da concessão de satisfação aos hóspedes que, no fim, causam impacto sobre a natureza da conduta hospitaleira e da experiência da hospitalidade".[40] Nesse cenário, a hospitalidade situa-se num patamar de pouca reciprocidade e obrigação mútua. Ou seja, por um lado quem oferece a hospitalidade comercial o faz, na justa medida, com o intuito de agradar o hóspede e, até mesmo, fidelizá-lo, visando à obtenção do retorno financeiro esperado. Por outro lado, o hóspede que, ao pagar pela hospitalidade recebida, não assume maiores compromissos de reciprocidade. Assim, "a troca financeira isenta o hóspede da obrigação mútua e de lealdade".[41]

Em relação à questão do pagamento e do lucro resultante do exercício da hospitalidade no domínio comercial, assunto que tem suscitado controvérsias, cabe algumas reflexões. Afinal, nesse contexto, o conceito de hospitalidade ainda subsiste? Ele não está sendo aviltado? A propósito, Telfer acredita que "se um hospedeiro comercial atende bem aos seus hóspedes, com um interesse autêntico por sua felicidade, cobrando um preço razoável não extorsivo por quilo que oferece, suas atividades poderão ser chamadas de hospitaleiras".[42] Portanto, nesse caso, afirma a autora, "o hospedeiro presta um serviço generoso, não mínimo, porque deseja agradar os hóspedes; os hóspedes pagam não a hospitalidade, mas através de uma soma de dinheiro, considerada equivalente a um bom negócio, e base para relações amigáveis

---

39 LOCKWOOD, A.; JONES, P. Administração das operações de hospitalidade. In: LASHLEY, C.; MORRISON, A. *Em busca da hospitalidade*: perspectivas para um mundo globalizado. Barueri: Manole, 2004. p. 227.

40 LASHLEY, 2004. p. 19.

41 LASHLEY, 2004. p. 19.

42 TELFER, E. A filosofia da "hospitalidade". In: LASHLEY, C.; MORRISON, A., 2004. p. 63.

entre o hospedeiro e o hóspede".[43] Nesse caso, parece que o espírito da hospitalidade está presente.

Desde os primórdios da humanidade, quando se estabeleceu o primeiro elo social, ou seja, as primeiras interações entre os homens, originou-se também a ideia da troca, da partilha, do dar, do receber e do retribuir. Nascia, com isso, a ideia de alguma forma de "pagamento" que, ao longo da história, assumiu configurações diversas, culminando com as práticas atuais, em que a retribuição é feita em dinheiro. Oferecer hospitalidade por um dever de caridade, por acreditar que o viajante poderia ser uma divindade disfarçada, por prazer, por vaidade, por moedas, são formas diversas de recompensas, do "toma lá, dá cá". Enfim, de formas de "pagamentos", inclusive monetários.

Na atualidade, quando um viajante se dirige a um hotel, por exemplo, ele já sabe, por haver consenso a respeito, em que consiste o processo de hospitalidade e quanto necessita pagar para usufruir dos bens e dos serviços ofertados. Na medida em que, ao longo de todo o processo de ingresso, estada e saída do estabelecimento, todos os colaboradores agirem com atitude hospitaleira, então existiu hospitalidade. Ou seja, se os colaboradores do hotel atenderem os hóspedes com cortesia, amabilidade e presteza, visando a proporcionar-lhes uma estada maravilhosa, eles estão agindo como bons hospitaleiros, mesmo que estejam ganhando para prestar os serviços pertinentes e os hóspedes estejam pagando por eles. Isso porque, nessa troca motivada por razões monetárias, está presente a satisfação das necessidades fisiológicas, de segurança, sociais, de autoestima e de autorrealização, necessidades essenciais da espécie humana. Cabe destacar que essas considerações são compreensíveis e aceitas no contexto da sociedade contemporânea.

A hospitalidade comercial e de domínio profissional, na abrangência de seu eixo cultural e categoria (Figura 6.6), compreende alguns passos:

---

43 TELFER, 2004. p. 63.

Figura 6.6 – Domínio da hospitalidade comercial.

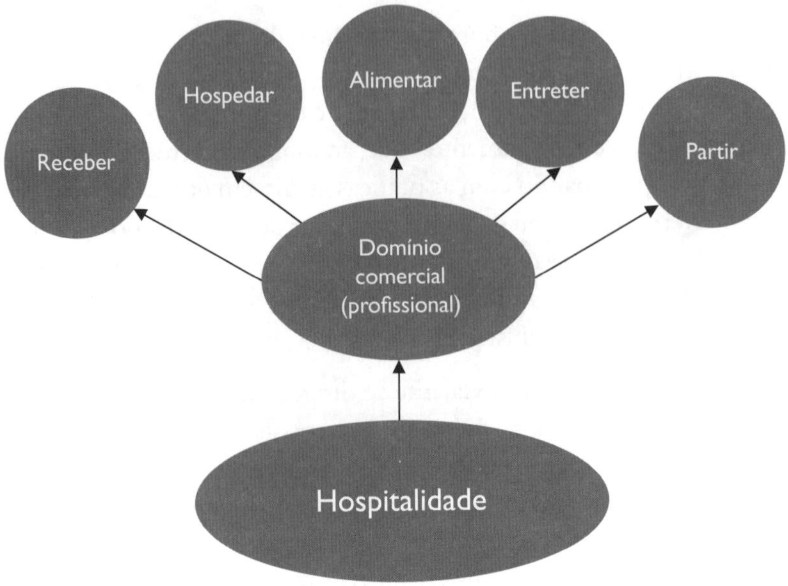

- receber: implica a oferta de serviços de acolhimento executados, em especial, para o caso de hotéis, por profissionais encarregados das reservas e recepção;
- hospedar: implica a oferta de alojamento para pernoites (hotéis) ou na estada para refeições (restaurantes);
- alimentar: implica na ampla e variada oferta de alimentos e bebidas, em espaços físicos apropriados e contextualizados;
- entreter: implica a inserção do hóspede, por meio de práticas de lazer; e
- partir: implica referendar a emoção e a vivência da satisfação de um atendimento profissional dispensado e em assegurar a possibilidade do encantamento e a fidelização do visitante ou turista;

Para cada tipo de oferta (domínio) da hospitalidade, é necessário o aparelhamento adequado quanto aos aspectos físicos, operacionais e de atendimento. O hotel, por exemplo, para poder operacionalizar os atos de receber, hospedar, alimentar, entreter e partir – componentes do processo de hospitalidade –, no domínio comercial, necessita criar vários setores, indicados pela Figura 6.7, com os seus devidos procedimentos operacionais padrão.

Figura 6.7 – Estrutura operacional do hotel.

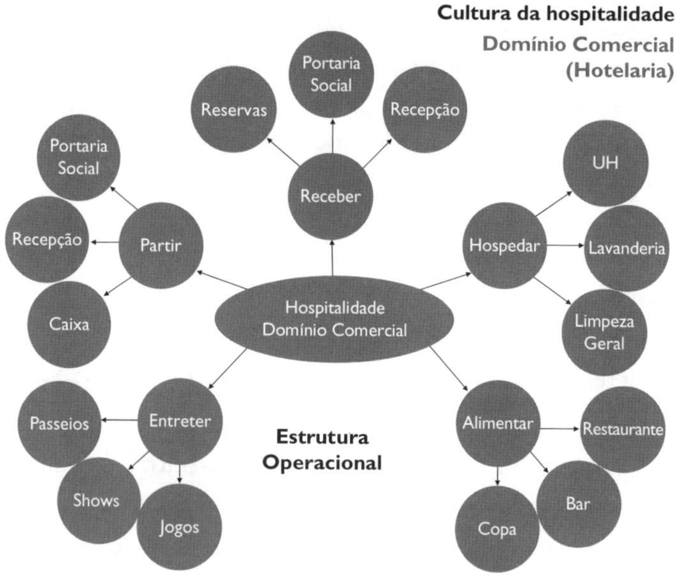

6.2 Conceitos

A formulação de uma definição ou de um conceito, seja ele qual for, sempre envolve longas discussões. Não poderia ser diferente ao se tratar da hospitalidade, que, de acordo com Cruz, "envolve um amplo conjunto de estruturas, serviços e atitudes que, intrinsecamente relacionados, proporcionam bem-estar ao hóspede".[44] Explorar a abrangência e a profundidade desse tema, que permeia o objeto de várias ciências é, ainda, um desafio a ser empreendido por estudiosos do assunto.

Aristóteles concebe e realça a hospitalidade como uma das mais importantes virtudes da sabedoria humana, devendo ser, portanto, praticada com equilíbrio, como acontece com todas as virtudes. A hospitalidade é associada à amizade e à generosidade, e, por sua vez, a prática das boas maneiras contribui para exteriorizá-la. Na concepção de Platão, a hospitalidade é o primeiro dos deveres de todos os cidadãos, um dever sagrado, e seu desrespeito merece o castigo divino.

44 CRUZ, R. C. A. Hospitalidade turística e fenômeno urbano no Brasil: considerações gerais. In: DIAS, C. M. M. *Hospitalidade, reflexões e perspectivas*. São Paulo: Manole, 2002. p. 39.

Brotherton e Wood apresentam algumas definições de hospitalidade. Destacamos as seguintes:[45]

- "o método de produção pelo qual as necessidades do hóspede são satisfeitas ao máximo, significando a oferta de bens e serviços em quantidade e qualidade desejada pelo hóspede e a um preço que seja aceitável para ele, de modo que sinta que o produto vale quanto custa" (definição de Tideman);
- "a oferta de alimentos, bebidas e alojamento, ou, em outras palavras, a oferta dos itens básicos necessários para as pessoas longe de casa" (definição de Pfeifer); e
- "uma mistura harmoniosa de comida, bebida e/ou abrigo, um ambiente físico, bem como o comportamento e a atitude das pessoas envolvidas" (definição de Cassee e Reuland).

O que dizer a respeito dessas definições e de outras semelhantes? No entender de Brotherton e Wood, essas definições não são as mais adequadas:[46]

- por serem muito genéricas, sendo capazes de descrever quase todas as atividades econômicas, menos a natureza da hospitalidade; e
- por tentarem associar a hospitalidade a sua indústria, limitando sua definição a dimensões econômicas, comerciais e industriais.

Brotherton nos apresenta a seguinte definição de hospitalidade:

> Uma troca humana contemporânea, assumida voluntariamente e concebida para aumentar o bem-estar mútuo das partes envolvidas mediante oferta de acomodação e/ou alimento e/ou bebida.[47]

A respeito desse enunciado, destacam-se os seguintes aspectos:

- evidencia um entendimento genérico da hospitalidade, vista como um fenômeno social, evitando definições específicas ou focadas, muito utilizadas em abordagens comerciais;
- ela diferencia a hospitalidade de outras formas de troca humana. Ou seja, ela baseia-se na permuta de determinados bens e serviços; bem como caracteriza-se por ser contemporânea, ser uma atividade

---

[45] BROTHERTON, B.; WOOD, R. C. *Hospitalidade e administração da hospitalidade*. In: LASHLEY, C.; MORRISON, A., 2004. p. 194-195.

[46] BROTHERTON; WOOD, p. 194-198.

[47] BROTHERTON; WOOD, p. 202.

assumida voluntariamente pelas partes envolvidas, e envolver mutualidade, beneficiando, pois, todas as partes; e

- o termo "acomodação" possui um significado mais amplo, não se limitando ao domínio comercial; e pode se referir a locais domésticos e comerciais, internos e externos, fechados e "ao ar livre".

Gotmann[48] salienta a dimensão da hospitalidade como espaço disponibilizado para o outro, e que passa a ser elemento constitutivo desse novo contexto de convivência. Trata-se de espaço disponibilizado, independentemente de o outro ser um estrangeiro ou alguém familiar, proveniente de perto ou de longe. O autor afirma, ainda, que a hospitalidade pode ser definida como uma ação de mutualidade, que permite aos indivíduos e às famílias de lugares diferentes constituírem-se em sociedade, provendo alojamento e prestando serviços.

Desde Aristóteles e Platão até nossos dias, poder-se-iam elencar inúmeros conceitos sobre hospitalidade. Escolheu-se o conceito proposto por Gouirand:

> O acolhimento é um ato voluntário que introduz um recém- chegado, ou um estranho, em uma comunidade ou em um território, que o transforma em integrante desta comunidade ou em habitante legítimo deste território e que, a esse título, o autoriza a beneficiar-se de todas, ou parte, as prerrogativas que se relacionam com o seu novo status, provisório ou definitivo.[49]

Dessa definição destacam-se três componentes essenciais.

- A hospitalidade como um ato voluntário

Receber alguém significa *ir ao seu encontro, estender as mãos,* demonstrar a alegria e o prazer em receber alguém. Significa ainda acolher e ocupar-se constantemente do visitante, fazendo-o sentir-se bem. Todos esses significados traduzem ações que dependem da vontade humana. Ou seja, a hospitalidade é uma atividade assumida voluntariamente pelas partes envolvidas. Significa, pois, a vontade política de ir ao encontro de alguém com uma atitude hospitaleira.

- A hospitalidade como um ato de inclusão

Trata-se de um rito de passagem. Levar alguém para dentro de casa, para dentro de um hotel ou de qualquer outro estabelecimento é dar-lhe a passagem

---

[48] GOTMANN, A. *Le sens de l'hospitalité.* Paris: Presses Universitaires de France, 2001.

[49] GOUIRAND, P. *L'accueil hôtelier.* Paris: Editions BPI, 1994. p. 180.

de alguém do exterior para o interior. Ao ser acolhida, a pessoa ganha um novo *status*: ela passa a ser hóspede. Sem essa formalidade de acolhimento, ela seria considerada uma intrusa. É o que acontece ao se efetivar o *check-in*, ato que formalmente indica que a pessoa foi acolhida, passando a integrar a comunidade daquele hotel e, em decorrência, garantindo seus direitos e deveres de hóspede. Sem essa formalidade, ele seria considerado um intruso no hotel. O mesmo se pode dizer de um estrangeiro que chega para visitar um país. Ele somente passa a ser considerado turista depois de ter preenchido as formalidades legais; caso contrário, estaria ilegalmente no país. Tanto no hotel quanto no país, a pessoa somente integra a comunidade ou o território se o procedimento da acolhida obedeceu aos trâmites legais. Nesse caso, torna-se um *hospes* (hóspede) e não um *hostis* (inimigo). Mesmo assim, o hóspede não deixa de se sentir *um estranho no ninho*.

- A hospitalidade como fator integrador do recém-chegado na comunidade

Trata-se da integração na comunidade e deve ocorrer na comunidade familiar, na comunidade comercial ou pública. O viajante ou visitante, ao ser conduzido para dentro de casa, para dentro de um hotel, de um restaurante, de uma cidade e de um país, transforma-se em integrante dessa comunidade e, sob esse título, está autorizado a beneficiar-se das prerrogativas que se relacionam a seu novo *status*, provisório ou definitivo. Essa integração com a comunidade envolve mutualidade e reciprocidade, beneficiando, portanto, todas as partes. Ou seja, respeitar o jeito diferente de ser do recém-chegado já é uma boa forma de integração, um bom exercício para essa prática. O mesmo se pode dizer da integração no âmbito pessoal, embora nem sempre seja um contexto fácil para que essa tarefa logre êxito. Afinal, ceder um *espaço* dentro de nós para o *estrangeiro*, esse *outro* que nos causa estranheza e possui jeitos tão diferentes de ser, exige-nos uma profunda compreensão do significado de hospitalidade.

O conceito de hospitalidade, com o passar do tempo, sofreu um processo de *dessacralização*, tornando-se um negócio rentável na sociedade contemporânea. Com esse movimento, pouco restou daquela *virtude* altamente apreciada no passado, como será focado, mais adiante, com o grande incremento da hotelaria.

O processo da hospitalidade, portanto, cabe enfatizar, implica não somente abertura de espaços físicos, mas também abertura de espaços emocionais e intelectuais nas interfaces com o outro. Isso se traduz, na prática, com a aceitação de sugestões e de ideias, e também no amor que dedicamos a outras pessoas.

O espaço intelectual e emocional que as pessoas disponibilizam ou reservam dentro de si em relação ao outro pode ser quase nulo, na hipótese de haver uma hétero rejeição. Em contrapartida, pode ocupar muitos espaços, na hipótese de haver flexibilidade e abertura, chegando, em certas circunstâncias, a ocupar todos os espaços. É o caso do êxtase e do nirvana, talvez as maiores amplitudes de espaço psicossocial que um ser humano pode permitir-se em relação a outrem. Nesse caso, a discrepância entre *hospes* e *hostis* é praticamente nula.

Capítulo 7

AS DIMENSÕES DA HOSPITALIDADE

A hospitalidade, para ser compreendida em seu significado mais abrangente, necessita do *socorro* de várias ciências, pois é um objeto de estudo importante em várias delas. Essa tarefa já foi empreendida por muitos estudiosos dessas ciências, contudo, ainda resta muito por fazer.

Ao examinar as inúmeras questões decorrentes de uma compreensão mais ampla do conceito de hospitalidade, pode-se destacar que uma delas em especial nos tem chamado atenção. Trata-se de identificar e compreender melhor as características das pessoas hospitaleiras, ou seja, do *ser hospitaleiro*.

Toda vez que um anfitrião recebe seus convivas, seja em ambientes privados ou comerciais, e coloca em prática as dimensões da hospitalidade, tais como boa convivência, respeito, amabilidade, sensibilidade, cortesia, tolerância, generosidade, simplicidade, solidariedade e paz, sem "segundas intenções", estará sendo genuinamente hospitaleiro. Caso contrário, não. O que são "segundas intenções"? São aquelas ações que parecem ser ou dizer uma coisa, mas que não são, e que dizem, ou significam algo bem distinto para o protagonista das ações, o anfitrião. É o caso, por exemplo, do anfitrião, que, ao convidar pessoas para um evento, doméstico ou comercial, deseja, sutilmente, mostrar-se ou exibir-se. Não está sendo, genuinamente, hospitaleiro, mesmo que tenha praticado todos os atributos constituintes da hospitalidade, mencionados anteriormente.

Será que um anfitrião pode convidar alguém para uma recepção em seu lar ou em seu estabelecimento comercial, sem ter qualquer resquício de "segundas intenções"? É isso possível? Vejamos.

Toda ação que move as pessoas necessita de razões para tal. Caso contrário, teríamos a inércia. Como explicar as causas que impulsionam as pessoas para a ação? Os atos de receber, alojar, alimentar, entreter e despedir-se das pessoas são atos marcados pela ação, em especial em direção ao outro, e caracterizam o processo da hospitalidade. Se esse processo for marcado por ações com a intenção clara de cultuar a boa convivência, o respeito, a amabilidade, a cortesia, a tolerância, a generosidade, a solidariedade e a paz – atributos ou virtudes da hospitalidade –, estaremos diante de pessoas genuinamente hospitaleiras. Esse elenco de atributos, no entanto, não caracteriza as chamadas "segundas intenções". Pelo contrário, caracterizam o que poderíamos denominar de prática das *virtudes* da hospitalidade. As virtudes, afirma Boff, "constituem o mundo das excelências e dos valores".[1] Por isso, ao serem praticadas, engrandecem os seres humanos. Elas vêm em benefício de toda a família humana, mesmo que, por vezes, possam possuir um apelo utópico, já que pertence à natureza da utopia "nos transportar a horizontes cada vez mais altos e abertos".[2] É precisamente esse apelo utópico que nos garante a oportunidade de vislumbrar novas perspectivas e nos abre possibilidades de percorrer novos caminhos, permitindo que constatemos a grande caminhada que fizemos ao examinar as pegadas que deixamos para trás.

Quando os anfitriões, privados ou comerciais, ao tratarem seus convivas, colocarem em prática as virtudes da hospitalidade, com certeza, não haverá espaço para "segundas intenções" em suas mentes e em seus corações. Estaremos, então, diante de pessoas virtuosas e genuinamente hospitaleiras.

A fábula da raposa e da cegonha, de La Fontaine, é um bom exemplo para ilustrar o significado das "segundas intenções". Eis a fábula:

> Um dia a Raposa convidou a Cegonha para jantar e serviu-lhe sopa, um pitéu de que ambas gostavam muito, num prato raso.
>
> — Estás a gostar da minha sopa? – perguntou, enquanto a Cegonha bicava em vão no líquido, sem conseguir comer nada.
>
> — Como posso saber, se nem consigo comer? – respondeu a Cegonha, vendo a Raposa lamber a sopa com um ar todo deliciado.
>
> Dias depois foi a vez de a Cegonha retribuir o gesto, pelo que convidou a Raposa para comer com ela na sua casa à beira do lago. Serviu-lhe a sopa num jarro largo embaixo e estreito em cima.
>
> — Hummmm, está deliciosa, querida amiga! – exclamou a Cegonha, enfiando o comprido bico pelo gargalo. — Não achas?
>
> Claro que a Raposa não achava nem podia achar nada, pois o focinho

---

[1] BOFF, L. *Virtudes para um outro mundo possível* – Hospitalidade: direito e dever de todos. Petrópolis: Vozes, 2005. v. 1. p. 13.

[2] BOFF, 2005. p. 13.

não passava pelo gargalo estreito do jarro. Tentou várias vezes sem sucesso até que, bastante mal humorada, se despediu da Cegonha, resmungando entredentes:

— Não te achei graça nenhuma...!

7.1 Dimensões

A hospitalidade pode ser exercida em vários domínios, entre os quais cabe destacar os domésticos, os públicos e os comerciais. Quais são as dimensões, ou melhor, as virtudes, que lhe são necessariamente inerentes? Destacamos algumas delas, como será visto a seguir, mas cabe, desde agora, enfatizar a forte imbricação existente entre todas elas. E mais, para uma pessoa ser considerada hospitaleira de forma genuína, ela não necessita, concomitantemente, demonstrar, ou *provar*, que é detentora de todas as virtudes da hospitalidade. Existem momentos, ou contextos, em que umas são mais exigidas do que outras.

7.1.1 Convivência

Não podemos reduzir a dimensão da convivência a uma visão antropocêntrica. Essa visão apregoa que o homem, mesmo que tenha aparecido em épocas bem mais recentes quando comparado a outros seres vivos, é o centro do universo, por ser considerado um animal racional e, como tal, pode dispor de tudo o que houver no mundo, a seu bel-prazer. Essa visão é certamente equivocada, até porque a família humana é apenas uma das integrantes da cadeia de vida planetária. Se não soubermos praticar a convivência com outros seres e outras comunidades, teremos um destino trágico, lamentavelmente. Nesse particular, diariamente, o noticiário é farto em alertas. Cabe, dessa forma, a todos os povos "aprender a conviver entre si e com o planeta Gaia, com os ecossistemas, com o seu entorno mais imediato, com as águas, os ares, os solos, as plantas, os animais, os pássaros e, não em último lugar, com o mundo dos micro-organismos, bactérias, fungos e vírus, dos quais a vida visível depende".[3] É necessário perceber que fazemos parte da "Teia da Vida", que somos vasos comunicantes, que estamos numa estreita relação de dependência. A harmonia e a paz desse todo, do qual fazem parte todos os seres animados e inanimados, dependem, em especial, da atuação da família humana, que não tem se mostrado tão sábia nestes últimos séculos.

---

[3] BOFF, L. *Virtudes para um outro mundo possível* – Convivência, respeito e tolerância. Petrópolis: Vozes, 2006. v. 2. p. 41.

A visão antropocêntrica tem ocupado *lugar de honra* em muitas sociedades. Paradigma compreensível, tendo em vista, em especial, dois aspectos:

- a abundância dos recursos naturais, outrora postos à disposição do homem, para uma população mundial incipiente; e
- o pouco conhecimento disponibilizado sobre a importância da manutenção da cadeia de vida, para se garantir a sobrevivência da família planetária, incluindo a família humana.

Saber conviver com todos os integrantes da cadeia de vida é uma exigência que se impõe a todos. Boff chama a atenção para essa dimensão da convivência ao afirmar que "não há outra alternativa: ou aprendemos a conviver e então teremos todos futuro, ou nos ilhamos em nossas diferenças específicas e identidades excludentes e vamos ao encontro do pior".[4]

Os atos de trocar, compartilhar, dar, receber e retribuir integram o processo de aproximação das pessoas. Trocamos e compartilhamos bens e serviços, ideias e emoções. Ou seja, o conceito de convivência está atrelado a processos de aproximação e de conhecimento do outro. Esses processos demandam tempo para atingir um patamar de convivência saudável e duradouro, até porque, para se obter um razoável conhecimento do outro, superando barreiras culturais, é necessário percorrer um caminho que nem sempre fácil de ser trilhado. Ou seja, como aproximar pessoas de comunidades que, historicamente, estão em conflito? Independentemente disso, esse outro pode ser alguém da própria comunidade com o qual não se tem maiores afinidades, pode ser um turista. Aproximar-se do outro significa abrir algum "espaço" dentro de nós para ele, esse desconhecido. Isso representa um desafio, pois necessitamos decifrá-lo e compreendê-lo. Somente assim podemos iniciar o processo da convivência, vencendo as distâncias e as discrepâncias que nos separam do outro.

O ato de receber alguém marca o início do processo da convivência, que, por sua vez, integra o processo da hospitalidade. Ele permite a aproximação entre visitante e visitado. Permite também fazer do visitante um membro temporário da comunidade, iniciando-se, assim, uma nova relação, um novo conhecimento (*connaître*), ou seja, a convivência. Ela pode se processar por meio de diversas situações, ocasionando intensidades distintas na coexistência visitante-visitado. É o caso da convivência com exilados políticos, com trabalhadores estrangeiros temporários, com turistas, com outras etnias, com outras raças e com outros credos. A interface dessa convivência pode situar-se na

---

[4] BOFF, 2006. p. 39.

esfera do poder. O Estado, por exemplo, ao aceitar exilados políticos está impondo a seus cidadãos uma modalidade de convivência cuja interação pode atingir diversas instâncias, inclusive aquela que beira o confronto. Nesse caso, que hospitalidade é essa?

A convivência, segundo Boff, "significa o resultado final de processos de aproximação e de conhecimento do outro e do diferente"[5] e fundamenta-se em três pilares: participação, comunhão e celebração.

7.1.1.1 Participação

A partir do momento em que alguém for acolhido por uma comunidade, porque foi por ela aceito, passa a fazer parte daquela comunidade, mesmo que seja temporariamente. Torna-se sujeito e responsável pela comunidade. Assim, ele influencia e é influenciado, tem direitos e deveres, ajuda e é ajudado.

A participação pressupõe, por parte das pessoas envolvidas, um movimento na direção de convergências, valendo citar as políticas, as sociais e as religiosas, dimensões geralmente excludentes. Nesses contextos as pessoas participam visando, pragmaticamente, a objetivos comuns. Caso contrário, ter-se-ia o confronto.

Figura 7.1 – Convergências.

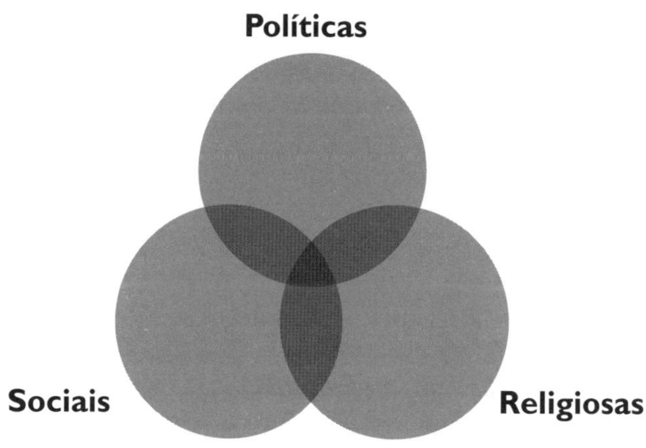

[5] BOFF, 2006. p. 27 e 35.

7.1.1.2 Comunhão

Na medida em que a participação ganha corpo passando para o estágio do comprometimento, não ficando apenas no envolvimento, haverá uma convivência mais intensa e profunda por parte de todas as pessoas engajadas. Nesse contexto, diz Boff, forma-se "um elo de coesão que só pode ser bem expresso pela categoria da comunhão. Ela inclui dimensões bem concretas de solidariedade, de mútuo apoio e de sentimento de compertença que vão além da simples participação".[6] As vivências que fortalecem a amizade e o amor ganham patamares que tocam fundo em especial o coração e a espiritualidade das pessoas.

7.1.1.3 Celebração

Boff acredita que "uma comunidade não vive apenas de lutas e coexistências, mas também de festas e celebrações".[7] Ou seja, de comemorações e de celebrações. Afinal, comemorar não significa o mesmo que celebrar? As comemorações e as celebrações caracterizam dois momentos importantes e singulares da convivência humana. Uma não exclui a outra. Vejamos algumas de suas peculiaridades, muito presentes no dia a dia das pessoas.

As comemorações dizem mais respeito às festividades, possuem data marcada: os aniversários de nascimento, de casamento e de conquista de um título esportivo traduzem essa realidade. O dia do município e a festa do padroeiro da cidade também são elementos dessa convergência. As empresas possuem muitas razões para comemorar, cabendo mencionar o dia da sua criação ou fundação. Agora, será que as empresas também possuem muitas razões para celebrar? O bom clima organizacional, a felicidade dos colaboradores, em especial pelas pequenas conquistas do dia a dia, não seriam algumas delas?

Quando a convivência ganha em intensidade, fortalecendo os relacionamentos dos integrantes do grupo, surge a necessidade da celebração. Trata-se, pois, de uma vivência mais profunda do que a comemoração. Afinal, um trabalho benfeito, uma boa ação não merecem ser reconhecidos e, portanto, celebrados? E o que dizer de um encontro com o amigo? Não cabe celebrar, com um forte, caloroso e sincero abraço? A comensalidade, manifestada no ato do *comer junto*, em simples refeições ou em banquetes, com pessoas que nos são prazerosas,

---

[6] BOFF, 2006. p. 36.

[7] BOFF, 2006. p. 38.

também não traduz um desses momentos? A celebração vem, pois, acompanhada de uma forte carga de emoção. Nela, o coração *fala* mais alto que a razão. Fala essa expressa por gestos e sinais e não apenas por palavras. Ou seja, a convivência, ao atingir o patamar da celebração, segundo a posição de Boff, "pode ganhar a sua irradiação maior, uma verdadeira aura mágica que potencia o sentido da vida comunitária e reforça as razões de viver junto, de caminhar junto e de junto construir um mundo que valha a pena".[8] A alegria e o sucesso de um são compartilhados entre todos, criando uma grande sinergia. Isso repercute no exercício da hospitalidade e, em consequência, no processo identitário da comunidade.

7.1.2 Respeito

No processo de aproximação das pessoas ou das comunidades, identificam-se componentes políticos, econômicos e sociais divergentes. Afinal, cada povo possui usos, costumes, tradições e religiões que lhe são peculiares. Isso pode ocasionar divergências, conflitos e confrontos nas situações de intercâmbio entre visitante-visitado. Para minimizar diferenças causadoras de discórdias, é necessário que a convivência seja marcada pelo respeito.

A prática da hospitalidade nos remete à adoção do respeito como uma das formas mais significativas para a convivência pacífica com todos os povos, mesmo com aqueles com culturas, tradições, convicções religiosas e políticas divergentes. Afinal, como diz Boff, "por mais pontos em comum que sejam identificados e por mais profunda que seja a convivência, sempre sobram arestas, perspectivas e dimensões do outro que ou não entendemos ou temos dificuldade em acolher ou simplesmente nos causam estranheza e nos desagradam".[9] Eis aí uma boa razão de por que necessitamos incorporar o respeito em nossas ações diárias: para podermos conviver com as pessoas que nos cercam e estabelecer com elas bons relacionamentos, alguns deles duradouros e marcados por amizades profundas.

Respeitar o próximo, o outro, como a si mesmo é um preceito bíblico que muito tem a ver com o viver e o relacionar-se com uma atitude hospitaleira, não somente entre os membros da família humana, mas também entre todos os integrantes da comunidade de vida planetária. Assim, ao falar em respeitar o *outro*, não se está limitando a ação, exclusivamente, a pessoas. A quem mais? Ou seja,

---

[8] BOFF, 2006. p. 39.

[9] BOFF, 2006. p. 47.

além das pessoas, quem mais é nosso próximo? Boff apresenta uma interessante contribuição ao chamar a atenção para uma visão mais abrangente desse *outro*:[10]

- o *outro*, que está bem próximo de todos nós e por isso merece todo o respeito, é a natureza. A família humana não se explica, ou se explica mal, sem o profundo respeito por todos os componentes da natureza, sejam eles seres vivos ou inertes. A história nos mostra que, a visão antropocêntrica, em especial, tem contribuído significativamente para a quebra de uma compreensão holística e sistêmica da comunidade de vida planetária. Comunidade essa que é, entre si, profundamente imbricada, portanto, interdependente. O respeito a outro representante da natureza é uma questão de sobrevivência da família humana e de todos os outros seres que integram a cadeia de vida planetária. A história nos mostra que o desrespeito a essa dimensão do outro vem ganhando proporções gigantescas na modernidade, colocando em risco toda a vida. Como bem enfatiza Boff, "devemos resgatar a atitude de respeito como limite à nossa capacidade de destruição e como condição da preservação da natureza e da nossa sobrevivência";[11] e
- além das pessoas e da natureza, existe um "outro outro" a quem devemos respeito mais do ninguém. Trata-se de nossa consciência. Aqui "tocamos no ponto mais sagrado de cada pessoa humana".[12] Trata-se, pois, de um *hóspede VIP* que está dentro de cada um de nós para guiar nossas ações. Respeitar nossa consciência e a consciência dos nossos semelhantes é agir com dignidade humana; é saber abrir-se para o outro, acolhendo manifestações nem sempre de acordo com nossa consciência.

7.1.3 Sensibilidade

A sensibilidade diz respeito aos sentimentos e às sensações. Os sentimentos referem-se à capacidade do sentir: sentir entusiasmo, emoção, amor e afeição. As sensações referem-se às percepções. Trata-se da capacidade de perceber o que se passa ao nosso redor. Para tanto, é necessário saber escutar, como diz Boff, "mais com o coração do que com ouvidos".[13]

---

[10] BOFF, 2006. p. 54.

[11] BOFF, 2006. p. 56.

[12] BOFF, 2006. p. 57-58.

[13] BOFF, 2005. p. 167.

Os sentimentos podem ser exteriorizados de maneira eufórica ou friamente. Assim, podemos aproximar ou afastar as pessoas de nós. Fica claro que a hospitalidade não convive, ou convive mal, com pessoas cujos sentimentos são marcados pela frieza e pela pura racionalidade. A razão, ao longo da história, embalada por algumas ciências, ocupou o mais alto lugar no *podium*, em detrimento dos sentimentos, que passaram a ocupar patamares secundários. Muitos povos foram profundamente marcados pela maneira racional de agir. Daí a frieza em suas celebrações e relacionamentos, pouco restando do calor humano, tão essencial no exercício da hospitalidade.

7.1.4 Cortesia

A delicadeza, a atenção, os cuidados, o entretenimento, a urbanidade e a reverência dizem respeito à cortesia.

A cortesia é uma das importantes virtudes da hospitalidade, que necessita ser permanentemente exercida durante toda a permanência do hóspede, por meio de gestos que sinalizam cuidados e da oferta de opções de atrativos interessantes para ver e praticar. Todos esses cuidados demonstram uma atitude hospitaleira por parte do visitado. Trata se, segundo a posição de Boff, "de abrir-se cordialmente, com sentimento de quem sente o outro e tenta vê-lo a partir dele e não a partir dos conceitos e pré-conceitos criados pela cultura".[14] Conceitos e pré-conceitos, das mais deferentes ordens ou presentes com maior ou menor intensidade em quase todas as comunidades. Assim, como descobrir esse outro como verdadeiro tesouro, agregador de valores singulares? O exercício da cortesia pode contribuir para vislumbrar alguns caminhos.

7.1.5 Tolerância

A hospitalidade envolve processos de aproximação e de inclusão. Cabe observar que entre as pessoas, por mais *afinadas* que elas estejam, sempre existem discrepâncias e pontos de vistas divergentes. Até porque, como diz o ditado popular *de gustibus et coloribus non est disputandum* (sobre gostos e cores não se discute). Existe, pois, sempre alguma margem de discórdia; em alguns casos, grandes discordâncias, em vários campos, como o político, o religioso, o social e o econômico. Divergências que, em alguns casos, transformaram-se em guerras e conflitos intermináveis. Trata-se da intolerância. Não deixa de ser uma alternativa do

[14] BOFF, 2005. p. 167-168.

ser humano, tendo em vista sua opção de liberdade. Alguns movimentos documentados pela história, em especial os religiosos e os políticos, são exemplos de intolerância.

Como conviver com um leque de divergências, para assim mesmo não colocar em risco o processo da hospitalidade? A prática da tolerância pode nos sinalizar um bom caminho nessa direção. A partir do momento em que vislumbrarmos que o convívio com o outro, em especial naquilo que ele tem de diferente, pode nos agregar um valor singular, daremo-nos conta de que a tolerância pode contribuir para enriquecer o processo de hospitalidade. Ou seja, as pessoas podem se visitar e revisitar, conseguindo, como diz Boff, ver dimensões que sem o diferente jamais veriam; entrever possibilidades de codivisão e parceria e, assim, enriquecer com o contato e a troca.

Enquanto a tolerância nos permite conviver com a divergência, com uma realidade rica e multifacetada, nos enriquecendo, a intolerância apenas nos leva a conviver com a convergência rígida de crenças e convicções, produzindo efeitos negativos nos relacionamentos e na harmonia da família humana.

O tema da tolerância suscita o debate acerca de outra questão: afinal, há limites na tolerância? Se consideramos que cada ser é singular, podemos dizer que existem *espaços* reservados. Existe uma privacidade em cada pessoa, e esse espaço necessita ser respeitado. Não podemos simplesmente em nome da tolerância *invadir a praia* dos outros. Para tudo existem limites, inclusive para a tolerância. Além disso, não devemos ser tolerantes com inúmeras ações ou acontecimentos que circulam ao nosso redor, como exploração da mão de obra infantil, turismo sexual, atos terroristas, tráfico de drogas e abuso do poder.

Boff destaca alguns limites da tolerância, valendo citar:

- o sofrimento do outro: "lá onde as pessoas são humilhadas, discriminadas e desumanizadas, aí a tolerância encontra um limite";[15]
- os direitos humanos: os Direitos Humanos Universais, que a partir do final da década de 1940 foram amplamente difundidos pela ONU, integram a cultura de todas as nações, embora haja violações a esses princípios. Violações que não podem ser toleradas por degradarem a humanidade; e
- a mãe Terra: o planeta Terra forma um todo harmônico, marcado por uma cadeia de vida singular. Não podemos tolerar a quebra dessa

[15] BOFF, 2006. p. 91.

cadeia, pois estaremos, com isso, colocando em jogo todo o sistema de vida existente no planeta. Estaremos rompendo a Teia de Vida e, assim, decretando o colapso de uma comunidade de vida que levou milhões de anos para atingir o patamar em que se encontra na atualidade. Não podemos, pois, tolerar as agressões a esse sistema complexo, como o desmatamento indiscriminado, o aquecimento global, a poluição das águas e do ar ou a pirataria da fauna e flora.

7.1.6 Generosidade

Quem não gosta de receber provavelmente não gosta de retribuir. Dar, receber, retribuir e compartilhar são atributos de pessoas generosas. Pessoas que compreenderam o significado e a abrangência da hospitalidade para a família humana. Hoje, mais do que no passado, estamos cada vez mais próximos uns dos outros, até porque o planeta Terra está ficando cada vez mais povoado e, além disso, os meios de comunicação nos colocam em contato com pessoas das mais longínquas comunidades. Cada vez mais nos damos conta de que possuímos uma Casa Comum. Nesse caso necessitamos, permanentemente, adotar uma atitude hospitaleira como estilo de vida próprio de pessoas generosas.

7.1.7 Simplicidade

A virtude da simplicidade é um predicado de aproximação no processo da hospitalidade. Envolve apresentar-se e expressar-se com simplicidade; simplificar até mesmo a complexidade de ser e de viver; simplificar a complexidade da cultura; simplificar teorias e práticas sociais.

7.1.8 Solidariedade

A formação da família humana encontra na solidariedade uma de suas grandes razões. Num passado bem remoto, fomos capazes de conviver e, em função dessa situação, constituímos grupos e comunidades. Nasceu, assim, o laço ou vínculo social e, com ele, a prática da hospitalidade. Ou seja, fomos capazes de dar, receber, retribuir e compartilhar. O homem, bem cedo, deu-se conta de que não sobreviveria às adversidades se não mantivesse forte vínculo com outros seres, seus semelhantes. Isso implicou responsabilidade e obrigação moral do apoio mútuo, o que cabia a todos os integrantes do grupo, das comunidades e da grande família humana. Nesse contexto, caberia trazer à tona a questão da hospitalidade incondicional. Afinal, a hospitalidade toca ou não a essência da comunidade humana? A solidariedade pode fornecer uma resposta positiva a essa questão.

A solidariedade se constitui numa das virtudes essenciais da família humana. Ela permite a união de interesses, simpatias e objetivos de um grupo, proporcionando-lhe uma unidade sólida, coesão e força diante de oposições internas ou externas.

7.1.9 Harmonização clima/atmosfera

Ambientes harmoniosos, amistosos e corteses, independentemente da diversidade de credos, culturas e convicções políticas, são propícios para o estreitamento dos relacionamentos entre convivas. São contextos favoráveis para o exercício da hospitalidade e, portanto, para o fomento e a consolidação da cultura da paz. Boff lembra que a "cultura da paz cria uma atmosfera de benquerença, de cuidado, de amizade e de amor tal que transforma os conflitos em tensões dinâmicas, a competição em emulação saudável e as divergências em oportunidades para convergências na diversidade".[16]

Parece necessário tecer algumas considerações sobre o tema da paz, já que esse é um dos importantes componentes para a consolidação do processo da hospitalidade. Além disso, a paz "é a forma de administrar conflitos, usando meios não conflitivos".[17] Como isso é possível? Essa estratégia pacifista, contudo, não é utópica? Recorrendo uma vez mais a Boff: "dar amplo espaço ao diálogo, buscar compreender a posição do outro, estar aberto à identificação de pontos em comum, estar disposto à concórdia e até ao perdão... são atitudes que podem gerar a paz"; "os interesses coletivos devem se sobrepor aos interesses individuais ou grupais, a multiculturalidade prevalecer sobre o etnocentrismo, a perspectiva global orientar a perspectiva local e a cidadania nacional se abrir à cidadania planetária".[18]

Historicamente, o binômio *hospes et hostis* esteve presente na dinâmica e na cultura dos povos. A história da humanidade pode ser contada, em grande parte, pelas sucessivas guerras travadas entre as comunidades e as nações. Os grandes feitos históricos, tradicionalmente comemorados em festas anuais pelos povos das

---

[16] BOFF, L. *Virtudes para um outro mundo possível* – Comer e beber juntos e viver em paz. Petrópolis: Vozes, 2006. v. 3. p. 8.

[17] BOFF, 2006. p. 88.

[18] BOFF, 2006. p. 88.

nações, são conquistas bélicas. Ainda hoje em dia observa-se que candidatos à presidência de nações poderosas apresentam em seus currículos o fato de terem participado de tais e tais guerras! Como postular a paz e a prática da hospitalidade num contexto marcado por discórdias e ódios? Para construirmos uma cultura da paz, "devemos ultrapassar tais leituras radicais e melhorar nossa compreensão da realidade concreta. Ela é mais matizada do que a redução ao preto/branco, ao amigo/inimigo e à guerra/paz".[19] Ou seja, em uma linha de tempo, a família humana vive momentos marcados por matizes mais abundantes e outros, ao contrário, marcados pelas trevas. Essa tem sido a dialética geral ao longo da história. Será diferente no futuro?

A União Europeia nos tem demonstrado alguns avanços nesse sentido. Afinal, muitos desses países que na atualidade caminham de mãos dadas, se visitam e revisitam, estão em harmonia, são anfitriões uns dos outros, integram a mesma comunidade, eram inimigos viscerais há poucas décadas. É bem verdade que fizeram grandes esforços para construir esse novo caminho. Constatou-se que o consenso e a paz em relação a determinados assuntos foram o resultado de muitos diálogos, de muitas renúncias e de muitas quebras de paradigmas. Se isso foi realizado com sucesso na União Europeia, será que o mesmo não poderia ser estendido para outras comunidades? A paz é uma meta que ainda está longe de ser alcançada, mesmo com o empenho de importantes organizações internacionais, como a ONU. Minimizar esse conjunto de conflitos geradores de marcas e sofrimentos profundos nas comunidades envolvidas é uma meta que necessita ser, constantemente, perseguida por todas as pessoas, organizações e nações que almejam um mundo melhor. Que posição tomar diante desse quadro caótico? Boff sinaliza um caminho ao dizer que "não obstante esta dura constatação, continuamos a buscar a paz e jamais desistiremos, senão como um estado permanente, negando aos mortais, pelo menos como um espírito que nos faz preferir o diálogo ao confronto, a busca cordial de pontos em comum ao enfrentamento conflituoso".[20]

Além da paz, resultante da trégua, da redução ou da eliminação dos conflitos, em processos de guerra existe também a dimensão da paz, resultante de um convívio harmonioso das pessoas consigo mesmas e com toda a diversidade cultural e natural existente no planeta. Ou seja, como diz a Carta da Terra, "a paz é a plenitude que resulta das relações corretas consigo mesmo, com outras pessoas, outras culturas, outras vidas, com a Terra e com o grande Todo

[19] BOFF, 2006. p. 86-87.

[20] BOFF, 2006. p. 76.

do qual somos parte". Essa é uma excelente *atmosfera*, um pressuposto para a prática da hospitalidade.

Sabemos que é difícil ou quase impossível que a paz e a harmonia estejam presentes entre todos os membros da grande família humana. Contudo, a busca por esses ideais deve ser uma meta almejada por todo o cidadão amante dessa família e por toda a comunidade de vida planetária. Sem uma atitude hospitaleira e um fomento da cultura da hospitalidade, com certeza, essas metas não serão alcançadas.

Capítulo 8

AS MANIFESTAÇÕES DA HOSPITALIDADE

Como materializar a hospitalidade? Como a hospitalidade se manifesta nas interfaces que marcam o dia a dia de cidadãos e comunidades?

Comunicar é transmitir, receber, trocar, compartilhar palavras, pensamentos e emoções. É possível afirmar que quem se comunica pratica a hospitalidade. Nesse caso, a comunicação é um processo de interação que pressupõe a existência de pessoas hospitaleiras, capazes de abrir suas mentes e seus corações para ouvir o que o outro tem a dizer.

Para tratar desse assunto de forma apropriada, foram selecionados alguns tópicos capazes de corroborar para melhor compreensão do papel desempenhado pela comunicação: (1) avanços dos meios de comunicação; (2) conceitos; (3) processo; e (4) formas de comunicação.

8.1 Avanços dos meios de comunicação

O que tem acontecido com os meios de comunicação relacionados aos meios de hospedagem? De forma geral, vêm ocorrendo grandes mudanças. Por meio dos Sistemas Globais de Distribuição – GDSs (Sabre, Amadeus, Apollo, Galileo, Gemini, Pars), CRS (*Central Reservation System*), com o suporte do *toll-free* e da internet, os bens e serviços turísticos foram expostos em uma grande vitrina mundial, durante 24 horas, podendo ser acessados pelas pessoas em qualquer parte do mundo, em apenas alguns segundos. Com toda essa tecnologia à disposição do viajante, foram criadas mais oportunidades de contato e maiores facilidades para acesso ao portfólio dos bens e serviços disponíveis. Além disso, é tarefa mais fácil conhecer os usos e costumes de outras comunidades, componentes culturais integrantes do processo de hospitalidade.

8.2 Conceito de comunicação

De acordo com Rabaça e Barbosa, numa referência a E. Menezes, a comunicação "representa a ação de pôr em comum, de compartilhar as nossas ideias, os nossos sentimentos, as nossas atitudes. [...] É uma troca de experiências socialmente significativas; é um esforço para a convergência de perspectivas, a reciprocidade de pontos de vista e implica, dessa forma, certo grau de ação conjugada ou cooperação".[1]

A palavra *comunicação*, afirmam Rabaça e Barbosa,[2] é uma palavra derivada do latim, cujo significado seria *tornar comum*, *partilhar*, *repartir*, *associar*, *trocar opiniões*, *conferenciar*. Implica participação, interação, troca de mensagens, emissão ou recebimento de informações novas. Esses autores refletem acerca do conceito de comunicação, definindo-a como o "conjunto de conhecimentos (linguísticos, psicológicos, antropológicos, filosóficos, cibernéticos etc.) relativos aos processos de comunicação".[3] Nesse sentido, a comunicação pode ocorrer entre seres humanos, entre humanos e máquinas, entre humanos e animais, entre máquinas e máquinas etc. Dependendo do tipo de abordagem, acentua-se mais um aspecto e menos o outro. Isso quer dizer que a comunicação pode ser vista sob vários *olhares*: etimológico, biológico, pedagógico, histórico, sociológico, antropológico, psicológico e estrutural.

8.3 Processo de comunicação

Do ponto de vista estrutural, a comunicação, no que diz respeito à transmissão da informação, forma um processo que envolve três mecanismos:

- codificação – consiste na formulação da mensagem a ser transmitida; o que ocorre por meio de um sistema de códigos representados por signos, sinais e símbolos;
- difusão – consiste na escolha de canais por meio dos quais é possível fazer a mensagem chegar ao destinatário; e
- decodificação – consiste na interpretação do sistema de códigos e na recuperação da mensagem original, por parte do destinatário.

---

1 RABAÇA, C. A.; BARBOSA, G. G. *Dicionário de comunicação*. Rio de Janeiro: Campus, 2001. p. 157.

2 RABAÇA; BARBOSA, 2001. p. 155-156.

3 RABAÇA; BARBOSA, 2001. p. 155.

A mensagem percorre um caminho para chegar até o receptor. Nessa trajetória, ela pode sofrer interferências e filtragens, ou ainda ruídos de várias ordens, que podem levar a grandes desentendimentos entre as pessoas.

8.4 Formas de comunicação

Parece não haver dúvida quanto às novas relações que se estabeleceram entre as culturas das comunidades locais com a cultura de uma emergente sociedade global. No centro dessa análise, descortina-se o papel da comunicação.

A comunicação é uma espécie de oxigênio para a vida do homem, permeando todos os momentos, em qualquer lugar, inclusive daqueles vividos dentro de um hotel ou em um destino turístico. A hospitalidade é percebida, em especial, por meio das formas clássicas da comunicação.

Comunicação verbal:

- linguagem falada; e
- linguagem escrita.

Comunicação não verbal:

- linguagem corporal; e
- linguagem visual.

Logo mais, vamos nos ater a uma análise sobre essas diferentes linguagens. Antes, desejamos destacar dois registros:

- no processo de hospitalidade ocorre, permanentemente, interações entre as pessoas por meio de palavras, gestos, sinais, ideias, símbolos e emoções. Essas diferentes linguagens utilizadas na comunicação nos ajudam a perceber as manifestações da hospitalidade. Por exemplo, na hotelaria: os traços arquitetônicos do hotel, os jardins, a sinalização, os uniformes, a expressão corporal do quadro funcional, a limpeza, o material promocional, a decoração e a música ambiental nos fornecem o termômetro da cultura hospitaleira daquele estabelecimento. Se existe desleixo com esse elenco de componentes facilmente perceptível, o viajante pressupõe que o mesmo acontecerá em relação à sua hospitalidade. Ao contrário, quando o viajante percebe que todos os detalhes aparentes são criteriosamente pensados, ele deduz que a hospitalidade estará sob esses mesmos cuidados. Todos esses componentes integram o processo da hospitalidade; e

- o processo da hospitalidade está fortemente imbricado com o processo de comunicação; esses dois processos constituem a cara e a coroa de uma moeda. Dificilmente se exerce a hospitalidade sem que haja, concomitantemente, uma excelente comunicação. Se as mensagens de boas-vindas não forem bem elaboradas e comunicadas, é bem possível que haja impacto negativo no processo de hospitalidade. Segundo Gouirand, "para bem acolher é necessário bem comunicar e a mensagem de boas-vindas é o objeto desta comunicação".[4]

A comunicação, ao fazer uso de linguagens, se constitui numa espécie de oxigênio para a vida das pessoas, contribuindo, de forma contundente, para o processo de identificação das comunidades. Isso pode ser percebido de diversas maneiras: o idioma, o modo de falar e os ritos, para citar alguns exemplos. Assim, é possível perceber a existência de diversas culturas da hospitalidade. É o caso da hospitalidade brasileira. De fato, ela é uma característica específica da comunidade brasileira por diversas razões, que serão aprofundadas mais adiante.

Feitos esses registros, passamos para uma breve análise das linguagens de comunicação e de sua interface com as práticas da hospitalidade.

8.4.1 Comunicação verbal

A comunicação, em suas mais variadas manifestações, remonta à própria origem do homem. Com o passar do tempo e de acordo com as necessidades de cada época, os sinais e a linguagem verbal tomaram novas formas. Conforme a afirmação de Franco, "a associação entre caçadores, na busca de presas maiores, criou também a necessidade de um sistema complexo de sinais, que fez com que se desenvolvesse a linguagem vocal".[5]

8.4.1.1 Linguagem falada

As palavras podem transformar as pessoas que as emitiram em "fadas" ou "bruxas"! É preciso atenção para fazer uso correto e adequado das palavras, não esquecendo, ainda, o tom de voz apropriado. Considerando que as palavras têm o poder de despertar nos outros os mais variados sentimentos, principalmente porque nem sempre significam a mesma coisa para todas as pessoas, é aconselhável pensar muito bem antes de falar. Uma vez manifestado um pensamento,

---

[4] GOUIRAND, P. *L'accueil hôtelier*. Paris: Editions BPI, 1994. p. 115.

[5] FRANCO, A. *De caçador a gourmet*: uma história da gastronomia. São Paulo: Senac, 2001. p. 22.

não é mais possível *deletar* as palavras emitidas e colocar em seu lugar outras mais adequadas.

A linguagem falada coloca frente a frente o emitente e o receptor da palavra. Nessa dinâmica emitente-receptor, existem duas capacidades em jogo: a do emissor, que deve saber expressar-se de forma clara e precisa, e a do receptor, que deve saber e querer ouvir aquilo que está sendo transmitido sem preconceitos ou "segundas intenções". A tríade dar-receber-retribuir, que fundamenta a essência da hospitalidade, encontra na linguagem falada um elemento extremamente importante. Nesse contexto, as pessoas trocam ou acolhem informações, emoções, gestos e sinais de hospitalidade.

A linguagem falada, não raro, sofre deturpações, por vezes significativas, em seu percurso. Nesse particular, é bem conhecida a dinâmica do "telefone sem fio", em que uma mensagem passa a ser transmitida, de viva voz, de uma pessoa para outra, por um certo número de indivíduos. Após algumas tentativas, é fácil perceber que a mensagem vai sofrendo alterações ao longo do percurso, chegando ao final com sentido bem diferente daquele que tinha na origem. Com esse exemplo, quer-se chamar a atenção para os possíveis ruídos que podem acontecer na comunicação, e que podem afetar, inclusive, o processo da hospitalidade.

Na linguagem falada, é necessário ter cuidados especiais com o vocabulário e o tom da voz.

a) Vocabulário

Quais as palavras que melhor expressam sinais de hospitalidade para o viajante que se aproxima, por exemplo, da portaria de um hotel?

Os colaboradores da portaria e da recepção do hotel, ao desejar boas-vindas para o viajante que acaba de chegar, estão utilizando palavras que manifestam o prazer do acolhimento e da convivência. Outras palavras ou expressões até corriqueiras, mas muito utilizadas no dia a dia para traduzir esse mesmo desejo são: *bom-dia*, *boa-tarde*, *olá* etc.

Tendo em vista a formalidade do ambiente em hotelaria, é preciso educar os colaboradores para o uso de vocabulário ou de expressões mais refinadas, tanto ao dar as boas-vindas, mesmo para os clientes habituais, quanto nas conversas cotidianas.

Aconselha-se evitar palavras ou expressões que acentuem aspectos anti-hospitaleiros, que visam a *desvencilhar-se* do cliente.

b) Tom de voz

As pessoas, ao se comunicar, colocam emoção no tom de voz, e assim acabam expressando um sentimento diferente a cada vez. Quem não percebe a irritação, a alegria, a tristeza, o nervosismo, a presteza ou a tensão das pessoas por seu tom de voz? Até mesmo uma criança percebe isso. Um simples *sim* pode ter vários significados, dependendo do tom de voz com que é emitido.

Quando as palavras e as frases vêm acompanhadas por um tom de voz agradável, existe maior propensão para que se dê atenção ao conteúdo. O mesmo não se pode dizer quando ele for inadequado. Nesse caso, o profissional – principalmente das empresas prestadoras de serviços, incluindo os hotéis – necessita estar preparado para não se deixar *contaminar* pelo tom da voz do emitente, principalmente quando se trata de uma reclamação. Post e Post recomendam: "não deixe que o tom de voz da pessoa o impeça de chegar ao x da questão".[6]

Na hotelaria, é aconselhável capacitar as pessoas a pronunciar as palavras corretamente, com clareza e num tom de voz agradável, seja por telefone ou pessoalmente. Sugere-se que o tom de voz venha acompanhado de um vocabulário igualmente adequado. Tom de voz e vocabulário são duas faces da mesma moeda, cabendo harmonia e mutualidade. Quando isso ocorre, cria-se um contexto apropriado para a hospitalidade.

8.4.1.2 Linguagem escrita

Assim como a linguagem falada, a linguagem escrita também permite que as pessoas exerçam processos de aproximação, ou seja, a prática da hospitalidade.

A linguagem escrita pode ser contada por uma longa história. Na atualidade, na era do computador e da internet, a linguagem escrita ganhou meios tecnológicos marcados pela rapidez e praticidade. Nesse caso, exige-se rapidez nas respostas. A falta de respostas ou respostas dadas com muita demora a qualquer tipo de comunicação escrita demonstra falta de educação, falta de espírito comercial e falta de respeito com o solicitante. No entanto, quando as respostas das solicitações escritas forem rápidas, demonstram educação, interesse, respeito e desejo de acolher e de agradar.

Ao usar a linguagem escrita, além dos veículos utilizados, é necessário não perder de vista a forma e o conteúdo a ser empregado. Se isso não for observado, é possível cometer alguns pecados contra as virtudes da hospitalidade. Será que um documento redigido com palavras e formas de tratamento inadequadas não

6 POST, P.; POST, P. *Manual completo de etiqueta nos negócios*. São Paulo: Campus, 2003. p. 243.

é um exemplo desses deslizes? A comunicação escrita merece, também, uma programação visual cuidadosa. Esses componentes espelham o espírito hospitaleiro do emitente. O hotel, por exemplo, pode demonstrar isso por meio de inúmeras *peças* disponibilizadas no dia a dia, entre as quais, cardápios, recados, avisos, mensagens e sinalização.

8.4.2 Comunicação não verbal

A comunicação não verbal compreende a linguagem corporal e a linguagem visual.

8.4.2.1 Linguagem corporal

A comunicação não verbal, expressa mediante a linguagem corporal, manifesta-se por expressões faciais, olhares, gestos e movimentos dos dedos, das mãos, dos braços e das pernas; bem como por adornos, roupas e tatuagens.

Existem expressões faciais, gestos e movimentos corporais que traduzem o que as pessoas sentem em relação a si mesmas e em relação aos outros, quando têm de enfrentar uma situação Esses gestos e sinais têm um poder extraordinário de comunicação nas interações entre pessoas. Daí o ditado popular: "uma imagem vale mais que mil palavras". Esses gestos e movimentos corporais traduzem o que as pessoas sentem em relação a si mesmas e em relação aos outros em uma determinada situação, que poderia ser, no caso de um hotel, a chegada do viajante. De que maneira o viajante gostaria de encontrar o capitão-porteiro, o mensageiro, o recepcionista e todos os demais colaboradores do hotel? Será que um recepcionista, ao aguardar de pé e sorridente o viajante que se aproxima, ou um mensageiro, ao se antecipar em abrir a porta, não traduz uma linguagem corporal que demonstra respeito, interesse e consideração por ele? São posturas que *materializam* a linguagem corporal, o *espírito hospitaleiro*, fundamental para quem exerce a profissão hoteleira.

8.4.2.2 Linguagem visual

A linguagem visual é expressa por meio de pinturas, ilustrações, fotografias e outros meios de visualização, como a sinalização.

A sinalização é um gesto singular de hospitalidade. Quando a pessoa viaja, se afasta do local onde reside, perde as referências habituais e tradicionais de localização, como montanhas, edificações e praças, ela passa a necessitar de outros sinais para se orientar. Se esses novos referenciais não forem adequadamente dispostos, segundo o *Guia brasileiro de sinalização turística*, "ao longo do percurso e nas áreas visitadas, tendem a gerar inúmeros problemas que podem comprometer a qualidade da viagem e, em casos extremos, influenciar na decisão de não mais retornar àquelas localidades".[7] Por vezes, paradoxalmente, uma localidade investe em marketing para atrair turistas, que decidem não regressar devido ao excessivo desgaste provocado pela má sinalização, inclusive dos atrativos turísticos. Justificam-se, assim, os cuidados que cabe ter não apenas com a sinalização viária em geral, mas também com aquela que indica os atrativos turísticos. Gouirand[8] pondera que a sinalização, além de facilitar o acesso aos locais desejados, humaniza a cidade. Uma localidade, uma cidade e um hotel bem sinalizados demonstram o desejo não apenas de criar facilidades para o visitante do ponto de vista comercial, mas também de criar um contexto agradável e acolhedor. Quem busca uma localidade turística ou um hotel, necessita, portanto, encontrar facilidades de acesso.

Como seria a vida das pessoas sem sinalização nas estradas e nas ruas de uma cidade? A finalidade da sinalização, registra o *Guia brasileiro de sinalização turística*, "é de orientar os usuários, direcionando-os e auxiliando-os a atingir os destinos pretendidos. Dessa forma, para garantir a sua homogeneidade e eficácia, é preciso que seja concebida e implantada de forma a assegurar a aplicação dos seguintes objetivos e princípios básicos:

Legalidade

- Cumprir o estabelecido no Código de Trânsito Brasileiro (CTB) e nas Resoluções do Conselho Nacional de Trânsito (Contran).
- Cumprir a legislação de preservação de sítios tombados pelo Instituto do Patrimônio Histórico e Artístico Nacional – Iphan e protegidos pela Lei de Arqueologia.

Padronização

- Seguir um padrão preestabelecido quanto a: formas e cores dos sinais; letras, tarjas, setas e pictogramas; aplicação – situações idênticas sinalizadas da mesma forma; colocação na via ou nas localidades.

Visibilidade, Legibilidade e Segurança

- Ser visualizada e lida a uma distância que permita segurança e tempo hábil para a tomada de decisão, de forma a evitar hesitação e manobras bruscas.

---

7 BRASIL. Ministério do Esporte e Turismo. Embratur – Instituto Brasileiro de Turismo. *Guia Brasileiro de Sinalização Turística*. Brasília, 2001. p. 14.

8 GOUIRAND, 1994. p. 119.

- Selecionar trajetos de fácil compreensão para os usuários, com o objetivo de valorizar os aspectos de interesse cultural e turístico, levando em conta a segurança do trânsito.
- Garantir a integridade dos monumentos destacados e impedir que a sinalização interfira em sua visualização.
- Resguardar as peculiaridades dos sítios.

Suficiência

- Oferecer as mensagens necessárias a fim de atender os deslocamentos dos usuários.
- Auxiliar a adaptação dos usuários às diversas situações viárias.

Continuidade e Coerência

- Assegurar a continuidade das mensagens até atingir o destino pretendido, mantendo coerência nas informações.
- Ordenar a cadência das mensagens, para garantir precisão e confiabilidade.

Atualidade e Valorização

- Acompanhar a dinâmica dos meios urbano e rural, adequando a sinalização a cada nova realidade.
- Assegurar a valorização da sinalização, mantendo-a atualizada e evitando gerar desinformações sucessivas.

Manutenção e Conservação

- Estar sempre conservada, limpa, bem fixada e, quando for o caso, corretamente iluminada".[9]

A sinalização turística representada por placas, como mostram os pictogramas do Quadro 8.1, para ser compreendida por todos os viajantes, necessita ser padronizada, devendo respeitar os procedimentos, as orientações e as determinações legais pertinentes, nacionais e internacionais. Nesse sentido, o *Guia brasileiro de sinalização turística* salienta que "essa comunicação, que ocorre por meio de placas, deve se dar da forma mais abrangente possível e estar em total conformidade com os demais sistemas de circulação e sinalização viária locais. Deve ainda ser integrada aos espaços urbano e rural de forma harmônica, com o mínimo de interferência sobre o meio, compondo com o ambiente de modo a não causar impactos indesejáveis, nem tornar-se obstáculo de qualquer natureza, especialmente os visuais e os relacionados à livre circulação de pedestres e veículos".[10]

[9] BRASIL. Ministério do Esporte e Turismo. Embratur – Instituto Brasileiro de Turismo. *Guia Brasileiro de Sinalização Turística*. Brasília, 2001. p. 16.

[10] BRASIL, 2001. p. 14.

Quadro 8.1 – Comunicação externa.

Continua

Continuação

Fonte: *Guia brasileiro de sinalização turística*, 2001.

Na comunicação externa, o hotel pode também colocar painéis publicitários e de boas-vindas, ferramentas que podem ser utilizadas para melhorar a acolhida do visitante.

Além da comunicação externa, existe também a interna, muito importante para deixar o cliente do hotel mais à vontade e menos dependente de outras pessoas para encontrar o que deseja, como restaurante, sauna, bar, sala de jogos, cancha de esportes etc. Na hotelaria, a comunicação interna pode ser realizada por meio de inúmeros símbolos, como pode ser visto no Quadro 8.2.

Quadro 8.2 – Comunicação interna.

Fonte: Embratur.

A boa comunicação, tanto externa quanto interna, feita pelo hotel, evidencia o *espírito de marketing*, ou seja, a busca da satisfação das necessidades, desejos e expectativas dos viajantes, de modo que usufruam de um atendimento que os agrade do ponto de vista comercial e lhes proporcione um ambiente acolhedor e hospitaleiro.

O tipo de comunicação visual, externa ou interna, é um bom reflexo daquilo que se pensa das pessoas que serão recebidas. O que dizer de um hotel com uma sinalização malfeita, um material publicitário de péssima qualidade, uma *carta de comidas* e outros impressos desleixados, uma edificação em péssimo estado de conservação, jardins malcuidados e uniformes mal conservados? O que um hotel nesse estado lamentável pode sinalizar para o viajante?

Para o caso brasileiro, a sinalização deve respeitar as determinações legais estabelecidas pelo Departamento Nacional de Trânsito (Denatran), pelo Instituto do Patrimônio Histórico e Artístico Nacional (Iphan) e pela Empresa Brasileira de Turismo (Embratur).

No que diz respeito à comunicação específica para os meios de hospedagem, o Regulamento Geral dos Meios de Hospedagem, promulgado pela Embratur, por meio da Deliberação n. 429, de 23 de abril de 2002, prevê as seguintes determinações:

> **Art. 12**. O meio de hospedagem deverá incluir nos impressos distribuídos, ou nos meios de divulgação utilizados, ainda que de forma sintética e resumida, todos os compromissos recíprocos entre o estabelecimento e o hóspede, especialmente em relação a:
>
> I – serviços incluídos no preço da diária;
>
> II – importâncias ou percentagens que possam ser debitadas à conta do hóspede, inclusive, quando aplicável, o adicional de serviço para distribuição aos empregados;
>
> III – locais e documentos onde estão relacionados os preços dos serviços não incluídos na diária, tais como estacionamento, lavanderia, telefonia, serviços de quarto e outros;
>
> IV – possibilidade da formulação de reclamações para a Embratur, para o Órgão Estadual de Turismo e para o órgão local de Defesa do Consumidor, cujos telefones devem ser divulgados
>
> **Parágrafo único**. Os Regulamentos Internos dos estabelecimentos deverão observar, fielmente, as disposições do Código de Defesa do Consumidor (Lei n. 8.078/90).
>
> **Art. 13**. Os meios de hospedagem devem manter, na portaria/recepção, à disposição de seus hóspedes e usuários, livro ou outro documento próprio para registro das impressões, elogios e reclamações sobre o estabelecimento, cuja consulta periódica deverá orientar a sistematização de ações preventivas e corretivas de controle e de melhoria de qualidade do empreendimento.
>
> **Art. 14**. Todo e qualquer preço de serviço prestado e cobrado pelo meio de hospedagem deverá ser previamente divulgado e informado em impressos e outros meios de divulgação de fácil acesso ao hóspede.

Art. 15. Para os fins do artigo anterior, os meios de hospedagem afixarão:

I – na portaria/recepção:

a) nome do estabelecimento;

b) relação dos preços aplicáveis às espécies e tipos de UH;

c) horário do início e vencimento da diária;

d) os nomes, endereços e telefones da Embratur, de seus órgãos delegados competentes, e de Defesa do Consumidor, aos quais os hóspedes poderão dirigir eventuais reclamações;

e) a existência e quantidade de UH adaptadas para pessoas portadoras de necessidades especiais;

II – Nas Unidades Habitacionais – UH: além das informações referidas no inciso anterior, mais as seguintes:

a) a espécie e o número da UH;

b) os preços vigentes em moeda nacional;

c) os serviços incluídos na diária, especialmente, quando aplicáveis, os de alimentação;

d) a data de início de vigência das tarifas;

e) todos os preços vigentes dos serviços oferecidos pelo estabelecimento, tais como minirrefrigerador, lavanderia, ligações telefônicas, serviço de quarto e outros, afixados junto ao local em que esses serviços são oferecidos.

Parágrafo único. Havendo na mesma edificação, além das UH destinadas ao funcionamento normal do meio de hospedagem, outras para locação ou quaisquer finalidades diversas, o estabelecimento deverá expor em local de fácil visibilidade, na recepção, quantas e quais UH se destinam a cada finalidade.

Art. 16. Os preços serão livremente fixados e praticados por todos os meios de hospedagem, observada a legislação pertinente.

Parágrafo único. Os preços serão sempre expressos em moeda nacional, admitindo-se, para fins promocionais, que os mesmos sejam divulgados no exterior em moeda estrangeira, observada a cotação correspondente prevista no câmbio oficial.

Art. 17. É expressamente vedada a utilização de qualquer espécie de artifício ou documento, por meio de hospedagem, com o intuito de induzir o consumidor sobre classificação inexistente, ou diversa daquela efetivamente atribuída ao estabelecimento.

Parágrafo único. A adoção do procedimento referido neste artigo caracterizará a prática de propaganda enganosa mencionada na Lei n. 8.078/90 (Código de Defesa do Consumidor).

Art. 18. Os meios de hospedagem que dispuserem de UH e áreas acessíveis a pessoas portadoras de deficiência deverão colocar, junto à entrada principal do estabelecimento, a placa com o Símbolo Internacional de Acesso a essa faixa de clientela.

Art. 19. O serviço de portaria/recepção do meio de hospedagem – prioritário ao atendimento do consumidor – deverá dispor de pessoal qualificado e material promocional adequado a prestar as informações e atender as providências requisitadas pelos hóspedes.

8.5 Gestos e sinais de hospitalidade

Como *materializar* a hospitalidade? Quais são seus ritos ou rituais? Que gestos e sinais expressam que a pessoa foi aceita?

Existem gestos e sinais muito expressivos, que *falam por si só*. Gestos simples, como um aperto de mão, uma inclinação de cabeça e um sorriso, dizem muito do que se passa na alma das pessoas. Esse conjunto de gestos e sinais faz parte da chamada linguagem corporal. A linguagem, como afirmam Rabaça e Barbosa, é "qualquer sistema de *signos* (não só vocais ou escritos, como também visuais, fisionômicos, sonoros, gestuais etc.) capaz de servir à *comunicação* entre os indivíduos".[11]

a) Significado de gestos e sinais

O gesto, segundo o *Dicionário Houaiss*, é uma palavra derivada do latim (*gestus, us*), que significa movimento, atitude, gesto, gesticulação, visagem, careta. Ou ainda, segundo a mesma fonte, o gesto é "um movimento do corpo, especialmente das mãos, braços e cabeça, voluntário ou involuntário, que revela estado psicológico ou intenção de exprimir ou realizar algo".

Um gesto de hospitalidade pode ser considerado uma atitude ou um movimento na direção do outro. Consiste num ato voluntário, materializado numa expressão corporal, que sinaliza um *deixar entrar*, um *deixar possuir-se*.

Sinal e gesto, na prática, são palavras com significados semelhantes. Segundo o *Dicionário Houaiss*, sinal é movimento, manifestação que serve de advertência, ou que possibilita conhecer ou prever alguma coisa. Gesto serve, enfim, para comunicar algo a alguém. Num conflito, se alguém levantar uma bandeira branca, é sinal de que a pessoa busca um entendimento de paz. Um presente é um sinal de reconhecimento, agrado e amizade. Em outras palavras, se um hotel oferece

---

[11] RABAÇA; BARBOSA, 2001. p. 430.

um coquetel de boas-vindas ao viajante após o *check-in,* é sinal que traduz alegria em acolhê-lo e hospedá-lo.

A tarefa do *check-in*, de responsabilidade do recepcionista do hotel, é, na prática, um dos componentes do processo de hospitalidade. Esse ato, contudo, pode ser realizado de forma puramente mecânica. Nesse caso, na perspectiva de Gouirand,[12] o homem se transforma voluntariamente numa máquina, não colocando nenhuma emoção, nenhum calor humano em sua relação com o cliente. O que deve ser observado e analisado, contudo, é aquilo que está por trás desse ato mecânico, pois é aí que se encontra o verdadeiro *nó da questão*, já que a hospitalidade, na prática, vai além da mera ação mecânica. Ela exige que o profissional incorpore, em seu comportamento, o espírito de serviço, manifestado no prazer de lidar com pessoas. Como isso se traduz na prática hoteleira? O sorriso, a expressão corporal, a presteza, a amabilidade e o bom humor nos dizem muito: são gestos e sinais de hospitalidade. Podemos encontrar, para o caso dos hotéis, outros sinais, como um cesto de frutas colocado no apartamento do hóspede, um roupão personalizado, um cartão de boa-noite colocado na cabeceira da cama pela camareira, o gesto do capitão-porteiro de abrir a porta do automóvel para o viajante que acaba de chegar, entre outros. É importante identificar e compreender o significado desses gestos e sinais da hospitalidade que integram o dia a dia do hotel. Eles podem, inclusive, compor a pauta dos treinamentos dos colaboradores, para aprimorá-los cada vez mais na arte de bem acolher.

A linguagem corporal está presente no dia a dia de todas as pessoas. Em algumas atividades, ela aparece de forma mais marcante, como na dança e no teatro. No entanto, estudos revelam que, mesmo nas situações mais comuns, como nos relacionamentos entre pessoas, os movimentos corporais e o tom da voz dizem muito mais que as palavras.

Os gestos e os sinais de hospitalidade podem ser percebidos por atitudes afetuosas, efusivas e inflamadas, pelo caloroso aperto de mãos e pelo abraço afetuoso. É o que se vê nos costumes dos povos latinos. Daí o caloroso aperto de mãos, o abraço afetuoso e a troca de beijos no rosto, como sinal de amabilidade, cortesia e prazer pelo encontro. Existem, pois, traços culturais comuns aos povos de um determinado continente, embora existam também aqueles peculiares às diversas regiões.

---

[12] GOUIRAND, 1994.

Cabe destacar que esse conjunto de gestos e sinais de hospitalidade, bem como outros, são atributos inerentes à cultura dos mais diferentes povos. O que para alguns pode ser um gesto ou sinal de hospitalidade, para outros nem tanto. Daí a importância de se conhecer melhor as diferentes culturas, em especial na atualidade, em que vivemos um período marcado fortemente pela globalização, ou seja, pelo intenso intercâmbio entre os povos.

Um gesto ou sinal pode possuir mais do que um só significado, em especial para pessoas de culturas diferentes. Se isso não for levado em consideração, pode-se causar grandes "ruídos" no processo de hospitalidade. Vejamos alguns exemplos:

- a pessoa, ao cruzar os braços sobre o peito, pode sinalizar uma atitude defensiva ou de desacordo. Claro que ela pode também estar nessa posição por uma questão de hábito;
- ao coçar a cabeça, a pessoa pode sinalizar incerteza. Pode também estar simplesmente coçando a cabeça;
- balançar a cabeça, alternando para cima e para baixo, sinaliza que a pessoa está entendendo, não necessariamente concordando;
- um colaborador, ao fixar constantemente os olhos em seu superior durante uma conversa, pode significar um desafio à autoridade. Pode também indicar respeito por seu superior ou ainda interesse pela conversa; e
- uma pessoa, ao cruzar as pernas quando sentada, passa uma atitude defensiva. Pode também sinalizar simplesmente uma posição confortável.

b) Gestos e sinais embaraçosos

Existem algumas centenas de gestos e sinais que podem ser usuais em determinadas comunidades, mas podem parecer bizarros para as pessoas de outras culturas:

- no Canadá o sinal de *V* feito com os dedos sinaliza vitória. Contudo, o mesmo sinal, se for feito com a palma da mão voltada para dentro, é um insulto;
- nos Estados Unidos o sinal de OK é feito com os dedos polegar e indicador unidos, formando um círculo. Em outros países é um gesto considerado vulgar;

- nos países muçulmanos e também na Índia e na Tailândia não se deve levar alimentos à boca ou cumprimentar com a mão esquerda, reservada à limpeza íntima;
- na Arábia Saudita e no Egito o gesto de polegares para cima é considerado grosseiro ou falta de educação;
- no Nepal e na Tailândia é tabu tocar na cabeça das crianças para não perturbar o seu espírito;
- na Turquia não se deve cruzar as pernas ou expor a sola dos sapatos; tampouco se deve cruzar os braços quando se estiver de frente para outra pessoa;
- na China, ao apontar para uma determinada direção, deve-se usar a mão inteira, nunca um dedo só.

Seria interessante fazer referência aqui a outros gestos e sinais que pudessem nos auxiliar a compreender melhor os turistas de diferentes países, com seus usos e costumes específicos. Com isso, seria possível aprimorar o processo de acolhida desses viajantes, tendo em vista que, em virtude da grande expansão das viagens e do progresso tecnológico, as interações entre os povos têm sido mais frequentes, tornando o mundo uma *aldeia global*. Contudo, por uma questão de síntese, foram mencionados apenas alguns exemplos, úteis para elucidar o assunto e sinalizar uma direção de pesquisa e uma linha de treinamento dos profissionais de hotelaria, sensibilizando-os para a necessidade de compreender e respeitar as diferenças culturais dos integrantes dessa *aldeia global* da qual os hotéis fazem parte.

c) Gestos e sinais louváveis

Os gestos e sinais de hospitalidade são atributos inerentes à cultura dos mais diferentes povos. Por exemplo, na América Latina, como já mencionamos, as pessoas têm atitudes afetuosas, efusivas e inflamadas, que transparecem no simples ato de saudar. Daí o caloroso aperto de mãos e o abraço afetuoso. É comum também a troca de beijos, no rosto, entre mulheres, e entre mulheres e homens, como sinal de amabilidade, cortesia e prazer pelo encontro. Existem, pois, traços culturais comuns aos povos de um determinado continente, embora existam também aqueles peculiares às diversas regiões.

Nesse particular, o Brasil é um bom exemplo a ser mencionado, sobretudo, em função da grande diversidade cultural entre as regiões do país. O poeta Jayme Caetano Braun, num linguajar bem típico do pampa gaúcho, aponta alguns gestos e sinais de hospitalidade.

HOSPITALIDADE

Jayme Caetano Braun

No linguajar barbaresco
E xucro da minha gente
Teu sentido é diferente,
Substantivo bendito,
Pois desde o primeiro grito
De "ô de casa" dado aqui,
O Rio Grande fez de ti
O mais sacrossanto grito!

Não há rancho miserável
Da nossa terra querida,
Onde não sejas cumprida
No mais campeiro rigor,
Porque Deus Nosso Senhor
Quando te botou carona,
Já te largou redomona
Sem baldas de crença ou cor!

Dizem uns, que te trouxeram,
De Espanha e de Portugal
E que neste chão bagual
Criaste novo sentido,
E o que além era vendido
Transformou-se aqui num culto
Onde o dinheiro é um insulto
Com violência repelido!

Tenho p'ra mim que és crioula
Do velho pago infinito
Onde até o índio proscrito
Egresso da Sociedade,
Na xucra fraternidade
Dos deserdados da sorte
Não respeita nem a Morte,
Mas cumpre a Hospitalidade!

Hospitalidade é o mate
Da chaleira casco preto,
É a graxa que do espeto
Vai respingando na brasa,
É o truco, que cada vasa,
Sempre está pintando "Flor",
É Rancho de corredor
E sombra de oitão de casa!
Hospitalidade é o grito

Do Quero-Quero altas horas;
É o tinido das esporas
Da casa para o galpão;
É o velho fogo de chão
Que caborteiro crepita;
É olhar de china bonita
Que nos queima o coração

É o xarque de carreteiro
Picado sobre a carona;
É o lamento da cordeona
Que se perde campo afora;
É a china linda que chora
Num derradeiro repique
Pedindo que a gente fique
Até que se rompa a aurora!

Mas porém, sintetizada,
Num traste de uso machaço
A hospitalidade é um laço
Bem grosso e de armada grande
Que Deus trançou, p'ra que ande,
Apresilhado ao cinchão
Nos tentos do Coração
Dos gaúchos do Rio Grande!

Na figura de linguagem do poeta, a "hospitalidade é o mate da chaleira casco preto é a graxa que do espeto vai respingando na brasa". Beber junto um mate, à beira de um fogo de chão, com a mesma cuia que passa de mão em mão, representa, para os gaúchos, um gesto ímpar de partilha, um momento de profunda comunhão entre as pessoas. A noção de partilha e de congraçamento está presente também no ato do *comer junto*, no caso, um churrasco, que, para o gaúcho, é também um grande sinal de amizade e de hospitalidade. Todo esse contexto do *beber e comer junto* é marcado pelo aconchego, pela sociabilidade e pela convivibilidade, essenciais para a formação do espírito de hospitalidade e seu exercício.

Cabe, ainda, destacar o papel desempenhado ou representado pelo *fogo de chão*, ao redor do qual as pessoas proseiam e tomam chimarrão, ou simplesmente pelo fogo, importante elemento aglutinador das pessoas. O fogo tem sido essencial para a vida dos homens, ao longo do tempo, não somente como elemento necessário para cocção de alimentos, fundição de minérios, aquecimento, mas também como fator fomentador das interações entre as pessoas, que são atitudes fundamentais para a consolidação do grupo. Além disso, o fogo possui outros simbolismos, como o *fogo da paixão*. Veja-se o significado que Paulo Coelho empresta ao procedimento de acender o fogo da lareira de sua própria casa: "só eu acendo o fogo. É um ritual com o qual me envolvo profundamente. Não seria exagero dizer que, para mim, é uma ação tão importante quanto fazer sexo".[13]

Ao longo da história, sobretudo no Ocidente, o fogo foi o marco do local onde ficava o centro do lar, e, por essa razão, exercia o papel aglutinador das pessoas, tanto física quanto psicologicamente. É por isso, enfatiza Visser, que "mesmo antes do amanhecer da história já cozinhávamos nesse fogo, perto dele fazíamos nossas camas e em torno dele nos sentávamos, num 'círculo' familiar, e comíamos ouvindo o seu ruído, contemplando-o, pois o fogo era um pano de fundo reconfortante para nossas refeições".[14] Esse *pano de fundo* tem contribuído significativamente para a formação de um ambiente acolhedor e hospitaleiro. Franco reforça essa interpretação, chamando a atenção para o papel simbólico do fogo nos rituais da mesa e da hospitalidade. Além disso, acrescenta que "as chamas simbólicas, mantidas sempre acesas, denotam anseio de continuidade, de eternidade".[15] É o significado que tem a *chama crioula* para os gaúchos ou a tocha olímpica para os participantes das Olimpíadas.

---

[13] Revista *Caras,* n. 532, 16 jan. 2004.

[14] VISSER, M. *O ritual do jantar*: as origens, evolução, excentricidades e significado das boas maneiras à mesa. Rio de Janeiro: Campus, 1998. p. 78.

[15] FRANCO, 2001. p. 18.

Embora os avanços tecnológicos tenham disponibilizado novos equipamentos para a cocção de alimentos e o aquecimento de ambientes nos lares, o fogo continua exercendo o seu fascínio, por ser um importante elemento na formação de um contexto acolhedor e hospitaleiro. Basta, para tanto, verificar a quantidade de lareiras existentes nas casas, mesmo em regiões tropicais.

Muitos são os gestos ou sinais de hospitalidade por meio dos quais um polo turístico ou um hotel pode *mostrar* seu estilo ou seu jeito de ser. Um deles merece destaque especial por ser um modo de comunicação universal: trata-se do sorriso, um dos maiores gestos de hospitalidade, extremamente importante nas atividades hoteleiras, gesto esse expresso e compreendido por todos os povos do mundo, independentemente de raça, cor e cultura. Se os filósofos não tivessem definido o ser humano como *animal racional* ou aquele que pensa (*penso, logo existo*), poder-se-ia, talvez, afirmar que o homem seria aquele que sorri, aquele que desenvolve uma linguagem que expressa aquilo que se passa no fundo da alma humana. Nenhuma linguagem, pondera Gouirand,[16] é tão perfeita e completa para exprimir o prazer e a alegria quanto o sorriso, e sua ausência geralmente é interpretada como um sinal de hostilidade e de aborrecimento. O sorriso, enfatiza Cuillé,[17] "é o primeiro gesto através do qual uma pessoa se demonstra acolhedora e interessada em se comunicar com o outro". Por isso o sorriso cativa tanto e pode ser considerado o maior símbolo de hospitalidade. Gouirand[18] lembra ainda que o sorriso traduz o sentimento do "eu estou feliz em vê-lo" ou recebê-lo. Em outras palavras, é querer mostrar para a pessoa o prazer que ela nos proporcionou ao ser vista. Talvez o sorriso seja o gesto que o visitante mais espera receber, por representar o *quebra-gelo* e, especialmente, o sinal de reconhecimento e de boas-vindas. O sorriso engloba toda a mensagem da hospitalidade e representa a porta pela qual o outro ingressa em nosso espaço físico, emocional e intelectual.

Quando o responsável pelo acolhimento se recusa voluntariamente a sorrir, estará cometendo uma falta profissional imperdoável, lembra Gouirand.[19] Sabe-se também que, além do sorriso, é necessário que haja perfeita execução de todos os procedimentos operacionais para que o cliente seja, de fato, bem acolhido. Não há dúvidas, pois, de que o sorriso é um dos principais componentes do produto hoteleiro. Chega-se mesmo a afirmar, na interpretação de Gouirand,[20] que um

---

[16] GOUIRAND, 1994. p. 135.

[17] CUILLÉ, Ph. *Animer son établissement.* Paris: Editions BPI, 1992. p. 31.

[18] GOUIRAND, 1994.

[19] GOUIRAND, 1994.

[20] GOUIRAND, 1994.

produto vendido sem sorriso é um produto incompleto. Isso é válido para todos os setores do hotel e não somente para o pessoal da recepção, como se crê comumente. Até porque o hóspede interage, durante sua estada no estabelecimento, com os colaboradores das mais diferentes áreas.

Algumas pessoas nasceram com o *dom* de serem sorridentes, o que constitui um excelente perfil para os profissionais que trabalham na linha de frente, como, por exemplo, a recepção do hotel.

d) Evidências em hotéis

São evidências de gestos e sinais de hospitalidade em hotéis:

- a estrutura física; dificilmente o hotel poderá oferecer hospitalidade a contento sem que haja uma estrutura física perfeitamente adequada. Ou seja, espaços, instalações e equipamentos que permitam operacionalizar a chegada do viajante, com ou sem automóvel;
- os "mimos", como cesto de frutas colocado no apartamento do hóspede e o roupão personalizado;
- uma equipe de colaboradores que evidencie uma atitude hospitaleira, por meio da apresentação pessoal impecável; do abrir a porta do automóvel do viajante quando da sua chegada; do sorriso, da saudação e das boas-vindas; da ajuda para descarregar a bagagem; do acompanhamento do recém-chegado à recepção; das providências para a guarda do automóvel; e
- o serviço de *turn-down*, que consiste no trabalho da camareira no final da tarde, procedendo à *abertura de cama* e refazendo a arrumação de alguns detalhes do apartamento.

e) Evidências em destinos turísticos

São evidências de gestos e sinais de hospitalidade em destinos turísticos:

- um pórtico na entrada da cidade. De forma figurativa, o pórtico representa a saudação, as boas-vindas, o abraço que a comunidade receptora está dando ao visitante. Além disso, o pórtico tem por objetivo fornecer informações ao visitante;
- ruas, praças e jardins bem cuidados. Esses espaços físicos representam a "sala de visitas" da comunidade que recebe os visitantes;

- moradias bem pintadas e ajardinadas compõem um contexto físico acolhedor;
- atendimento exemplar nas casas de comércio, marcado por atitudes hospitaleiras por parte de todos os atendentes; e
- boas-vindas dadas aos visitantes em locais de chegada, como aeroportos, por pessoas da localidade vestidas com trajes típicos.

Capítulo 9

OS PRINCÍPIOS DA HOSPITALIDADE

A presente abordagem busca salientar alguns princípios que, à semelhança das virtudes esperadas do bom anfitrião, seja no âmbito privado ou no público e no comercial, também são importantes no processo da hospitalidade.

9.1 Princípios básicos

Para que as organizações que integram a área da hospitalidade fomentem uma cultura da hospitalidade e uma atuação baseada em atitude hospitaleira por parte de todos os seus colaboradores, é necessário adotar alguns princípios básicos. Cuillé[1] chama a atenção para quatro deles, como indica a Figura 9.1.

- segurança;
- cortesia;
- atenção contínua; e
- coerência.

Figura 9.1 – Princípios da hospitalidade.

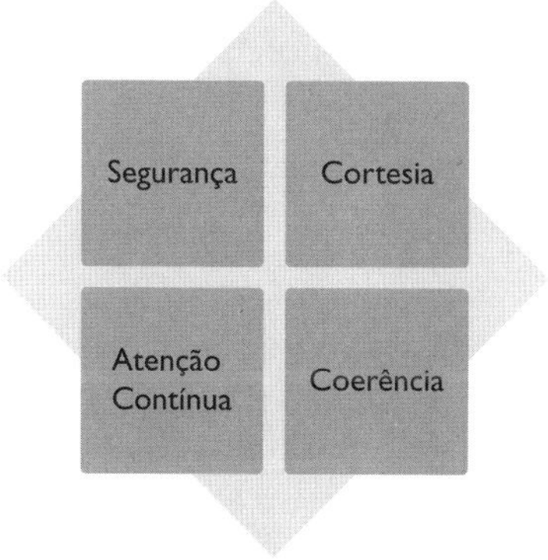

1 CUILLÉ, Ph. *Animer son etablissement.* Paris: Editions BPI, 1992. p. 19.

9.1.1 Segurança

O viajante certamente almeja encontrar segurança em sua empreitada. No caso dos hotéis, essa segurança diz respeito a quatro aspectos.

- **Assaltos**: os hotéis têm usado os seguintes expedientes para minimizar os assaltos:
  - o "olho-mágico" ou um trinco especial que só permita entreabrir a porta;
  - fechaduras eletrônicas que permitem um melhor controle de acesso ao apartamento; e
  - circuito interno de TV ou equipamento de segurança similar.

- **Incêndios**: para garantir segurança nesse aspecto, os hotéis:
  - afixam, em local bem visível – geralmente atrás da porta de entrada do apartamento – um layout que indica o caminho a ser seguido em caso de ocorrer incêndios; e
  - colocam nos apartamentos *sprinkler system*, detectores de fumaça.

- **Objetos de valor**:
  - serviço de cofre.

- **Outros aspectos de segurança**:
  - gerador de emergência, preferencialmente com partida automática;
  - aspectos construtivos de segurança, como piso antiderrapante e parapeitos,
  - meios de controle de entrada e saída de veículos e de pessoas no hotel e das pessoas nos apartamentos;
  - serviço de segurança no hotel, por pessoas com formação adequada, preferencialmente durante 24 horas; e
  - seguro contra roubos, furtos e responsabilidade civil.

9.1.2 Cortesia

O viajante deseja ser tratado com amabilidade e cordialidade para poder sentir-se bem à vontade, como se estivesse em sua própria casa. Pode-se afirmar que o sentimento de *sentir-se em casa* é um desejo de todas as pessoas que viajam.

A respeito da expressão *sentir-se em casa*, utilizado por muitos hotéis e localidades turísticas, é preciso bem interpretá-la. Isso não significa que o turista almeja *criar a sua casa* nos hotéis e nas múltiplas localidades que visita. Ao contrário, quer sair do cotidiano e ver coisas diferentes. *Sentir-se em casa*, em termos de hospitalidade turística, significa ter no lugar em que se é estrangeiro a mesma sensação de acolhimento que se tem na própria casa, ou seja, segurança, conforto, bem-estar e amabilidade.

A cortesia é, portanto, um princípio da hospitalidade que demanda um tratamento cortês e afável na relação visitante-visitado, caracterizando-se por criar um clima de paz, respeito e tolerância.

É lamentável para um viajante chegar à recepção do hotel e não ser notado pelo recepcionista. Às vezes, o recepcionista pode estar ocupado com o atendimento de outros hóspedes, mas é importante, mesmo assim, que o profissional de hotelaria lhe dê algum tipo de atenção, como um olhar ou um gesto. A falta dessa interação nesse momento crítico do acolhimento, por menor que seja o contato, gera no viajante uma sensação de rejeição, de ser alguém indesejável. É preciso compreender que o viajante, em especial aquele proveniente de outros países, está extremamente fragilizado no momento da chegada, pois se encontra num lugar onde tudo lhe é estranho, a começar pelo idioma. Ao chegar a um lugar público e, mais precisamente a um hotel, o que o cliente mais quer é ser tratado com toda a cortesia.

9.1.3 Atenção contínua

Desde sua chegada até sua saída, o visitante deseja receber toda a atenção e estar permanentemente conectado. A grande preocupação de um hoteleiro amante da sua profissão é a de identificar e atender, constantemente, as necessidades, os desejos e as expectativas de seus hóspedes. O propósito de todos esses cuidados é fazer o viajante sentir-se à vontade ao chegar ao hotel, ao ponto de ele próprio perceber que todos almejam tornar sua estada o mais agradável possível. Não cabe, contudo, confundir esses cuidados com ações que levem o recém-chegado a sentir-se tratado como criança. Superproteger um hóspede pode deixá-lo desconfortável, assim como pode ocorrer se não lhe for dada a devida importância.

Ao chegar ao hotel, em seu país ou fora dele, o viajante tem necessidade de atenção, zelo, cuidado, proteção e carinho. Deseja que todos os colaboradores do hotel se ocupem dele, a começar pelas boas-vindas dadas pelo capitão-porteiro quando chega ao estabelecimento. Em seguida, os cuidados em relação à bagagem, ao automóvel, à condução do viajante até a recepção, aos registros e ao encaminhamento para o apartamento. A partir desse momento, a governanta e as camareiras passam a dispensar-lhe toda a atenção no que se refere à arrumação do apartamento, à lavagem de roupa, ao abastecimento da minigeladeira etc. Os garçons, por sua vez, prestam o atendimento do *room service* ou do serviço no restaurante, no bar, no *coffee-shop* etc. Quando o hóspede sai do hotel, vários colaboradores entram em cena para auxiliar, carregar as malas até o automóvel, realizar o *check-out*, efetuar a cobrança dos gastos efetuados etc. Todos esses cuidados integram a atenção contínua, um dos princípios da hospitalidade.

9.1.3.1 A história (parábola) do bom samaritano

Um exemplo da atenção contínua, ou cuidados – um dos princípios da hospitalidade –, é mencionado na (história) parábola do bom samaritano, extraída da Bíblia. É uma história bem conhecida e nos ajudará a compreender melhor o significado da hospitalidade, em especial no que diz respeito aos cuidados que necessitamos ter em relação ao outro, nosso próximo. Esse próximo podem ser pessoas que não fazem parte de nossas convicções religiosas e políticas, porém, elas também pertencem à grande família humana, como todos nós.

Cuidar de pessoas que nos são queridas é sempre um momento de júbilo. Será que o mesmo acontece com pessoas que não integram nosso círculo de amizade? Pessoas com outras culturas, etnias, convicções religiosas e políticas? A história do bom samaritano nos auxiliará a refletir sobre esse assunto.

O contexto e os personagens

Para compreendermos melhor a parábola do bom samaritano e as lições dela decorrentes – em especial em relação a um dos princípios da hospitalidade, a atenção contínua –, é necessário prestar alguns esclarecimentos sobre o contexto e os personagens envolvidos nessa história.

a) O contexto

Israel, em tempos remotos, englobava dois reinos, um situado no norte, que tinha como capital a Samaria, e o outro situado no sul, tendo como capital Jerusalém. No decorrer da história, conflitos levaram à separação dos dois reinos. A Samaria foi conquistada pelos assírios, tornando-se uma região composta por um povo miscigenado. Essa miscigenação entrava em conflito com as convicções dos habitantes do reino do sul, em especial daqueles que residiam em Jerusalém que zelavam pela pureza da raça e da religião. Estabeleceu-se, assim, um grande preconceito dos judeus em relação aos samaritanos.

b) Os personagens

Os três principais personagens envolvidos na parábola do bom samaritano são:

- o sacerdote: pertencente ao clero oficial, tinha como missão realizar o culto e ensinar a doutrina aos demais, inclusive para os necessitados;
- o levita, um servidor do templo; e
- o samaritano, uma pessoa indesejada pelos judeus.

A parábola

Uma vez descrito o cenário da parábola, vamos à narrativa.

Um homem, diz o evangelho de Lucas (10: 30-38), que descia de Jerusalém para Jericó, caiu nas mãos de ladrões que o despojaram, cobriram-no de feridas e se foram, deixando-o semimorto. Em seguida ao ataque, um sacerdote descia pelo mesmo caminho e, percebendo o homem ferido, passou do outro lado. Um levita, que veio também para o mesmo lugar, observou o moribundo e também passou do outro lado. Mas um viajante samaritano, ao chegar ao lugar onde estava esse homem e tendo-o visto, foi tocado de compaixão por ele. Aproximou-se, pois, dele, derramou óleo e vinho em suas feridas e as enfaixou. Colocou-o, então, sobre seu cavalo, conduziu-o a uma hospedaria e cuidou dele. No dia seguinte, tirou duas moedas e as deu ao hospedeiro, dizendo: "Tende bastante cuidado com este homem, e tudo o que despenderdes a mais, eu vos restituirei no meu regresso".

Lições

Sem a necessidade de fazermos uma exegese do texto bíblico, a parábola do bom samaritano nos coloca diante de duas atitudes:

- uma atitude caracterizada pela exclusão, praticada, paradoxalmente, por pessoas que, por obrigação ética, deveriam aproximar-se do necessitado, compadecer-se e cuidar dele, como deveria ser o caso do sacerdote e do levita. Não demonstraram, entretanto, nenhuma atitude hospitaleira. Preferiram encontrar motivos que os levassem a não conviver com aquela situação; e
- outra atitude que evidencia a inclusão e a integração verdadeiramente hospitaleira, fortemente caracterizada pela *humanitas* e praticada por uma pessoa "estranha no ninho" na localidade em que se passam os fatos. O samaritano, mesmo marcada pelo preconceito, soube dar

uma lição singular de hospitalidade: foi capaz de suspender sua viagem para socorrer a vítima, cuidando dela e, inclusive, empenhando sua palavra ao dono do estabelecimento em que acomodou a vítima, ao dizer: "Tende bastante cuidado com este homem, e tudo o que despenderdes a mais, eu vos restituirei no meu regresso". Trata-se de uma bela lição de atenção, de cuidados e de *humanitas*. Uma lição repleta da cultura da hospitalidade.

9.1.4 Coerência

O viajante, ao ser acolhido, almeja encontrar ambientes e serviços coerentes durante toda a sua estada. Nesta linha de pensamento, se um hotel for cinco estrelas, não pode prestar serviços ou oferecer ambientes que não condigam com a categoria do estabelecimento, buscando a harmonização de todos os serviços.

Quando o viajante faz o seu *check-in* no hotel, ele passa para um outro patamar. Passa a ser considerado um hóspede. A partir desse momento, ele deseja receber um tratamento condizente com esse *status* em todos os pontos de venda do hotel: restaurante, sauna, bar etc. Ele sabe que é uma pessoa importante para o hotel, pois nenhuma empresa sobrevive sem clientes encantados e ele quer receber um excelente tratamento em todos esses setores. Os profissionais de hotelaria podem deixar isso claro por meio de gestos ou sinais de hospitalidade, alguns mais intangíveis, como cortesia, amabilidade e presteza, e outros mais tangíveis, como um cesto de frutas colocado no apartamento no momento da chegada do hóspede. Manter a coerência dos ambientes e dos serviços em todos os setores do hotel, em sintonia com a sua categoria, é um belo desafio. Desafio necessário a ser enfrentado, considerando que a coerência é um dos princípios da hospitalidade.

Capítulo 10

A ORGANIZAÇÃO DA HOSPITALIDADE NA HOTELARIA

Propiciar hospitalidade adequada às exigências dos viajantes da atualidade é um desafio permanente para os meios de hospedagem. Dificilmente o hotel poderá atender às necessidades, aos desejos e às expectativas dos viajantes, agregando valor à acessibilidade, sem uma estrutura física e um atendimento perfeitamente adequados, pressupostos do processo de hospitalidade. Para refletirmos sobre esses aspectos da hospitalidade, foram selecionados os seguintes tópicos: (1) perfil e formação profissional; (2) a dimensão do viajante; (3) a cultura organizacional; (4) características; e (5) a carta de hospitalidade.

10.1 Perfil e formação profissional

Para organizar e tornar possível a hospitalidade, é necessário selecionar uma equipe de colaboradores com perfil adequado aos cargos e às funções que compõem a estrutura funcional do hotel e que sejam capazes de desenvolver essa estrutura permanentemente. Gostar da convivência e do trato com pessoas e de servi-las é um pressuposto fundamental para quem almeja exercer atividades na área da hospitalidade.

Dificilmente uma pessoa expressa uma atitude de acolhimento se não possuir inclinação e até mesmo *vocação* para servir, o que se manifesta no sorriso, no tom de voz agradável, na elegância, na cortesia, na amabilidade, na presteza e no equilíbrio emocional. Todos esses atributos poderiam estar englobados no que se denomina *disposição para servir*. A disposição para servir é parte essencial da qualidade dos serviços; por isso, deve estar no *sangue* de todos os profissionais que prestam serviços. Desse modo, o ato de servir torna-se espontâneo e não um fardo ou um castigo.

É importante frisar que, além do prazer em servir as pessoas devem adquirir também as competências necessárias para qualificar ainda mais suas interações, tornando-as *momentos inesquecíveis da verdade*, tanto para os clientes internos quanto para os externos. Nesse particular, cabe às instituições de ensino e às empresas a importante tarefa de qualificar de forma mais adequada as pessoas que almejam entrar no ramo ou que já estão trabalhando na área.

Para atuar nas mais diversas áreas das empresas de hospitalidade, como alimentos e bebidas, hospedagem, administração, marketing, lazer etc., o profissional necessita de uma formação que leve em consideração conhecimentos, habilidades e atitudes pertinentes. Essa formação, quando oferecida pelas instituições de ensino, principalmente as de nível superior, deve forjar um profissional qualificado, crítico, polivalente, criativo e com grande capacidade de adaptação às novas e diferentes situações.

Para proporcionar uma hospitalidade de qualidade e tendo em mente a dimensão profissional dos colaboradores da hotelaria, cabe ressaltar as seguintes competências:

a) Competência cognitiva – aprender a aprender

Isto é, compreender o significado do aprender a aprender, agregando recursos e tecnologias capazes de um manejo eficaz das oportunidades oferecidas pela educação ao longo da vida.

A aquisição dos conhecimentos próprios das atividades hoteleiras é essencial. Os conteúdos programados no processo formativo visam a subsidiar o conhecimento necessário para o planejamento, a organização e a gestão dos empreendimentos que se ocupam da hospitalidade, possibilitando ao profissional enfrentar, de forma inovadora, os novos desafios.

b) Competência produtiva – aprender a fazer

O aprender a fazer é formado por um conjunto de habilidades adquiridas pelo exercício de atividades práticas executadas ao longo do processo formativo e da vida profissional polarizadas no saber trabalhar em equipe e enfrentar situações novas.

Pelo desenvolvimento das habilidades, é possível transformar o conhecimento em ação. É possível, pois, *materializar* o conhecimento. Se as pessoas adquirirem excelentes habilidades (técnicas, gerenciais e interativas), elas poderão gerar bens e serviços competitivos, condição necessária para a sobrevivência das empresas, sobretudo daquelas que prestam serviços, entre elas, os hotéis.

Para atender às exigências do mercado, no que diz respeito ao desenvolvimento das habilidades, o processo formativo a ser proposto pelas instituições de ensino necessita forjar um profissional com:

- capacidade de atuação profissional responsável e plenamente qualificada para o exercício da administração hoteleira, utilizando, para tanto, técnicas e instrumentos de gestão como forma de captar, orientar, assessorar, planejar e administrar a satisfação das necessidades dos turistas, das empresas e das instituições públicas e privadas;
- habilidade de atuação em todas as áreas concernentes à profissão, tanto no planejamento, na organização, na administração, no assessoramento e na consultoria em vários níveis a entidades públicas ou privadas relacionadas ao setor hoteleiro quanto nas atividades de lazer e recreação, de modo integrado, sistêmico e estratégico;
- condição para integrar-se e contribuir para a ação de equipes interdisciplinares e para interagir criativamente nos diferentes contextos institucionais e sociais, bem como para resolver situações com flexibilidade e adaptabilidade diante de problemas e desafios organizacionais;
- habilidade de comunicação interpessoal;
- capacidade para atuar como agente multiplicador de conhecimentos em hotelaria;
- habilidade de utilização de raciocínio lógico, crítico e analítico;
- capacidade para expressar-se bem em seu idioma e em outras línguas, principalmente inglês e espanhol;
- habilidade para o manejo da informática e de outros recursos tecnológicos usuais no setor hoteleiro;
- condição para perceber a necessidade constante de aperfeiçoamento profissional, acompanhando a evolução científica e tecnológica;
- capacidade para cultivar uma personalidade íntegra, que dignifique a profissão, por meio de um comportamento moral e eticamente equilibrado; e
- habilidade para lidar com modelos de gestão inovadores.

Para desenvolver as habilidades propostas, as instituições de ensino podem fazer uso das seguintes estratégias:

- laboratórios educacionais – por meio dos quais se proporciona aos participantes o desenvolvimento das habilidades pertinentes; e
- prática operacional – feita com hotéis que permitem aos participantes a realização de pequenos estágios nos mais diversos setores da empresa hoteleira.

c) Competência pessoal – aprender a ser e a conviver

A competência pessoal consiste no desenvolvimento total da pessoa e de sua personalidade, em especial nas dimensões da racionalidade, emotividade, espiritualidade e corporalidade.

Por meio da formação das atitudes, busca-se um modo peculiar de enfatizar o aprender a ser, destacando: disciplina, pontualidade, assiduidade, asseio e apresentação pessoal, cooperação, cortesia, criatividade e iniciativa. Essas atitudes integram o processo de formação proposto pelas instituições de ensino e necessitam ser trabalhadas no dia a dia.

A finalidade do aprender a conviver é participar e cooperar com os outros em todas as atividades humanas, por meio da percepção das interdependências, dos valores do pluralismo e da compreensão mútua. O aprender a conviver, ou seja, a competência social, se manifesta pelos indicativos de inteligência interpessoal, inteligência emocional, bem como pela capacidade de compartilhar espaços, socializar ideias e trabalhar em equipe.

d) Competência de ponta – aprender a lidar com o futuro

A competência de ponta se traduz na capacidade de vislumbrar perspectivas profissionais e de lidar com metas estratégicas, a partir da leitura do potencial pessoal e de mercado.

O turismo é, atualmente, uma realidade de importância cada vez maior no contexto do desenvolvimento socioeconômico das nações, tornando-se uma fonte geradora de empregos e de divisas e também um mercado em grande expansão, que necessitará de um grande contingente de recursos humanos altamente qualificados.

10.2 Dimensão do viajante

Quando o viajante se encaminha para um hotel, ele traz consigo uma gama de necessidades, desejos e expectativas e, concomitantemente, deposita e remete para o hotel o papel de supridor dessas necessidades, desejos e expectativas. Daí a importância de a instituição se aparelhar, disponibilizando uma estrutura física, técnica, operacional e humana capaz de suprir aquilo que se espera de maneira encantadora.

A perspectiva do cliente é uma dimensão essencial para quem quer fomentar a prática das virtudes da hospitalidade em uma organização hoteleira. Para tanto, é necessário colocar-se no lugar do cliente; averiguar quais as prerrogativas e os domínios imprescindíveis capazes de assegurar a presença e a permanência do hóspede no hotel. Portanto, trata-se da hospitalidade na perspectiva dos clientes, dos hóspedes, dos viajantes, em especial considerando a diversidade de suas origens e culturas.

Isso demanda uma competência de averiguação permanente e de pesquisa constante, com base em alguns questionamentos:

- Qual a infraestrutura e a estrutura que o hóspede considera essenciais?
- Quais os procedimentos padrão que o viajante considera essenciais?
- Quais os domínios, conceituais e operacionais, que o cliente considera imprescindíveis?
- Qual a cultura da hospitalidade a permear no hotel sob a ótica do hóspede?
- Qual a atitude hospitaleira que o cliente espera encontrar no hotel?

Trata-se de uma pesquisa permanente de compatibilização entre a gama de necessidades, desejos e expectativas dos viajantes, com a performance dos bens e serviços disponibilizados pelo hotel.

10.3 Cultura organizacional

Todo empreendimento, em razão dos trâmites e das relações do dia a dia, passa a cultuar e a definir valores, princípios e fundamentos que contribuem para alicerçar o que se denomina de cultura organizacional.

O desafio que se apresenta é: como permear a cultura da hospitalidade na cultura organizacional hoteleira, fazendo com que o modo de ação dos colaboradores traduza, de forma marcante, a atitude hospitaleira?

A cultura da hospitalidade hoteleira não nasce por geração espontânea; precisa ser cultuada, agenciada, estudada e planejada de modo pontual diante de cada realidade. E não pode se esquecer de uma série de recursos e mecanismos dos quais podemos lançar mão para consolidar e implantar a cultura da hospitalidade dentro de um hotel: (1) programas; (2) projetos; (3) novos *layouts* relativos a ambientes; (4) capacitação de recursos humanos; (5) ritos de passagem; (6) diagnósticos, sondagens e pesquisas; (7) redefinição dos procedimentos operacionais padrão – POPs; e (8) definição da *Carta de Hospitalidade.*

Desse *mix* de alternativas de recursos e mecanismos, não desprezando a importância das demais medidas, salientaremos a relevância da *Carta de Hospitalidade* a ser construída e implementada pelos diferentes setores do hotel. Ela poderá se constituir num forte componente da cultura organizacional do hotel.

10.4 Características

Os hotéis, com exceção dos de *temporada*, estão disponíveis para receber os viajantes durante as 24 horas diárias, ao longo do ano, o que os distingue de quase todas as demais empresas prestadoras de serviços. Nesse caso, para atender maravilhosamente bem a todos os hóspedes, o hotel precisa contar com uma equipe de colaboradores preparada, que seja capaz de encantá-los e fidelizá-los. Com base nos argumentos de Gouirand,[1] numa interpretação livre, nos permitimos chamar a atenção para algumas características da hospitalidade hoteleira.

a) A hospitalidade hoteleira é um ato permanente e contínuo

O hóspede, durante sua estada no hotel, utiliza os bens e serviços ofertados pelo restaurante, como bar, sauna e outros setores, cabendo aos profissionais encarregados de oferecer esses serviços fazer as *honras da casa.* Salienta-se que a interação com essas áreas do hotel podem ocorrer em várias ocasiões durante a estada, como é o caso da recepção/*conciergerie.* Sempre que o hóspede sair e voltar para o hotel, cabe à equipe da recepção/*conciergerie* ocupar-se dele, saudando-o, recebendo ou entregando-lhe as chaves e os recados, se for o caso.

[1] GOUIRAND, P. *L'accueil hôtelier.* Paris: Editions BPI, 1994.

A hospitalidade hoteleira é, pois, um ato permanente. Ela ocorre durante toda a estada do hóspede e é praticada pelos diversos setores que compõem a estrutura funcional de um hotel. Em alguns setores, como é o caso do restaurante, essa hospitalidade, além de permanente, passa a ser também contínua. Em outras palavras, durante todo o procedimento do serviço, a brigada do restaurante e os clientes mantêm uma interatividade contínua. Isso já não ocorre na recepção/*conciergerie*. Nesse caso, o cliente interage toda vez que por ela passar, podendo transitar diversas vezes num mesmo dia.

b) A hospitalidade é tarefa de todos

O hotel é um sistema composto de várias unidades. Em cada uma delas, existem pessoas que exercem suas atividades. Para que o hóspede possa sair encantado com o hotel, é necessário que todos os colaboradores de todas as unidades façam o seu trabalho maravilhosamente benfeito. É o que acontece, por exemplo, no *check-in* do hotel. Ele depende do bom desempenho de vários profissionais: do capitão-porteiro, do mensageiro, do recepcionista e da camareira. Se um deles falhar, prejudicará todo o processo de entrada, o que repercutirá no julgamento final sobre a qualidade dos serviços oferecidos pelo hotel. É importante enfatizar também a importância da excelente atuação não somente dos profissionais que compõem a *linha de frente*, como também daqueles que integram a *linha de fundo*. É necessário que esses dois setores entrem em sintonia para oferecer bens e serviços que encantem o cliente e, para tanto, é preciso o engajamento de todos os colaboradores.

c) O hoteleiro deve se comportar como um anfitrião

Afinal, o hóspede, durante a sua estada no hotel, está sob os cuidados do anfitrião ou de seus representantes, não se limitando somente aos aspectos comerciais. Nesse particular, César Ritz é um excelente exemplo, dando notoriedade não somente a si próprio, mas também a seu hotel e a sua cidade. Em geral, o viajante leva uma boa ou má impressão do hotel, da cidade ou do país pela maneira como foi acolhido e hospedado pelos profissionais que prestaram serviços.

10.5 Carta de Hospitalidade

A *Carta de Hospitalidade* é uma valiosa ferramenta para implementar a cultura da hospitalidade em uma comunidade ou organização, visando, em especial, à formação da atitude hospitaleira em todos os colaboradores.

Uma organização prestadora de serviços pode promulgar a sua Carta Magna de Hospitalidade? Quais são os possíveis *mandamentos* que podem ou necessitam compor essa Carta de Hospitalidade?

Para que a estrutura operacional do hotel possa oferecer hospitalidade que corresponda às exigências dos viajantes, é preciso desenvolver o binômio estrutura física-atendimento, de modo que estejam perfeitamente adequados. Essa adequação – ou excelência –, para que seja percebida como diferencial do hotel, depende também de atitudes hospitaleiras por parte de todos os colaboradores.

10.5.1 Estrutura operacional

A estrutura operacional de um hotel, no contexto atual, para que fique apta a oferecer hospitalidade adequada às exigências dos viajantes, é complexa. Dificilmente o hotel poderá atender às necessidades, aos desejos e às expectativas dos viajantes sem, como vimos, estrutura física e atendimento adequados.

A estrutura operacional de cada hotel poderá servir de base para a confecção da Carta de Hospitalidade, seja a do próprio setor ou a do hotel.

10.5.1.1 Portaria/Recepção

Para que as interações do pessoal da portaria social ou *conciergerie* e da recepção com os clientes sejam encantadoras – também denominadas momentos da verdade –, é necessário que haja uma retaguarda muito bem estruturada e administrada para oferecer o suporte necessário. Para que a relação entre o cliente que chega e as pessoas que o recebem seja encantadora, lembra Gouirand,[2] é necessário que um enorme trabalho de gestão e de administração seja feito. Não basta somente o sorriso e a amabilidade dispensados pelos colaboradores do hotel – no caso, os colaboradores da portaria e os da recepção –, para propiciar momentos da verdade exultantes; é necessário também que os procedimentos operacionais sejam impecáveis. Se assim não for, a boa vontade, o sorriso e a amabilidade dos colaboradores não servem para grande coisa. A boa qualidade das interações, ainda de acordo com Gouirand, pode até minimizar a desilusão sentida pelo cliente e até mesmo acalmá-lo, mas não apaga o erro e não compensa

---

[2] GOUIRAND, 1994.

a falta de profissionalismo e de método. Portanto, a prática da hospitalidade, além de cortês e alegre, necessita ser eficiente. Essa eficiência é alcançada por uma boa organização do serviço de acolhimento na portaria e na recepção, por uma análise das tarefas a serem executadas e por um estudo dos procedimentos de acolhida. Sem procedimentos operacionais padrão – POPs (a melhor maneira de se executar uma tarefa) – dificilmente se atinge a excelência do atendimento. Se isso não for feito, cada porteiro e cada recepcionista o fará a seu modo, o que poderá não ser a melhor maneira de realizar aquela tarefa, no caso, acolher alguém. Por meio dos POPs, objetiva-se garantir a regularidade dos serviços de acolhida assim como de outros serviços a eles relacionados, prestados na recepção.

Além do estabelecimento dos POPs adequados, do treinamento e do monitoramento como pressupostos, cabe ainda ressaltar a importância das instalações, dos equipamentos e dos materiais que necessitam ser disponibilizados para garantir a boa operacionalidade da portaria e da recepção, bem como a organização de todo o trabalho: o plano de escalas e de horários, e a descrição clara das atribuições e responsabilidades do quadro de pessoal. É do bom equacionamento de todos esses fatores que depende a boa hospitalidade ofertada pelo hotel.

O primeiro contato do viajante, ao chegar ao hotel, é com o capitão-porteiro, os mensageiros e os recepcionistas. Essa interface constitui-se em um importante momento da verdade. Afinal, se esse primeiro momento de interação, em que se inicia o processo da hospitalidade, não for exultante, frustra-se a expectativa do visitante, e será bastante difícil recuperar essa expectativa posteriormente. Assim, é primordial que os colaboradores que executam essas tarefas sejam pessoas de boa educação, prestativas, corteses e acolhedoras – importantes atributos que compõem o conceito de hospitalidade.

Os atributos a serem considerados pelos colaboradores dos setores da portaria/recepção, quando se pensa na construção e na formatação da Carta de Hospitalidade do hotel, podem ser:

- apresentação pessoal requintada;
- sorrir, saudar e dar boas-vindas;
- receber recados para os hóspedes;
- prestar informações;
- atender rapidamente as chamadas telefônicas;

- abrir a porta do automóvel do viajante quando de sua chegada;
- acompanhar o recém-chegado à recepção;
- receber e entregar as chaves dos apartamentos, durante a estada do hóspede;
- acompanhar o hóspede até o apartamento;
- mostrar o funcionamento dos equipamentos, no apartamento;
- receber recados para os hóspedes;
- prestar informações;
- ajudar a descarregar a bagagem;
- providenciar a guarda do automóvel;
- receber e entregar encomendas;
- guardar a bagagem;
- levar e buscar a bagagem nos apartamentos;
- adquirir pequenas encomendas;
- providenciar o serviço de táxi; e
- manter a entrada do hotel em ordem, limpa e bem iluminada.

10.5.1.2 Governança

A partir do momento em que o viajante assina o *Contrato de hospedagem* (Ficha Nacional de Registro de Hóspedes) e se aloja no apartamento, ele passa a integrar a comunidade daquele hotel. O setor da governança o aloja. Essa tarefa cabe, em especial, à camareira, que tem a incumbência de proporcionar-lhe uma estada acolhedora, materializada, sobremaneira no apartamento bem arrumado, limpo, higienizado e em perfeita condição de uso em seus mínimos detalhes.

Ao organizar o setor de governança – principalmente das camareiras –, inúmeros atributos devem ser considerados para compor a *Carta de Hospitalidade* do hotel, valendo citar:

- saudar todos os hóspedes que encontrar pelos corredores;
- respeitar a tranquilidade dos hóspedes, não fazendo ruídos nos corredores e apartamentos contíguos;
- respeitar a placa de *Não perturbe*, quando afixada na maçaneta externa da porta;
- bater à porta, antes de entrar para a arrumação do apartamento;
- ter cuidado com todos os pertences do hóspede;
- avisar os encarregados do *room service* da necessidade de retirar as bandejas que tenham ficado no apartamento;
- encaminhar as roupas dos hóspedes para lavar ou passar;
- devolver as roupas lavadas e passadas dentro do prazo fixado;
- zelar pela boa aparência dos andares;
- cuidar da segurança dos andares;
- efetuar o serviço de *turn-down* – que consiste no trabalho da camareira no final da tarde, procedendo à *abertura de cama* e refazendo a arrumação de alguns detalhes do apartamento;
- colocar um bombom na cabeceira da cama do hóspede e o cartão de identificação da camareira, indicando seu desejo de bem atendê-lo;
- colocar no apartamento um cesto de frutas ou produtos da terra com o cartão de boas-vindas do gerente;
- dispor produtos de *toilete* como pente, toucas, sabonetes, xampus e outros; e
- disponibilizar folheteria do hotel e dos atrativos da cidade ou da região e o papel para correspondência.

10.5.1.3 Restaurante

A oferta de alimentação compõe o processo de hospitalidade. A brigada do restaurante, para proporcionar uma acolhida perfeita e fazer as honras da casa, necessita criar um contexto altamente favorável em todos os detalhes. Isso dificilmente ocorrerá fora de um ambiente marcado pela cultura da hospitalidade. Para tanto, é imprescindível cuidar minuciosamente de todas as etapas que envolvem o processo da hospitalidade, que começa quando o cliente chega e termina quando ele sai do restaurante.

As pessoas vão para um restaurante por muitos motivos, inclusive para comer. Claro que desejam uma comida gostosa e um atendimento impecável, mas possivelmente desejam também ser vistas e conviver com outras pessoas. Por esses e outros motivos, é importante cuidar minuciosamente de todo o processo da hospitalidade, o qual pode sofrer variações de acordo com o tipo e a categoria do estabelecimento. Contudo, independentemente dessas variações, sempre devem ser praticados os princípios básicos da hospitalidade, tais como:

- o *maître,* ou seu imediato, deve receber o cliente na entrada do restaurante, de acordo com as normas de cortesia e etiqueta exigidas para o momento, em todos os detalhes. Fica desagradável, por exemplo, ver-se um cliente *abandonado* na entrada do restaurante, sem ninguém para acolhê-lo. Além de provocar uma sensação de mal-estar, essa situação pode insinuar que o cliente sofrerá o mesmo descaso durante a refeição, ou seja, provavelmente, não receberá tratamento condigno. O cliente, nessa situação, sofre um impacto negativo logo de início, e essa sensação terá reflexos em tudo o que acontecerá depois, inclusive na qualidade da comida, mesmo que ela tenha mantido todas as suas propriedades. Aquela má impressão poderá influenciar também o julgamento que fará da decoração, da iluminação, da música ambiente e do atendimento. Daí a importância de se causar um impacto positivo no cliente desde os primeiros instantes. Alguns desses momentos, certamente, são mais críticos do que outros, motivo pelo qual devem receber atenção redobrada, como é o caso da temperatura das comidas e bebidas. Por exemplo, se o cafezinho estiver frio, o julgamento do cliente poderá se refletir sobre todos os serviços anteriormente prestados. O mesmo vale para a excessiva demora na cobrança da conta. São detalhes ou cuidados que fazem parte da ação do profissional com atitude hospitaleira;
- para uma excelente acolhida, depois de saudar o cliente na entrada do restaurante, cabe ao *maître*, ou a seu imediato, procurar saber a respeito da preferência do cliente por uma determinada mesa ou local. De acordo com a disponibilidade existente, deve-se oferecer o que houver de melhor; e

- uma vez escolhida a mesa, cabe ao *maître* auxiliar o cliente a instalar-se bem, fazendo as *honras da casa* e – juntamente com sua brigada – servindo comidas e bebidas dentro das regras e técnicas usuais. É necessário frisar que a obediência aos procedimentos pertinentes para os serviços em questão integra a prática da hospitalidade. Saber servir corretamente uma refeição pelo serviço à inglesa direto ou indireto e saber apresentar e servir um vinho, por exemplo, compõem o cerimonial da hospitalidade. Da mesma forma, pode-se dizer em relação ao saber dar ritmo à sequência dos serviços, obedecendo aos tempos previstos entre um serviço e outro. Por vezes, servir depressa demais pode caracterizar mau atendimento, dando a impressão de que o desejo é de livrar-se do cliente quanto antes. São ações que não condizem com a cultura da hospitalidade.

No restaurante, no que diz respeito à hospitalidade – ao contrário do que acontece em outros setores do hotel –, existe um aspecto muito peculiar que merece ser destacado. Trata-se da hospitalidade como um ato contínuo. Ou seja, desde a entrada até a saída do restaurante, o cliente está permanentemente sob os cuidados da brigada, a qual nunca deverá se descuidar do *foco-cliente*, que a todo momento poderá contar com sua atenção, quer seja para esclarecimentos sobre o cardápio, complementação do serviço de comidas e bebidas, ou para o oferecimento de aperitivo ou sobremesa, de café ou chá, ou, ainda, para a solicitação de fechamento da conta, despedida etc. Pode-se dizer que a hospitalidade, nesse caso, é um ato contínuo, pois existe uma interação permanente entre os profissionais do restaurante e os clientes. Isso já não acontece, por exemplo, no setor de recepção, de onde, depois do *check-in*, os clientes irão ao setor de governança, rompendo momentaneamente sua interação direta com os recepcionistas. Os hóspedes, sem dúvida, continuam *sob a guarda* da recepçao, mas não fisicamente nem tampouco de forma ininterrupta, como acontece no restaurante. Segundo Gouirand,[3] para o caso do restaurante, é a mesma equipe que recebe o cliente na entrada, o acompanha durante toda a refeição e se despede dele. Por isso, pode-se afirmar que, além de permanente, a hospitalidade no restaurante é também contínua. Reforçando esse ponto de vista, Cuillé[4] chama a atenção para o que denomina *cadeia da acolhida*, que envolve três momentos sucessivos, mas perfeitamente concatenados:

---

3 GOUIRAND, 1994.

4 CUILLÉ, Ph. *Animer son etablissement*. Paris: Editions BPI, 1992.

- chegada;
- estada; e
- despedida.

Embora sejam etapas sucessivas, afirma o autor, o desenvolvimento do processo deve ser contínuo, não podendo haver ruptura. Além do aspecto sucessivo-continuado dessas etapas, Cuillé[5] chama a atenção para outro aspecto igualmente importante, denominado *coerência nas diferentes operações*. Essa coerência, enfatiza o autor, diz respeito não somente ao desenvolvimento das etapas que compõem a cadeia da acolhida, mas também a todos os elementos a ela relacionados, como decoração, música ambiente, categoria e prestação de serviços. Em muitos estabelecimentos, essa falta de coerência ou harmonia é gritante, como pode ser observado, por exemplo, em relação à música, à decoração e às modalidades de serviço, que não combinam com a proposta alimentar do restaurante. Existem outros exemplos que poderiam elucidar essa falta de coerência, seguidamente encontrados na prática:

- ausência de um padrão de referência para os procedimentos operacionais dos serviços prestados. Às vezes, esses procedimentos nem existem. Em outras ocasiões, embora existam, não são praticados, porque os profissionais não os dominam, por falta de treinamento; e
- falta de harmonia entre a *linha de frente* e a *linha de retaguarda*, o que é provocado por conflitos pessoais e por falta de procedimentos eficientes.

10.5.1.4 Telefonia/Reservas

A internet vem facilitando, cada vez mais, a interação entre clientes e hotéis. O telefone, contudo, continua sendo um dos meios de comunicação mais utilizados. Pelo telefone, inicia-se, geralmente, o processo da hospitalidade, o que exige excelente qualificação dos profissionais encarregados de interagir com os clientes, principalmente a equipe de reservas, até porque, como pondera Gouirand,[6] a primeira impressão que o cliente em potencial terá no primeiro contato telefônico poderá ser determinante para a sequência dos negócios.

---

5 CUILLÉ, 1992.

6 GOUIRAND, 1994.

Muitas são as *dicas* que podem integrar a *Carta de Hospitalidade* no setor de telefonia, tais como:

- responder prontamente ao telefone, de preferência ao primeiro toque;
- responder às chamadas pessoalmente, antes de serem transferidas para a música de espera;
- responder às chamadas com voz clara, expressiva e natural, utilizando um vocabulário cortês e profissional, evitando o uso de gíria;
- demonstrar presteza;
- estar bem familiarizado com a organização e o funcionamento de todos os setores do hotel para direcionar rápida e corretamente as solicitações feitas pelos hóspedes;
- no atendimento das chamadas externas, informar o nome do hotel e, em seguida, saudar o cliente com um *bom-dia*, *boa-tarde* ou *boa-noite*, dependendo do horário;
- se o hóspede não responder à chamada no apartamento, perguntar para a pessoa ao telefone se gostaria de deixar algum recado, anotando-o corretamente. A telefonista pode também passar a ligação para a recepção para efetuar os procedimentos cabíveis;
- efetuar o serviço de despertar, desejando bom-dia ao hóspede, fornecendo-lhe informações rápidas ou atendendo-o no que ele precisar. É uma forma de se certificar de que o hóspede realmente despertou;
- saber informar detalhadamente ao cliente as tarifas, os tipos de apartamentos, os serviços disponibilizados e as promoções especiais, quando houver solicitação de reserva; e
- agradecer ao cliente por sua chamada, chamando-o pelo nome e aguardando que ele desligue o telefone.

10.5.1.5 Eventos

Existem hotéis que oferecem excelente estrutura para a realização de diversos tipos de eventos, como palestras, seminários, simpósios, fóruns, congressos, convenções, conferências e banquetes. Cada um desses eventos se distingue por suas peculiaridades. Contudo, a prática da hospitalidade, em todos os casos, deve levar em consideração alguns aspectos, tais como:

- propor ao cliente ou ao organizador do evento uma visita ao hotel e aos salões e demais áreas a serem utilizadas no evento, se for o caso;
- identificar as necessidades do cliente e anotar claramente seu pedido;
- colocar as placas indicativas no *lobby* do hotel e na entrada das salas de reuniões;
- disponibilizar as salas de reuniões em perfeitas condições em termos de limpeza, *mise-en-place* e equipamentos;
- receber o organizador do evento para a checagem das instalações e equipamentos e agradecer a sua visita.
- cumprimentar os clientes no momento de sua chegada;
- conferir se os equipamentos estão funcionando adequadamente e se tudo está de acordo com o solicitado pelo cliente;
- conferir se os *coffee-breaks* e as refeições estão sendo servidos nos horários determinados;
- verificar se o organizador está satisfeito com a organização do evento e se não necessita de alguma mudança;
- agradecer ao cliente na saída, ou posteriormente, mediante carta de agradecimento; e
- realizar uma reunião de avaliação com o organizador do evento.

10.5.1.6 Manutenção

Todos os colaboradores do hotel, direta ou indiretamente, estão conectados aos clientes externos, coparticipando dos momentos da hospitalidade, mesmo aqueles que, aparentemente, pareçam estar escondidos, como as pessoas encarregadas da manutenção. A manutenção reparativa é realizada, geralmente, durante a ausência do cliente ou do hóspede, mas o mesmo não ocorre com a manutenção corretiva. Nesse caso, cabe aos encarregados da manutenção respeitar algumas normas que podem contribuir para a construção da *Carta de Hospitalidade* para o caso de reparos em apartamentos, tais como:

- atender prontamente à solicitação de reparos, apresentando-se com uniformes limpos e em perfeitas condições de higiene pessoal;
- bater à porta e, se o hóspede estiver no apartamento, cumprimentá-lo e anunciar o serviço técnico, tendo o cuidado de incomodá-lo o mínimo possível;
- se houver cartão de *Não perturbe* na porta do apartamento, colocar um outro cartão informando ao hóspede da estada do pessoal da manutenção para o reparo solicitado;
- se o hóspede não estiver no apartamento, solicitar à camareira que o abra e que ajude a cuidar das roupas e pertences do hóspede, para que esses objetos não sofram danos, sobretudo quando se tratar de troca de apartamento;
- ter cuidado com os ruídos durante o reparo, para não incomodar os hóspedes de outros apartamentos;
- ter o cuidado de sinalizar, por meio de avisos, os locais que sofreram os reparos;
- após o reparo, deixar o apartamento perfeitamente limpo, tendo o cuidado de não esquecer nenhum material ou equipamento utilizado; e
- se o serviço de reparo não puder ser executado dentro do prazo previsto (em geral, uma hora), comunicar à recepção para tomar as providências cabíveis (troca de apartamento).

10.5.1.7 Recursos humanos

A área de recursos humanos, na maior parte das vezes, tem focado suas ações para a capacitação dos colaboradores, visando ao encantamento dos clientes externos ou dos hóspedes do hotel. Não existe nada de errado nessas iniciativas. Cabe, contudo, indagar que ações foram desenvolvidas pelas pessoas encarregadas dos recursos humanos para encantar também os clientes internos, desde o processo de recrutamento e seleção? Ou, ainda, será possível encantar os clientes externos sem ter clientes internos felizes?

Alguns meios de hospedagem já deram respostas a essas questões, ao adotarem, por exemplo, como filosofia de trabalho o lema *Damas e cavalheiros servindo a damas e cavalheiros*. A valorização dos clientes internos é, portanto, um pressuposto fundamental para o sucesso do hotel. Nesse sentido, ao elaborar a *Carta de Hospitalidade*, é necessário levar em consideração algumas ações:

- preparar um local limpo e acolhedor para receber os candidatos para o processo de seleção;
- preparar o processo da entrevista;
- respeitar os horários marcados para os encontros;
- chamar os candidatos pelo nome;
- realizar os seguintes procedimentos, após concluída a seleção:
  - apresentar para o novo colaborador a carta de boas-vindas da direção;
  - apresentar o colaborador para seu chefe de serviço e demais colegas;
  - apresentar para o colaborador o hotel ou a rede de hotéis; e
  - explicar os procedimentos e as regras do hotel;
- encorajar as promoções internas, anunciando os cargos/funções a serem preenchidos no hotel ou na rede de hotéis;
- colocar no quadro mural informações do interesse dos colaboradores;
- responder prontamente a todas as sugestões ou críticas formuladas pelos colaboradores;
- organizar encontros ou festas de confraternização com todos os colaboradores;
- organizar atividades culturais e esportivas;
- oferecer um ambiente limpo e acolhedor nos locais das refeições;
- disponibilizar vestiários e sanitários limpos e higienizados;
- oferecer uniformes em perfeito estado de uso;
- estabelecer um processo de avaliação para o plano de carreira; e
- definir programas de educação e capacitação profissional.

10.5.1.8 Espaços, instalações e equipamentos

A dimensão espacial é um dos componentes essenciais da hospitalidade. Assim, não se pode negligenciar os espaços físicos, as instalações e os equipamentos a serem disponibilizados aos hóspedes. Eles se constituem, até certo ponto, numa espécie de medida da hospitalidade. Isso é tão verdadeiro que basta, para tanto, verificar a estrutura física das casas nas quais as pessoas residem. Nelas, a sala de visitas recebe uma atenção especial do morador quanto ao espaço, aos móveis e à decoração. Os cuidados em relação a esses aspectos, segundo Gouirand,[7] são tão importantes quanto a qualidade da relação que se estabelece durante a convivência.

Ser recepcionado, acolhido e alojado num local agradável, climatizado, decorado e com espaços adequados já é, para o viajante, um sinal de boa hospitalidade. Todos esses componentes devem dar a impressão de ordem, facilidade, segurança e repouso. Eles integram a arquitetura da hospitalidade e necessitam de excelente planejamento para criar um ambiente agradável e acolhedor. Para a hotelaria, todos esses aspectos são primordiais.

A maior parte dos hotéis entendeu a importância e a necessidade de criar um ambiente hospitaleiro nas áreas sociais do hotel, em especial junto à recepção, dotando-a de bons espaços, de pisos ou tapetes de excelente qualidade; de quadros de pintores conhecidos; de sofás e cadeiras de estilo, de iluminação e cores bem harmonizadas. Isso é válido para os hotéis pertencentes a cadeias ou não. Em ambos os casos, o que importa, afirma Gouirand,[8] é criar um ambiente agradável para o cliente, fazendo com que ele se sinta orgulhoso em ver o esforço feito para bem recebê-lo. Os arquitetos e os decoradores possuem uma importante função nesse particular. Para isso, sabemos que a arquitetura opera milagres, criando ambientes aconchegantes e hospitaleiros, fazendo com que as pessoas se sintam maravilhosamente bem.

É difícil estabelecer, no contexto internacional, uma regra única no que diz respeito a espaços, instalações, decoração, iluminação e música para se criar um ambiente hospitaleiro. Pode-se, contudo, estabelecer algumas diretrizes que sirvam de orientação. Gouirand[9] destaca as seguintes:

- os espaços não devem ser nem grandes nem pequenos demais. Devem primar pelo equilíbrio entre três pontos: espaço, homem e função;
- os espaços devem ser funcionais. É comum privilegiar-se o aspecto estético em detrimento do funcional, o que, em hotelaria, é fatal, e pode ser uma das causas das deficiências dos serviços;

---

[7] GOUIRAND, 1994.

[8] GOUIRAND, 1994.

[9] GOUIRAND, 1994.

- os materiais utilizados devem ser aqueles que mais estimulem o calor humano;
- as formas, sobretudo dos móveis, devem estimular o clima de aconchego;
- a decoração deve merecer todo o cuidado, pois interfere na qualidade do local de acolhimento. Nesse particular, embora se possa soltar a imaginação, aconselha-se respeitar a cultura e a sensibilidade de todas as pessoas que trafegam pelo local;
- a iluminação é um fator muito importante na criação de um ambiente agradável e, atualmente, existem inúmeros recursos que podem ser usados nesse sentido. Existem locais para os quais se exige uma intensidade maior de luz, como o *hall* do hotel, e outros pedem uma intensidade menor, como o bar ou a danceteria; e
- a música, sobretudo a ambiental, contribui para criar uma atmosfera agradável e hospitaleira.

Todos esses fatores, na percepção do cliente, determinam se o contexto é ou não hospitaleiro.

10.5.1.9 Segurança

A segurança é um dos princípios fundamentais da hospitalidade e deve, necessariamente, integrar a *Carta de Hospitalidade*.

Ao ser acolhido no hotel, o viajante possui muitas necessidades e desejos. Um deles é básico: a segurança, não somente em função de pertencer a uma nova comunidade, mas também o sentimento de segurança referente a sua integridade física e a de seus pertences. Daí a necessidade de se incorporar os atributos inerentes à segurança na *Carta de Hospitalidade*:

- meios para controle do uso dos cofres;
- circuito interno de TV ou equipamento de segurança;
- gerador de emergência com partida automática;
- rotas de fuga sinalizadas nas áreas sociais e restaurantes;

- serviços de segurança por intermédio de pessoal com formação adequada;
- preparo para lidar com situações de incêndio e pânico;
- cobertura contra roubos, furtos e responsabilidade civil;
- disponibilização de serviços qualificados de segurança particular; e
- sistema eletrônico de detecção da presença do hóspede em todas as áreas do meio de hospedagem.

10.5.2 Mandamentos

Quais são os principais *mandamentos* que podem ou necessitam compor uma *Carta de Hospitalidade*? Gouirand enumera os seguintes elementos,[10] entre outros:

- a necessidade da acolhida é universal. Todos os homens necessitam uns dos outros;
- a hospitalidade consiste em tratar o visitante como um amigo;
- o sorriso é um gesto que representa o prazer em receber alguém;
- a cortesia se manifesta por meio da boa aparência, da educação, da amabilidade e da presteza; e
- a melhor maneira de se acolher alguém é querer acolhê-lo.

O que mais se poderia dizer, do ponto de vista da hospitalidade oferecida pelos meios de hospedagem? Cada setor do hotel pode construir sua própria *Carta de Hospitalidade*, com base em compromissos bem pontuais, como foi sinalizado anteriormente.

A *Carta de Hospitalidade* do hotel pode, ainda, ser construída com o comprometimento de todos os colaboradores de todas as áreas, incluindo a alta gerência.

A título de contribuição, apresentamos dez mandamentos que podem fazer parte da *Carta de Hospitalidade* do hotel:

1º **Respeito**: Considerar importante todas as pessoas;

[10] GOUIRAND, 1994. p. 181.

2º **Comprometimento**: Comprometer-se com as crenças, valores, princípios da organização;

3º **Tolerância**: Manter a paciência e o autocontrole diante de situações embaraçosas;

4º **Cortesia**: Dar atenção às pessoas;

5º **Convivência**: Contribuir para o fomento de processos de aproximação saudáveis;

6º **Generosidade**: Saber compartilhar;

7º **Solidariedade**: Apoiar todos os integrantes do grupo;

8º **Harmonia**: Contribuir para o fomento de ambientes harmônicos;

9º **Espírito de serviço**: Fomentar a disposição para o servir;

10º **Abnegação**: Atender as necessidades dos outros.

10.5.3 Atitude hospitaleira

O estabelecimento dos mandamentos que compõem a *Carta de Hospitalidade* da organização, a serem assumidos e executados por todos os colaboradores, é um importante passo na busca da excelência dos serviços. Importante, mas não suficiente. É necessário fazer com que todo o agir do colaborador seja baseado em uma atitude hospitaleira.

Os atos de receber, alojar, alimentar, entreter e despedir-se das pessoas são atos marcados pela ação em direção ao outro e caracterizam o processo da hospitalidade. Se esse processo for marcado por ações com a intenção clara de cultuar a boa convivência, o respeito, a amabilidade, a cortesia, a tolerância, a generosidade, a solidariedade e a paz, atributos da hospitalidade, estaremos, então, diante de pessoas genuinamente hospitaleiras. Pessoas que compreenderam o significado do *ser hospitaleiro*. Elas caracterizam o que poderíamos denominar de *virtudes* da hospitalidade que engrandecem os profissionais que prestam serviços.

Ações hospitaleiras por parte de todos os colaboradores, durante a execução das tarefas diárias, agregará um valor diferenciado aos bens e serviços ofertados. Quando a ação de todos os colaboradores for realizada com atitude hospitaleira, a organização atingirá o ápice na qualidade das interações com seus clientes, o que garantirá uma vivência emocionante, a qual ultrapassa o patamar da excelência da oferta de bens e serviços com qualidade.

Capítulo

11

A HOSPITALIDADE BRASILEIRA

Cabe salientar que para bem compreender a hospitalidade na modernidade, em especial a brasileira, é necessário estabelecer vínculos e, ao mesmo tempo, reconhecer as transformações, os novos fluxos e os componentes que se agregaram ao processo da hospitalidade no decurso da história. Ou seja, por um lado, somos hoje algo do que fomos no passado e, por outro, estamos incorporando novos atributos que nos distinguem de nossos antepassados, inclusive no que diz respeito à cultura da hospitalidade.

O estudo da hospitalidade está ainda aberto à pesquisa e ao aprofundamento, ou seja, há ainda muitos desafios, em especial para acadêmicos e estudiosos. Abordagens como as que estão sendo propostas atualmente contribuem para fomentar o debate sobre o assunto. Como diz o poeta espanhol Antônio Machado, "tras el vivir y el soñar hay una tercera cosa. Adivínala: tras el vivir y el soñar esta lo que más importa, despertar". Um despertar essencial para compreendermos melhor o que somos e melhorarmos nossos relacionamentos.

A hospitalidade brasileira tornou-se um dos principais componentes da oferta turística. Quais foram as determinantes que forjaram essa singularidade? A resposta encontra eco:

- na miscigenação entre brancos, índios e negros no início da colonização, e entre muitas outras raças ao longo do desenvolvimento do País;
- no espírito luso de conquistas, que implicava a subjugação dos povos conquistados, gerando a servidão e o servilismo; e
- no forte patriarcalismo reinante durante o período da colonização.

Que conclusão é possível extrair, com base nessas sinalizações, acerca da típica e decantada hospitalidade brasileira? Como a hospitalidade brasileira *materializou-se* no decorrer do tempo? Aí estão algumas questões sobre as quais é importante refletir.

Para a elucidação dessas e de outras questões, propõe-se algumas reflexões sobre: (1) o cenário das grandes descobertas; (2) o cenário do descobrimento do Brasil; (3) o cenário das correntes migratórias; (4) o cenário das formas de hospedagem; e o (5) cenário da globalização.

11.1 O cenário das grandes descobertas

O cenário das grandes descobertas compreende dois aspectos: o teor motivacional luso-hispânico e o perfil português.

11.1.1 Teor motivacional luso-hispânico

O paradigma reinante no século XV, *abençoado* pelos reis católicos e pelos papas, era o do direito de os *conquistadores*, em especial daqueles da Península Ibérica, de conquistar e se apoderar das novas terras com tudo o que nelas existia, inclusive seus habitantes. É o que reza a bula *Romanus Pontifex*, do papa Nicolau V, publicada em 1454, que concede ao rei de Portugal, a seus sucessores e ao infante D. Henrique as terras descobertas, e a descobrir, pelos navegadores e exploradores a serviço da Coroa de Portugal.

As terras mencionadas na bula do papa Nicolau V, eram, em especial, as africanas. Em 1493, o papa Alexandre VI, seguindo o pensamento de seus antecessores, declara que as terras e os povos do Novo Mundo pertenceriam à Espanha e a Portugal, e que os exploradores desses reinos tinham o direito de escravizar os povos subjugados.

Corria, pois, nas veias dos *homens das caravelas* luso-hispânicas, quando zarpavam do Velho Mundo, a motivação marcada pelo firme desejo, pela vontade, pela determinação e pela responsabilidade para uma dupla conquista:

- de novas terras e riquezas para o rei; e
- de novos adeptos da fé cristã para a Igreja Católica, mesmo que para isso tivessem de perseguir e matar aqueles que possuíam crenças e valores diferentes dos princípios cristãos.

Ribeiro traduz esse teor motivacional luso-hispânico com maestria, ao dizer que:

> Para os que chegavam, o mundo em que entravam era a arena dos seus ganhos, em ouros e glórias, ainda que estas fossem principalmente espirituais, ou parecessem ser, como ocorria com os missionários. Para alcançá-las, tudo lhes era concedido, uma vez que sua ação de além-mar, por mais abjeta e brutal que chegasse a ser, estava previamente sacramentada pelas bulas e falas do papa e do rei. Eles eram, ou se viam, como novos cruzados destinados a assaltar e saquear túmulos e templos de hereges indianos. Mas aqui, o que viam, assombrados, era o que parecia ser uma humanidade edênica, anterior à que havia sido expulsa do Paraíso. Abre-se com esse encontro um tempo novo em que nenhuma inocência abrandaria sequer a sanha com que os invasores se lançavam sobre o gentio, prontos a subjugá-los pela honra de Deus e pela prosperidade cristã. Só hoje, na esfera intelectual, repensando esse desencontro se pode alcançar seu real significado.[1]

Sabe-se qual foi a história após a chegada desses navegadores e, posteriormente, com vinda de outros compatriotas, também imbuídos do teor motivacional luso-hispânico que, em nome de seu rei e de Deus, levaram os povos que habitavam essas terras à destruição e à miséria. Deles sobraram, aqui e acolá, algumas ruínas de seus impérios e algumas reservas indígenas com alguns sobreviventes, para contar um pouco de sua grande história.

11.1.2 Perfil português

As características do perfil português, da época das grandes descobertas, nos dizem muito a respeito dos atributos integrantes da típica hospitalidade brasileira. Esse perfil foi marcado, em especial, por três características: mobilidade, miscibilidade e aclimatabilidade. Dessas três características, cabe salientar, para o presente propósito, a miscibilidade. Essa característica contribuiu para a expansão do domínio português. Ao contrário do que fizeram outros povos conquistadores, os portugueses misturaram-se "gostosamente com mulheres de cor logo ao primeiro contato e multiplicando-se em filhos mestiços que uns milhares apenas de machos atrevidos conseguiram firmar-se na posse de terras vastíssimas e competir com povos grandes e numerosos na extensão de domínio

1 RIBEIRO, D. *O povo brasileiro*: a formação e o sentido do Brasil. 2 ed. São Paulo: Companhia das Letras, 1995. p. 44.

colonial e na eficácia da ação colonizadora",[2] segundo a caracterização de Gilberto Freyre. O autor continua afirmando que "a miscibilidade, mais do que a mobilidade, foi o processo pelo qual os portugueses compensaram-se da deficiência em massa ou volume humano para a colonização em larga escala e sobre áreas extensíssimas. Para tal processo prepara-os a íntima convivência, o intercurso social e sexual com raças de cor [...]".[3] Os portugueses, em face disso, tornaram-se um povo com características bem peculiares, inclusive com reflexos no contexto europeu, já que "a singular predisposição do português para a colonização híbrida e escravocrata dos trópicos, explica-a em grande parte o seu passado étnico, ou antes, cultural, de povo indefinido entre a Europa e a África. Nem intransigentemente de uma nem de outra, mas as duas".[4] Isso tem marcado a vida do povo português por antagonismos, e, na análise de Freyre, "fazendo dele, de sua vida, de sua moral, de sua economia, de sua arte um regime de influências que se alternam, se equilibram ou se hostilizam. Tomando conta de tais antagonismos de cultura, a flexibilidade, a indecisão, o equilíbrio ou a desarmonia deles resultantes, é que bem se compreende o especialíssimo caráter que tomou a colonização do Brasil, a formação *sui generis* da sociedade brasileira, igualmente equilibrada nos seus começos e ainda hoje sobre antagonismos".[5]

Esse português, com essas características, foi quem aportou no Brasil, trazendo consigo esse *algo mais* que os outros povos europeus não possuíam, principalmente os nórdicos, que também foram em busca de novas terras. As crenças e os valores vividos e experimentados nas viagens exploratórias e de conquistas, feitas nos quatro cantos do mundo, já estavam, de algum modo, no *sangue* português, quando ele passou a ser um agente determinante na formação das primeiras famílias que começaram a colonizar o território brasileiro. Abre-se aqui, do ponto de vista sociológico e antropológico, uma ampla perspectiva de abordagem, que pretende analisar como se processou o encontro da cultura europeia, voltada, nesse período da história, às grandes conquistas, tanto no contato com a cultura dos povos indígenas quanto no prazer de habitar aquela terra provida de fauna e flora abundantes. Esse registro histórico, já abordado por historiadores, antropólogos e sociólogos, traduz uma sociodinâmica singular que se estabeleceu entre conquistadores e conquistados.

---

2 FREYRE, G. *Casa-grande & senzala.* Rio de Janeiro: Record, 2001. p. 83-84.

3 FREYRE, 2001. p. 84.

4 FREYRE, 2001. p. 80.

5 FREYRE, 2001. p. 82.

11.1.3 O cenário do descobrimento do Brasil

O cenário das grandes descobertas, em especial no período do descobrimento do Brasil, nos indica dois contextos singulares e merecedores de apontamentos para elucidar a matriz da gênese da hospitalidade brasileira. De um lado, o paradigma dos descobridores que vinham em busca de novos tesouros, de novas riquezas para o seu rei e de novos adeptos para a fé cristã. De outro, o paradigma de uma sociedade indígena que estava ali em seu contexto físico, satisfeita com tudo que a terra dava.

11.1.3.1 Alguns registros

Na cartas de Caminha, e também nas de Américo Vespúcio, encontramos descrições gerais de quem era esse povo que aqui habitava e do início das relações entre os homens das caravelas e os habitantes dessas terras.

Com o descobrimento do Brasil e o início da colonização, começou a nascer, com os mamelucos (casamento dos brancos com os índios) e, posteriormente, com os mulatos (casamento dos brancos com os negros) a típica miscigenação brasileira. Essa miscigenação forjou, inclusive, uma maneira peculiar de ser e de acolher as pessoas: a peculiar hospitalidade brasileira encontra um forte eco nessas raízes.

Nas conquistas em que não houve miscigenação, como ocorreu com alguns povos conquistadores dessa mesma época, principalmente os anglo-saxões, registrou-se o acirramento da antipatia e do ódio entre conquistadores e conquistados. Freyre realça essa característica do perfil português, ao afirmar que foi "o colonizador europeu que melhor confraternizou com as raças chamadas inferiores. O menos cruel nas relações com os escravos".[6] O autor complementa, ainda, afirmando que "o português sempre pendeu para o contato voluptuoso com mulher exótica. Para o cruzamento e miscigenação. Tendência que parece resultar da plasticidade social, maior no português que em qualquer outro colonizador europeu".[7] Apesar desses atenuantes ou "amaciamentos" promulgados por Freyre, cabe enfatizar que o sistema ecravocrata praticado pelos portugueses vem na contramão do fomento da cultura da hospitalidade.

---

6 FREYRE, 2001. p. 255.

7 FREYRE, 2001.

Quando aqueles homens, vindos em caravelas, aportaram em terras do Novo Mundo, batizando-as de americanas, o que é que eles encontraram, no aspecto físico e sociocultural? Como foram recepcionados pelos nativos? Afinal, é possível vislumbrar aspectos pertinentes à hospitalidade a partir dessas primeiras interações?

Américo Vespúcio e Pero Vaz de Caminha, os escribas das naus exploratórias, nos forneceram excelentes pistas sobre esses primeiros contatos. Não se deseja aqui contar como essa história toda começou e se desenrolou, mas chamar a atenção para alguns aspectos marcantes desse *embrião* do povo brasileiro, e *garimpar* alguns fatos e ideias que expliquem, de alguma forma, as raízes da atual hospitalidade brasileira.

Vespúcio, na Carta de Sevilha, datada de 18 de julho de 1500, detalha como foram as primeiras interações entre visitantes e visitados do Velho e do Novo Mundo. Ele narra que nem todos os encontros com os nativos foram amistosos. Alguns foram impostos *a ferro*, até porque a expedição não tinha objetivos turísticos e o comandante da expedição era Alonso de Ojeda, que, segundo nota apresentada por Bueno, "já havia cometido uma série de atrocidades contra os nativos em viagens anteriores pelo Caribe".[8] Por que deveria ser diferente nessa viagem? Afinal, não era esse o perfil que o rei e a Igreja Católica esperavam de um comandante que fosse em busca de novos tesouros materiais e espirituais?

Apesar de alguns desses encontros serem beligerantes, Vespúcio e Pero Vaz de Caminha narram vários outros, que traduzem o que há de mais sagrado e essencial no processo da hospitalidade, presente nesse novo embrião cultural que começou a ser formado nas Américas. Um desses encontros, descrito por Pero Vaz de Caminha, diz respeito ao convite que Cabral fez a alguns nativos para uma *recepção* em seu navio. Foi o primeiro ato de hospitalidade registrado entre duas das principais matrizes da formação do futuro povo brasileiro. É possível parabenizar o espírito hospitaleiro do capitão e de sua comitiva? Será que foi um gesto genuinamente hospitaleiro? Na carta de Caminha, encontramos a descrição de outros momentos de integração entre visitados e visitantes.

---

[8] BUENO, E. *Novo Mundo*: as cartas que batizaram a América. São Paulo: Planeta, 2003.

Outro olhar acerca desses primeiros encontros entre lusitanos e índios do Brasil nos é apresentado por Darcy Ribeiro, um antropólogo da atualidade, apaixonado pela questão indígena. Com seu brilhante texto, a seguir transcrito, extraído da obra *O povo brasileiro: a formação e o sentido do Brasil*, ele nos faz mergulhar no contexto do século XVI e descreve o sentimento que perpassa no âmago das duas gentes, protagonistas desse primeiro encontro:

> Os recém-chegados eram gente prática, experimentada, sofrida, ciente de suas culpas oriundas do pecado de Adão, predispostos à virtude, com clara noção dos horrores do pecado e da perdição eterna. Os índios nada sabiam disso. Eram, a seu modo, inocentes, confiantes, sem qualquer concepção vicária, mas com claro sentimento de honra, glória e generosidade, e capacitados, como gente alguma jamais o foi, para a convivência solidária.
>
> Aos olhos dos recém-chegados, aquela indiada louçã, de encher os olhos só pelo prazer de vê-los, aos homens e às mulheres, com seus corpos em flor, tinha um defeito capital: eram vadios, vivendo uma vida inútil e sem prestança. Que é que produziam? Nada. Que é que amealhavam? Nada. Viviam suas fúteis vidas fartas, como se neste mundo só lhes coubesse viver.
>
> Aos olhos dos índios, os oriundos do mar oceano pareciam aflitos de mais. Por que se afanavam tanto em seus fazimentos? Por que acumulavam tudo, gostando mais de tomar e reter do que dar, intercambiar? Sua sofreguidão seria inverossímil se não fosse tão visível no empenho de juntar toras de pau-vermelho, como se estivessem condenados, para sobreviver, a alcançá-las e embarcá-las incansavelmente? Temeriam eles, acaso, que as florestas fossem acabar e, com elas, as aves e as caças? Que os rios e o mar fossem secar, matando os peixes todos? [...]
>
> Para índios, a vida era uma tranquila fruição da existência, num mundo dadivoso e numa sociedade solidária. Claro que tinham suas lutas, suas guerras. Mas todas concatenadas, como prélios, em que se exerciam, valentes. Um guerreiro lutava, bravo, para fazer prisioneiros, pela glória de alcançar um novo nome e uma nova marca tatuada cativando inimigos. Também servia para ofertá-lo numa festança em que centenas de pessoas o comeriam convertido em paçoca, num ato solene de comunhão, para absorver sua valentia, que nos seus corpos continuaria viva.
>
> Para os recém-chegados, muito ao contrário, a vida era uma tarefa, uma sofrida obrigação, que a todos condenava ao trabalho e tudo subordinava ao lucro. Envoltos em panos, calçados de botas e enchapelados, punham nessas peças seu luxo e vaidade, apesar de mais vezes as exibirem sujas e molambentas, do que pulcras e belas. Armados de chuços de ferro

> e de arcabuzes tonitroantes, eles se sabiam e se sentiam a flor da criação. Seu desejo, obsessivo, era multiplicar-se nos ventres das índias e pôr suas pernas e braços a seu serviço, para plantar e colher suas roças, para caçar e pescar o que comiam. Os homens serviam principalmente para tombar e juntar paus-de-tinta ou para produzir outra mercadoria para seu lucro e bem-estar.[9]

Ao que parece, é possível afirmar que os habitantes das Américas, do Brasil em particular, foram acolhedores e hospitaleiros na época das grandes descobertas. Eles desconheciam quem eram os *homens das caravelas*, de onde provinham e o que queriam, e, no entanto, acolheram-nos e deram-lhes água, comida, alojamento e brindes, em lugar da agressão e da hostilidade. Até que podiam ter feito isso, com amplas vantagens sobre aquele pequeno grupo de navegadores. Não o fizeram. Ao contrário, abriram-lhes as portas. Será mesmo que agiram corretamente? Se essa questão fosse feita aos sábios gregos, da Grécia Antiga, diriam que:

- os habitantes daquela terra agiram de acordo com os deuses e foram hospitaleiros porque:
  - em nome de Zeus, receberam os viajantes, sem mesmo perguntar por nomes, de onde vieram e a que vieram;
  - ofereceram-lhes bebidas e comidas, alojamento e banho; e
  - depois, bem depois, trocaram informações; e
- os deuses, com certeza, castigariam duramente todos aqueles que abusassem da hospitalidade, já que ela é sagrada demais!

Afinal, os *homens das caravelas* e os que vieram depois deles abusaram ou não da hospitalidade oferecida pelos nativos? Sabemos o que esses povos pagaram pela ganância dos homens que aqui aportaram, aparentemente bonzinhos e até cheios de agrados para dar, num primeiro momento. Depois, com o passar do tempo, os desencontros – culturais e mercantis – começaram a se acentuar. Aqueles homens e mulheres nativos, que encantaram os olhos de quem os vira pela primeira vez, agora eram caçados e exterminados, inclusive em nome de Deus. Para justificar essa ação macabra, colocou-se em dúvida, com argumentos teológicos, a sua condição humana. Seriam eles também filhos de Adão e Eva, primeiros pais de todos os homens? Essa é, contudo, outra história. O que se quer ressaltar é que aquelas convicções e ações contribuíram para a formação

---

9 RIBEIRO, 2003. p. 45-48.

do cenário inicial que estamos construindo. Ou seja, elas, de fato, também contribuíram para justificar a subjugação *a ferro* daqueles habitantes locais ou de outros vindos da África. Desse modo, reforçava-se o contraste ideológico entre uma "sociedade de vencedores", com todas as benesses, abençoada pelas bulas papais, e uma população marcada para prestar serviços aos *grandes senhores* terrenos e espirituais. Criou-se, assim, a cultura de subserviência que tem marcado a sociedade brasileira ao longo de sua história. Essa prática, porém, vem sendo admitida como sendo uma das mais perversas para a prática da convivência humana.

11.1.3.2 Contexto físico e sociocultural

Na Carta de Caminha e na Carta de Lisboa (julho de 1502), de Américo Vespúcio, consta a descrição de um componente importante na formação do povo brasileiro: o espaço geográfico, que compreende várias dimensões, entre as quais (a) o contexto físico ou os recursos naturais e (b) o contexto sociocultural ou o perfil dos nativos.

a) O contexto físico

O espaço físico – natural ou artificial, público ou privado – é um importante componente na formação de um povo e na formulação do conceito de hospitalidade. Uma cidade pode ser considerada mais hospitaleira do que outra também em função dos espaços físicos disponibilizados, como praças, jardins e parques. Esses espaços produzem cidades mais humanizadas, mais agradáveis para se viver e receber os visitantes. Brasília é uma referência internacional nesse particular. Algo semelhante pode ser dito, como foi mencionado anteriormente, em relação a determinados espaços físicos das residências particulares ou públicas, construídos especialmente para receber os visitantes.

Os portugueses e outros europeus que chegaram ao Brasil, no início do século XVI e nos anos seguintes, encontraram um contexto físico excepcionalmente belo do ponto de vista do clima e dos recursos naturais. Contexto esse que, de algum modo, contribuiu na formação do novo povo que começava a nascer. Afirmamos uma influência do meio ambiente sobre as pessoas, e a recíproca não deixa também de ser verdadeira. Ou seja, o homem também pode agir e modificar o contexto físico e beneficiar-se disso.

A bela e excepcional terra, descrita por Vespúcio e outros escribas das primeiras e posteriores expedições, embora ainda na condição de colônia portuguesa, aos poucos, foi sendo *dominada* pelos colonizadores – não raro a duras penas – com vistas ao desenvolvimento da futura nação brasileira. Essa é, certamente, outra e longa história, já descrita por inúmeros e qualificados autores. Desse contexto também foram pinçadas algumas ideias, tópicos e fatos que podem contribuir para os propósitos deste trabalho.

b) O contexto sociocultural

A hospitalidade está inserida também no contexto sociocultural. Nesse sentido, é interessante conhecer esse contexo, mesmo que sucintamente, para compreender melhor os aspectos do povo brasileiro. Para isso, é necessário fazer uma análise dos componentes *étnicos* e culturais que se entrecruzam, já que foram eles os principais determinantes do modo de ser e de agir do povo brasileiro, com reflexos nas formas de acolher e de hospedar.

O perfil do nativo encontrado, na época da descoberta do Brasil, foi assim descrito por Vespúcio:

> Achamos toda a terra habitada por gente nua, tanto os homens quanto as mulheres, sem cobrir suas vergonhas. De corpo, são bem feitos e proporcionados, de cor branca e cabelos longos, pouca ou nenhuma barba. Trabalhei muito para entender a vida e os costumes deles, porque comi e dormi 27 dias no meio deles. E o que deles soube é o seguinte:
>
> Não têm nenhuma lei nem fé alguma. Vivem segundo a natureza. Não conhecem a imortalidade da alma. Não possuem entre si bens próprios porque tudo é comum. Não têm fronteiras de reinos ou província; não têm rei nem obedecem a ninguém; cada um é senhor de si. Não administram justiça, que não é necessária para eles, porque neles não reina a cobiça. Habitam em comum, em casas feitas à maneira de cabanas muito grandes. Para gente que não possui ferro nem outro metal, pode-se dizer que suas cabanas são, na realidade, casas milagrosas, porque vi casas com 200 passos de comprimento e 30 de altura, fabricadas artisticamente, numa dessas casas estavam 500 ou 600 almas.
>
> Dormem em redes tecidas de algodão, penduradas no ar, sem qualquer cobertura. Comem sentados no chão. Suas comidas são muito raízes de ervas e frutas muito boas, infinitos peixes, grande abundância de mariscos, ouriços, caranguejos, ostras, camarões e muitos outros produtos do mar. A carne que comem, máxime a comum, é carne humana, do modo que se dirá. Quando podem obter outra carne, de animais ou de aves, eles a comem, mas capturam poucos [animais] porque não têm cães e a terra é muito densa de bosques, que estão cheios de feras cruéis; por isso, não costumam meter-se nos bosques, salvo com muita gente.[10]

---

[10] BUENO, 2003. p. 185.

Caminha, em sua carta, também chama a atenção para aspectos semelhantes:

> E dali avistamos homens que andavam pela praia, uns sete ou oito [...]. Pardos, nus, sem coisa alguma que lhes cobrisse suas vergonhas. Traziam arcos nas mãos, e suas setas. Vinham todos rijamente em direção ao batel [...] a feição deles é serem pardos, um tanto avermelhados, de bons rostos e bons narizes, benfeitos [...] os cabelos deles são corredios. E andavam tosquiados, de tosquia alta antes do que sobrepente, de boa grandeza, rapados todavia por cima das orelhas.

Encontram-se nesses "olhares" a primeira descrição do perfil físico do habitante original do Brasil, com algumas referências a elementos culturais. Caminha, ao referir-se a alguns integrantes da tripulação que quiseram conhecer um pouco mais sobre os nativos, especifica:

> Foram-se lá todos; e andaram entre eles. E segundo depois diziam, foram bem uma légua e meia a uma povoação, em que haveria nove ou dez casas, as quais diziam que eram tão compridas, cada uma, como esta nau capitânia. E eram de madeira, e das ilhargas de tábuas, e cobertas de palha, de razoável altura; e todas de um só espaço, sem repartição alguma, tinham de dentro muitos esteios; e de esteio a esteio uma rede atada com cabos em cada esteio, altas, em que dormiam. E de baixo, para se aquentarem, faziam seus fogos. E tinha cada casa duas portas pequenas, uma numa extremidade, e outra na oposta. E diziam que em cada casa se recolhiam trinta ou quarenta pessoas, e que assim os encontraram; e que lhes deram de comer dos alimentos que tinham, a saber muito inhame, e outras sementes que na terra dá, que eles comem.

Dos aspectos dos nativos e de seu hábitat, cujas primeiras impressões foram descritas por Caminha e por Vespúcio, pode-se dizer muito mais, como, de fato, os escrivães e inúmeros outros estudiosos fizeram posteriormente, o que nos permitiu conhecer a vida desses indígenas, suas crenças, usos e costumes. O antropólogo Darcy Ribeiro empresta-nos a sua versão sobre quem eram esses habitantes, quando aqueles navegantes "barbudos, hirsutos, fedentos de meses de navegação oceânica, escalavrados de feridas do escorbuto"[11] aportaram nas costas brasileiras:

> [...] os índios que ali estavam, nus na praia, o mundo era um luxo de se viver, tão rico de aves, de peixes, de raízes, de frutos, de flores, de sementes, que podia dar as alegrias de caçar, de pescar, de plantar e colher

[11] RIBEIRO, 1995. p. 44.

a quanta gente aqui viesse ter. Na sua concepção sábia e singela, a vida era dádiva de deuses bons, que lhes doaram esplêndidos corpos, bons de andar, de correr, de nadar, de dançar, de lutar. Olhos bons de ver todas as cores, suas luzes e suas sombras. Ouvidos capazes da alegria de ouvir vozes estridentes ou melódicas, cantos graves e agudos e toda a sorte de sons que há. Narizes competentíssimos para fungar e cheirar catingas e odores. Bocas magníficas de degustar comidas doces e amargas, salgadas e azedas, tirando de cada qual o gozo que podia dar. E, sobretudo, sexos opostos e complementares, feitos para as alegrias do amor.[12]

Essas análises de relatos sobre os primeiros contatos entre portugueses e indígenas, ou melhor, entre conquistadores e conquistados, nos permite identificar naquelas populações alguns atributos que passaram a integrar a forma de hospitalidade da atual sociedade brasileira. Nesse particular, a carta de Vespúcio nos fornece algumas pistas. Por exemplo, ele diz ter visto uma casa habitada por 500 ou 600 pessoas. Sabemos que não era uma casa dividida em vários *apartamentos*, mas era formada por um único ambiente. Assim viviam eles, e pensar que esses indígenas não conheciam nem psicólogos nem psiquiatras para curar o estresse decorrente da intensa convivência... Eles já abriam mão de sua privacidade, tão apreciada na era moderna, em favor do outro. O que é a hospitalidade senão um abrir-se para o outro? Saber compartilhar o espaço, tanto físico quanto emocional e intelectual, é um importante componente do conceito de hospitalidade.

Além de compartilhar o espaço em que se abrigavam, os silvícolas faziam o mesmo para se alimentar. Como eram feitas a caça e a pesca? Individual ou coletivamente? Havia naquela comunidade silvícola um sentido de comunhão muito forte. Por um lado, não poderia ser muito diferente, se quisessem sobreviver. Por outro, sabiam *repartir o inhame*, analogamente à prática dos antigos gregos em relação ao ato de *repartir o pão*. Praticavam, em seu dia a dia, o verdadeiro conceito de hospitalidade, prática essa que certamente deixou raízes nas gerações seguintes de brasileiros, cada vez mais miscigenadas, que se sucederam, até chegar-se ao que se é hoje.

A junção de portugueses e de índios formou o primeiro embrião do povo brasileiro. Foi desse *mix*, branco e índio, dentro de um espaço físico maravilhoso e acolhedor, que começou a nascer e a florescer uma nova cultura, um novo povo. Mais tarde, foi a mescla do branco com o negro, e, mais tarde ainda, a mescla com outros povos, que forjou um povo miscigenado, como talvez

---

12 RIBEIRO, 1995. p. 44.

nenhum outro no mundo. Essas miscigenações ocorreram, no Brasil, segundo Freyre, "desde a primeira metade do século XVI condicionadas, de um lado, pelo sistema de produção econômica – a monocultura latifundiária; do outro, pela escassez de mulheres brancas, entre os conquistadores".[13] Freyre enfatiza ainda que "vencedores no sentido militar e técnico sobre as populações indígenas; dominadores absolutos dos negros importados da África para o duro trabalho da bagaceira, os europeus e seus descendentes tiveram entretanto de transigir com índios e africanos quanto às relações genéticas e sociais. A escassez de mulheres brancas criou zonas de confraternização entre vencedores e vencidos, entre senhores e escravos";[14] além disso, "a miscigenação que largamente se praticou aqui corrigiu a distância social que doutro modo se teria conservado enorme entre a casa-grande e a mata tropical; entre a casa-grande e a senzala".[15] Ou seja, ainda segundo Freyre, "nem as relações sociais entre as duas raças, a conquistadora e a indígena, aguçaram-se nunca na antipatia ou no ódio cujo ranger, de tão adstringente, chega-nos aos ouvidos de todos os países de colonização anglo-saxônica e protestante".[16] De fato, ninguém melhor do que os portugueses, dentre os conquistadores da época das grandes descobertas, soube fazer isso tão bem. Tanto isso é verdade que a miscibilidade, como já foi anteriormente dito, foi uma das principais características do português conquistador. Cabe, contudo, a pergunta: ela foi resultante de uma filosofia de vida ou de uma estratégia de conquistas? Teria o povo português alternativa, considerando o pequeno em número de habitantes?

Além disso, outro fato que também contribuiu para evitar a segregação ou a discriminação, criando uma harmonia entre raças e entre conquistados e conquistadores no Brasil, foi a ação educadora dos jesuítas com as crianças, em seus colégios dos séculos XVI e XVII, colocando "os índios e filhos de portugueses, europeus e mestiços, caboclos arrancados às tabas e meninos órfãos vindos de Lisboa. As crônicas indicam nenhuma discriminação ou segregação inspirada por preconceito de cor ou raça contra índios; o regime que os padres adotaram parece ter sido o de fraternal mistura dos alunos".[17]

Essas crônicas e outros relatos foram escritos com o olhar de quem? De um dos lados, o dos conquistadores, afinal, eles eram os letrados! Nesse caso, por

[13] FREYRE, 2001. p. 45-46.

[14] FREYRE, 2001. p. 46.

[15] FREYRE, 2001. p. 46.

[16] FREYRE, 2001. p. 226.

[17] FREYRE, 2001. p. 219.

mais *isento* que pudesse ser o *repórter*, será que ele poderia descrever os fatos sem os *ruídos* da época? Todas as ações empreendidas, pelos padres inclusive, faziam parte de um contexto. Nesse caso, qual foi o *animus* em reunir a meninada toda, independentemente de seu matiz? Será que foi com base naquele espírito cristão, proclamado por Cristo, ao dizer "vinde a mim todas as crianças, porque delas é o reino de Deus", independentemente de cor? Ou será que a ideia de mesclar a criançada foi uma astuciosa estratégia dos padres, criadores e diretores dos primeiros colégios, baseada no princípio de que para cada ação existe uma reação? Ou seja, pela ação de colocar a meninada, filhos *coloridos* de hereges, ao lado das *abençoadas* crianças, filhos de portugueses, esperava-se que estes, por uma espécie de osmose, pudessem passar àqueles um pouco do fervor cristão que já traziam de suas famílias.

Essa estratégia teria contribuído para:

- amenizar o espírito racista, o que não aconteceu com os fechados colonizadores nórdicos, que se instalaram com suas famílias, professores e padres na América do Norte, formando suas comunidades e conservando e defendendo os seus usos e costumes, evitando misturar-se com aqueles dos exóticos habitantes que lá viviam; e
- criar nessas crianças um espírito cristão muito flexível e tolerante. É verdade que os filhos de portugueses já traziam *no sangue* o rancor contra os *hereges* sarracenos, que dominaram, durante séculos, o seu povo e contra os ocupantes da terra santa, tendo os antepassados dos filhos dos portugueses participado das Cruzadas para libertá-la. É verdade, também, que aquelas outras crianças, filhos de índios e negros, traziam consigo a cultura religiosa de seus ancestrais, muito diferente daquela que estava sendo ensinada pelos padres. Tudo isso gerou um *menu* religioso muito peculiar, que foi sendo incorporado no comportamento das crianças que, depois de adultas, contribuíram para a formação de uma nova cultura, que foi passando de geração em geração até chegar aos dias atuais. Isso tem contribuído para impregnar a cultura brasileira de uma variada gama de crenças e valores que a tornou singular. Em grande parte graças a esse sincretismo muito peculiar da sociedade brasileira, tem-se, hoje em dia, uma população mais flexível e aberta para acatar novas ideias e, principalmente, para relacionar-se com o outro, estabelecendo novas amizades.

Após essas breves considerações, podemos delinear um novo cenário cultural, tipicamente brasileiro, no interior do qual a hospitalidade foi ganhando, com o passar das gerações e com o ingresso de outros povos, novos contornos, até chegarmos à típica hospitalidade brasileira da sociedade atual. À luz dessa trajetória, é possível arriscar uma conclusão sobre o tema da hospitalidade, foco desta abordagem.

Mas que conclusão seria essa? Seria a de que, na típica hospitalidade brasileira reinante na atualidade, existem componentes da cultura da subserviência. Afinal, os povos indígenas e, posteriormente, os africanos – duas das principais matrizes na formação do povo brasileiro – não foram, durante um largo período, subjugados à escravidão? Desse contexto, a atual cultura brasileira, da qual a hospitalidade faz parte, não herdou *genes* da subserviência? Para dar uma resposta afirmativa, basta examinar os fatos que a história registrou e o comportamento, hoje em dia, de muitas pessoas que prestam serviços, seja em hotéis e em restaurantes, seja em outras atividades comerciais ou privadas, em diversos pontos do País, para nos darmos conta de que, por trás da necessidade de trabalhar para poder sobreviver e da gentileza em atender bem as pessoas, existem componentes que denotam subserviência, um elo tipicamente escravocrata. Para reforçar ainda mais a *tese* de que a atual hospitalidade brasileira é marcada por componentes da cultura da subserviência, seria oportuno analisar o perfil dos *grandes senhores*, não somente dos engenhos de açúcar e dos cafezais, mas também de outras atividades econômicas e sociais que têm marcado a vida do país, para constatar que a subserviência, sob várias óticas, foi e ainda é uma prática usual.

Na atualidade, Ribeiro[18] chama a atenção para esses aspectos, dizendo que basta olhar o modo pelo qual os indígenas e todo um povo são ainda hoje tratados, para nos darmos conta de que não estamos muito distantes daquele espírito contido nas bulas papais do século XV. Nesse particular, é possível afirmar que "tudo, nos séculos, transformou-se incessantemente. Só ela, a classe dirigente, permaneceu igual a si mesma, exercendo sua interminável hegemonia. Senhorios velhos se sucedem em senhorios novos, super-homogêneos e solidários entre si, numa férrea união superarmada e a tudo predisposta para manter o povo gemendo e produzindo. Não o que querem e precisam, mas o que lhes mandam produzir, na forma que impõem, indiferentes a seu destino".[19]

---

[18] RIBEIRO, 1995. p. 41.

[19] RIBEIRO, 1995. p. 69.

Aquele espírito contido nas bulas papais mencionadas anteriormente, bem presente nos *homens das caravelas*, poderia ser denominado *espírito carcará*, o mesmo da canção de Maria Bethânia, que fala de um pássaro chamado carcará, que "pega, mata e come". Esse *espírito carcará* esteve presente na sociedade brasileira ao longo de sua história nas pessoas dos *grandes senhores*, gerando dirigentes e dirigidos, vencedores e vencidos, conquistadores e conquistados. Dirigidos, vencidos e conquistados são pessoas, grupos sociais ou povos, em maior ou menor intensidade, subjugados e escravizados, forçados ou condenados, por vezes, à servidão, de forma velada ou não. Isso tem acontecido ao longo da história do Brasil com os índios, os negros e outras pessoas de todas as cores, igualmente subjugadas. Esse domínio tem gerado ainda hoje nas populações dominadas uma atitude servil, algumas poucas vezes contestada, e muitas vezes aceita. Os indivíduos desses grupos, ao prestar serviços na casa-grande de outrora ou na casa chique moderna ou, ainda, em hotéis e restaurantes, carregam dentro de si – manifestamente ou não, conscientemente ou não – essa *mágoa*, que tem passado de geração em geração e está presente no exercício da hospitalidade de ontem e de hoje. Ela passou a fazer parte da cultura brasileira.

11.2 Cenário das correntes migratórias

Outro componente para a compreensão da hospitalidade de hoje são as correntes migratórias, em especial aquelas que chegaram ao Brasil após o período das descobertas. Qual foi o "molho" que essas correntes migratórias colocaram no *strogonoff*, ou seja, qual sua contribuição para fundar a hospitalidade tipicamente brasileira? Temos os italianos, os alemães, os espanhóis, os japoneses, entre outros povos que aqui ingressaram e começaram a agregar novos componentes à cultura brasileira.

Vale enfatizar que em um processo identitário existem momentos e momentos. Novamente, não podemos dizer que a hospitalidade conceituada e praticada na modernidade seja a mesma hospitalidade que se aplicava no início do século XVI. É importante enfatizar, portanto, que a hospitalidade brasileira reflete um processo histórico de formação cultural.

11.3 Cenário das formas de hospedagem

Existem vários relatos e estudos sobre as formas de hospedagem que foram implantadas no País, o que nos permite compreender melhor a dinâmica da hospitalidade brasileira. Como eram os albergues, os colégios, os mosteiros, a casa-grande ao longo do período colonial? Como a hospitalidade se materializou nesses diversos meios de hospedagem? Como era exercida, praticada? Compreender o significado e a abrangência das práticas de hospitalidade brasileiras também passa pelo estudo das diferentes formas que tomaram os meios de hospedagem, implantados desde o início da colonização do Brasil até nossos dias.

Como se desenvolveram os processos de hospitalidade na formação da cultura brasileira? Para elucidar essa questão, discutiremos os seguintes tópicos: (a) primeiros passos; (b) colégios, mosteiros e hospedarias; (c) casa-grande; (d) ranchos; (e) tabernas, casas de pasto, hospedarias e albergues; e (f) hotéis.

11.3.1 Primeiros passos

Toda a Península Ibérica sofreu forte influência dos conquistadores romanos, que permaneceram na região até o século V d.C. A partir desse período, com a implosão do Império Romano do Ocidente, como já vimos, houve uma decadência das típicas formas dos meios de hospedagem espalhadas ao longo das estradas, praticadas pela cultura romana, que existiam inclusive na então Lusitânia. Belchior e Poyares[20] constatam que os *hospitais* (hospedarias/albergarias) floresceram em Portugal a partir do século XI. As atividades desses hospitais, enfatizam os autores, "gozaram de proteção de reis e senhores, generosos doadores de recursos para fundação e manutenção de 'albergarias', nome que também tiveram".[21] Elas prosperaram e assumiram nuanças, com o passar dos anos, para atender ao contexto social de cada época. Nesse sentido, os autores acrescentam ainda que "o desenvolvimento da hospitalidade prestada por ordens religiosas em albergarias destinadas a peregrinos, pobres e doentes levantou duas sortes de problemas. Primeiro, como agasalhar pessoas de prol quando se deslocavam: fidalgos, altos funcionários, até mesmo o soberano; segundo, tornou-se evidente a impropriedade de reunir debaixo do mesmo teto pessoas sãs e doentes. Nesse último caso, ocorreu a separação inevitável entre os 'hospitais', entendidos em seu aspecto nosocomial, e as 'albergarias', com funções de abrigo para pobres".[22] Criou-se assim, em Portugal, o *direito de albergagem*, ou a *hospitalidade compulsória*, para resolver o problema das viagens da nobreza. Por esse direito, as pessoas eram compelidas a ceder ao senhor e a sua

---

[20] BELCHIOR, E. O.; POYARES, R. *Pioneiros da hotelaria no Rio de Janeiro*. Rio de Janeiro: Senac, 1987.

[21] BELCHIOR; POYARES, 1987. p. 24.

[22] BELCHIOR; POYARES, 1987. p. 27.

comitiva não apenas suas casas, mesmo que temporariamente, mas também a alimentação e todos os serviços domésticos. Belchior e Poyares registram também que os "proprietários de imóveis no Rio de Janeiro bem conheceram as consequências ao instalar-se a Corte portuguesa na cidade, em 1808".[23]

Esses autores lembram, ainda, que "a hospitalidade portuguesa, como virtude, deixou no Brasil suas marcas desde os tempos coloniais, manifestadas no acolhimento proporcionado pelos moradores aos viajantes que porventura passassem pelas cidades ou suas residências. Todavia, as formas comerciais em que ela se exprimiu demoraram a consolidar-se. Para tanto foi inegável o influxo dos usos e costumes trazidos por imigrantes ingleses e franceses, depois da Abertura dos Portos, e da expansão econômica que dela resultou".[24] Nesse período, a Inglaterra e a França começaram a se destacar na prestação dos serviços de hospitalidade, a sua influência atingiu toda a Europa. Pode-se dizer, portanto, que, "contando com longa tradição no setor, Portugal, Inglaterra e França foram, pois, as origens imediatas do desenvolvimento da hospitalidade comercial no Brasil, em suas diversas formas".[25] Essas formas de hospitalidade, contudo, levaram tempo para ganhar corpo e se expandir no território brasileiro; afinal, o Brasil dava os seus primeiros passos.

11.3.1.1 Colégios, mosteiros e hospedarias

Foram, talvez, os colégios e os mosteiros construídos pelos religiosos que acompanhavam as expedições portuguesas os primeiros alojamentos a oferecer maior conforto e abrigo para os viajantes mais ilustres. Isso não quer dizer que esses estabelecimentos não recebessem também pessoas menos ilustres e até mesmo algumas por dever de caridade. São exemplos disso o Colégio de Jesus, em Salvador, e o Mosteiro de São Bento, no Rio de Janeiro.

Observa-se, contudo, que muitos outros estabelecimentos similares foram edificados em diversas localidades, com os mesmos propósitos. Além disso, no século XVIII, surgiram hospedarias em São Paulo e no Rio de Janeiro, transformando, definitivamente, a hospitalidade urbana no Brasil. Acerca desse contexto, Grinover entende que, "para poder explicar a hospitalidade urbana, a compreensão desse fenômeno passa forçosamente por uma análise da ocupação do território brasileiro, do desenvolvimento e suas implicações

[23] BELCHIOR; POYARES, 1987. p. 27.

[24] BELCHIOR; POYARES, 1987. p. 28-29.

[25] BELCHIOR; POYARES, 1987. p. 29.

sociais, econômicas e ambientais",[26] o que, de forma sucinta, está sendo realizado neste trabalho.

11.3.1.2 Casa-grande

A casa-grande, completada pela senzala, foi um marco na história do Brasil, representando todo um sistema econômico, social e político. As casas-grandes, segundo a conceituação de Freyre, "foram centros de coesão patriarcal e religiosa: os pontos de apoio para a organização nacional".[27] Nas casas-grandes, complementa, "foi até hoje onde melhor se exprimiu o caráter brasileiro; a nossa continuidade social".[28]

No século XVI, a casa-grande que o colonizador ergueu, em seu formato inicial, tinha também certos *ares* de fortaleza. Ou seja, a casa-grande era construída, conforme descrição de Freyre, com "grossas paredes de taipa ou de pedra cal, coberta de palha ou de telha-vã, alpendre na frente e dos lados, telhados caídos num máximo de proteção contra o sol forte e as chuvas tropicais – não foi nenhuma reprodução das casas portuguesas, mas uma expressão nova, correspondendo ao nosso ambiente físico...".[29] Nesse sentido, o português do Brasil foi se distanciando do português de Portugal, a tal ponto que, em "apenas um século de vida patriarcal e de atividade agrária nos trópicos já é quase outra raça, exprimindo-se em outro tipo de casa".[30]

As casas-grandes foram ganhando contornos próprios com o passar dos anos. De quase fortalezas, no início da colonização, foram se transformando em "banco, cemitério, hospedaria, escola, santa casa de misericórdia, amparando os velhos e as viúvas, recolhendo órfãos".[31] Ou ainda, explicado de outra forma: "nos engenhos dos fins do século XVII e do século XVIII estava-se porém como num convento português – uma grande fazenda com funçoes de hospedaria e de santa casa".[32] Mais adiante ainda, no fim do século XVIII e início do século XIX, encontram-se habitações, segundo as pesquisas de Freyre, "quase de todo desmilitarizadas, acentuadamente paisanas, oferecendo-se aos

[26] GRINOVER, L. Hospitalidade: um tema a ser reestudado e pesquisado. In: DIAS, C. M. M. *Hospitalidade, reflexões e perspectivas*. São Paulo: Manole, 2002. p. 29.

[27] FREYRE, 2001. p. 49.

[28] FREYRE, 2001. p. 56.

[29] FREYRE, 2001. p. 48.

[30] FREYRE, 2001. p. 48.

[31] FREYRE, 2001. p. 49.

[32] FREYRE, 2001. p. 49.

estranhos numa hospitalidade fácil, derramada".[33] O estilo das casas-grandes "foi a expressão sincera das necessidades, dos interesses, do largo ritmo de vida patriarcal que os proventos do açúcar e o trabalho dos negros tornaram possível".[34] Essa hospitalidade fácil e derramada, "essa honestidade, essa largueza sem luxo das casas-grandes, sentiram-na vários viajantes estrangeiros que visitaram o Brasil colonial".[35]

A casa-grande foi também palco de outro cenário fundamental para a compreensão dos atuais conceitos de acolhimento e de hospitalidade no contexto brasileiro: trata-se do papel da mulher. No Brasil, como tem acontecido em quase todos os povos ao longo da história, a mulher, principalmente desempenhando seu papel de mãe de família, foi quase sempre marginalizada das interações sociais públicas. É bem verdade que as pessoas, em sociedade, são regidas pelos paradigmas vigentes num determinado momento histórico. Por isso, ao julgarmos o comportamento social de um período da história, é importante observar os paradigmas daquele momento histórico. Essa *regressão* não é uma tarefa fácil de ser realizada. Quando isso não ocorre, provavelmente emitem-se opiniões ou juízos distorcidos. Ou seja, se para os gregos da Grécia Antiga e tantos outros povos, até a Renascença, era inconcebível, à luz de seus paradigmas, ver uma mulher, mãe de família, num banquete e num *symposion* ao lado dos homens, isso já não acontece na era contemporânea, em que as mulheres não somente se fazem presentes, mas presidem esses eventos. A mulher, na modernidade, com maior ou menor intensidade em quase todos os povos do mundo, passou a ocupar espaços, antes pouco ou não ocupados, e a exercer também um importante papel no processo da hospitalidade. Desse modo, resgatou-se o papel da mulher como agente transformador dos contextos sociais, econômicos, culturais e intelectuais.

Houve, no entanto, uma longa caminhada para a sociedade atual chegar onde chegou atualmente; com suas crenças e valores, em especial quanto ao papel da mulher na maneira de acolher e hospedar as pessoas. Vejamos algumas *pitadas* de como isso se iniciou no Brasil.

No século XVI, a casa-grande, localizada na zona do plantio da cana-de-açúcar, era considerada a casa *chique*, a casa nobre. Freyre chama a atenção para a presença e o papel desempenhado pela mulher nesses casarões, dizendo que muitas mulheres portuguesas acompanharam seus maridos ao virem para

[33] FREYRE, 2001. p. 49.

[34] FREYRE, 2001. p. 55.

[35] FREYRE, 2001. p. 55.

o Brasil e "onde elas se instalaram, gordas e pesadonas, com os seus conhecimentos de coisas de cozinha e de higiene da casa.

[...] o maternalismo criador que desde o primeiro século de colonização reponta como um dos traços característicos da formação do Brasil.

[...] A presença da mulher europeia em maior número é talvez o elemento mais vivamente responsável de se ter desenvolvido desde o século XVI em Pernambuco, na Bahia, em São Vicente e, mais tarde, em Minas Gerais, no Maranhão, no Pará, em Santa Catarina, no Rio Grande do Sul, um tipo de habitação mais nobre que em outros pontos de colonização portuguesa e espanhola na América.

[...] A arquitetura de residência elegante e o estilo de vida doméstica a ela correspondente se acham ligados, na formação brasileira, ao maior domínio da mulher portuguesa sobre a vida colonial".[36]

Assim, Freyre deduz que a mulher tem contribuído para maior dignidade moral e para o ordenamento do conforto físico da casa e da vida doméstica.

Cabe observar, ainda, que essa senhora da casa-grande do engenho e mesmo aquela do sobrado – localizado nos povoados –, embora tenha sabido organizar o lar, não se fazia presente quando chegavam estranhos a casa. Ela era *resguardada*. Freyre constata que era apenas entrar um "homem estranho em casa e ouvia-se logo o ruge-ruge de saias de mulher fugindo, o barulho de moças de chinelo sem meia se escondendo pelos quartos ou subindo as escadas". Esse comportamento era ainda observado no início do século XIX, quando o Brasil já possuía povoações e cidades importantes. Qual o motivo desse comportamento? Uma das razões está na presença ainda forte do patriarcalismo brasileiro, que impedia que a mulher também contribuísse para fazer as *honras da casa* a um visitante desconhecido. Esse fato é lamentado por alguns visitantes ilustres, como Saint-Hilaire (1779-1853), que, tendo percorrido vários pontos do País entre os anos de 1816 e 1822, deixou o registro de suas preciosas observações sobre aspectos socioculturais da vida brasileira. Uma delas referia-se à ausência das senhoras nas casas em que esteve e à falta de convites para jantar. Na percepção do visitante, a ausência da mulher, durante sua visita, denotava falta de hospitalidade. Saint-Hilaire, como bom observador, provavelmente percebeu que o patriarcalismo era o paradigma da época, condicionando a mulher, mãe de família, e sua prole feminina a viver no *claustro*. Esse *resguardo*,

[36] FREYRE, G. *Sobrados e mocambos*. 14. ed. Recife: Global, 2003. p. 138-139.

em maior ou menor intensidade, fez parte da cultura das civilizações, desde a Antiguidade, vetando, principalmente, a participação da mulher (esposa e mãe de família) em banquetes, que representavam o auge da sociabilidade e da convivibilidade. Mesmo no auge da cultura cortês e no esplendor da Renascença, nos séculos XVI e XVII, as recatadas esposas das elites tinham uma presença discreta nessas ocasiões. Aquelas que participavam das solenidades eram as que, por sua beleza, podiam deleitar os *olhos* dos reis, dos príncipes e dos senhores das elites dominantes.

A hospitalidade da família colonial brasileira, segundo Belchior e Poyares, "lançou profundas raízes em território brasileiro. Ainda hoje a tradição oral, a memória dos antepassados que se perde no tempo, refere-se ao costume de famílias acolherem, com frequência, hóspedes de sua parentela, mesmo cercados de amigos e criados, hábito relegado, pelas condições da vida social moderna, a um passado cada vez mais remoto".[37] Para entender essa constatação a respeito do costume das famílias de acolher hóspedes em suas residências, basta analisar a privilegiada localização dos quartos destinados aos hóspedes nas plantas de antigos casarões (casas-grandes), no período colonial – em especial no século XVII –, para confirmar como já era exercida a típica hospitalidade brasileira. Outro bom argumento nesse sentido está nos depoimentos de alguns viajantes ilustres que, na época, ao percorrerem o território brasileiro, tiveram mais sorte que Saint-Hilaire, pois declararam estar encantados com a maneira pela qual foram acolhidos. Referem-se às "doçuras da hospitalidade", à "hospitalidade amiga", ao "acolhimento sincero", à "hospitalidade como virtude comum entre os brasileiros". Sobre isso, Belchior e Poyares constatam que "as descrições dos viajantes que andaram pelas cidades e vararam sertões acentuam a hospitalidade de seus habitantes. Principalmente no interior, livre da agitação das aglomerações urbanas cosmopolitas do litoral, escassamente marcado, de onde em onde, por casas-grandes, com suas recâmaras para os hóspedes, a quem os donos esmeravam-se em proporcionar generosa acolhida. Não só pelo que de gratificante representava, como, também, por lhes facultar contato com um mundo distante, do qual não contavam com seguidas oportunidades para conhecer as novidades".[38]

Essa hospitalidade familiar, a que se referem esses autores, está ainda profundamente arraigada na cultura brasileira contemporânea também nos meios de hospedagem, já que a maioria dessas instituições são organizações

[37] BELCHIOR; POYARES, 1987. p. 34.

[38] BELCHIOR; POYARES, 1987. p. 34.

eminentemente familiares. Assim, muitas das características dessa hospitalidade familiar permearam os estilos gerenciais da maioria dos hotéis. Além disso, cabe ressaltar que muitos proprietários das casas-grandes implementaram o comércio, a hotelaria inclusive, nas vilas e cidades emergentes, levando para seus negócios muito do que se praticava no âmbito familiar. O mesmo pode-se dizer, em períodos posteriores, em relação aos imigrantes italianos, alemães e outros, que agregaram novos valores ao estilo familiar de gerenciar um meio de hospedagem.

Parece oportuno lembrar outra vertente que também contribuiu para formou o conceito de hospitalidade brasileira. Trata-se das obras de escritores como José de Alencar – *O guararani*, *Ubirajara* e *Iracema*, entre outras –, que exaltaram a relação homem-natureza por influência do Romantismo. Esse movimento artístico ganhou destaque no século XVIII, na Europa, principalmente com *Emile* e *La nouvelle Héloise,* de J.-J. Rousseau, e contribuiu para reformular a posição do homem perante a natureza. Esse novo *olhar* fez com que o homem ampliasse, dentro de si, novos espaços para o outro.

No início do Brasil colonial, a partir do século XVI, a Europa vivia e se embebia, pois, dos ares renascentistas, e a mulher, esposa e mãe de família, historicamente *escondida*, começava a aparecer em eventos sociais, graças, em especial, à influência de Catarina de Médicis. Esse *modus vivendi* europeu, mesmo com a vinda de muitas esposas portuguesas que acompanharam os seus maridos e se estabeleceram no País em casas-grandes, nas plantações de cana--de-açúcar, no século XVI, parece não ter abalado o forte patriarcalismo que se instalou, permanecendo a mulher *resguardada* de outros *olhares*. Freyre afirma que "foi no Rio de Janeiro, primeiro dos vice-reis, depois do regente e do rei, e finalmente do imperador, que a mulher começou a aparecer aos estranhos. Mas aos poucos".[39]

As mulheres dos donos de engenhos e dos sobrados, no início da formação do povo brasileiro, de um lado, organizaram o espaço físico de seus lares, dando melhores condições para acolher e hospedar o visitante, mas, de outro, foram impedidas de interagir com ele, devido ao *reinado* do patriarcalismo. É possível também deixar aqui a provocação para que sejam feitos estudos para mostrar qual foi o papel da mulher na história do Brasil, principalmente no que diz respeito aos atos do acolhimento e da hospitalidade.

[39] FREYRE, 2003. p. 145.

11.3.1.3 Ranchos

Além dos colégios, mosteiros e hospedarias, cabe ressaltar o papel desempenhado pelos *ranchos*, a partir do século XVIII, não apenas como abrigo para os viajantes, mas também como meio para o deslocamento das fronteiras econômica e demográfica para o interior do País. Eles exerceram papel similar às *mansiones*, *mutationes* e *tabernae* romanas, à semelhança da expansão do Império Romano, inclusive do ponto de vista das condições físicas que ofereciam aos viajantes.

Os ranchos, localizados ao longo das chamadas estradas reais, eram edificações rústicas que serviam para abrigar os viajantes, na maioria tropeiros e comerciantes, com seus animais e apetrechos. A esse respeito, Belchior e Poyares explicam que "não houve quem ao transitar por suas estradas deixasse de valer-se de um tipo de hospedagem que, embora corriqueiro na época, se tornou fator decisivo para o deslocamento das fronteiras econômica e demográfica: o rancho. Toscos em sua construção, paupérrimos no conforto material oferecido, mal abrigando as pessoas das intempéries do dia ou do sereno noturno, erguidos à beira das estradas, em geral pelos proprietários das terras marginais, durante longos anos permitiram levar a civilização para o interior, ao apoiar o fluxo de pessoas e bens. Às mais das vezes tinham acoplado outro, também rústico, estabelecimento para fornecer bebidas e alimentos".[40] Existem depoimentos de viajantes ilustres a respeito, sendo o do naturalista francês A. Saint-Hilaire uma referência, ao dizer que, "pela primeira vez desde o começo da minha estadia no Brasil, dormi em um rancho. Dá-se este nome a alpendres mais ou menos vastos destinados a abrigar os viajantes e suas bagagens. Encontramo-los, geralmente, no interior do Brasil, à margem das estradas chamadas reais, e são numerosos na que eu então percorria. São os habitantes, cujas terras estão próximas à estrada, que os fazem construir. Não se paga hospedagem, mas ao pé do rancho há uma venda em que o proprietário vende o milho que serve de alimento aos animais itinerantes; indeniza-se assim amplamente da despesa que fez para levantar o rancho, e citaram-me o nome de proprietários que possuem até cinco ranchos à beira da estrada".[41] Alguns outros viajantes estrangeiros, talvez mais acostumados ao conforto oferecido pelos meios de hospedagem de seus países de origem, declararam não estar muito à vontade nesses ranchos, que foram os embriões de futuras aldeias e cidades. Ainda, segundo informações dos depoimentos de outros viajantes, tanto o Rio de Janeiro quanto a Bahia, no fim do século XVIII,

[40] BELCHIOR; POYARES, 1987. p. 36.

[41] BELCHIOR; POYARES, 1987. p. 36.

não ofereciam hospedarias ou acomodações para os estrangeiros. Havia até um *toque de recolher* decretado pelas autoridades locais, que obrigava os tripulantes dos navios estrangeiros a se recolher às suas embarcações ou os visitantes a suas casas, antes do pôr do sol, o que provocou nesses estrangeiros um sentimento de falta de hospitalidade. Provavelmente as autoridades locais tinham alguma razão especial, talvez pontual, para assim agir. Contudo, afirmam Belchior e Poyares, "alguma forma, ainda que incipiente, de hospedagem comercial existia à disposição dos que dela necessitavam, pois nem todos que chegavam ao Rio de Janeiro eram suspeitos estrangeiros".[42] Essas formas de hospedagem, como tabernas, estalagens ou casas de pasto, não eram tão requintadas quanto as já existentes nos países europeus, local de origem desses visitantes, mas integraram a história da hotelaria brasileira.

11.3.1.4 Tabernas, casas de pasto, albergues e hotéis

Sobre o início do século XIX, parece não haver dúvidas quanto à existência de meios de hospedagem como tabernas, casas de pasto e hospedarias, que ofereciam alojamento e alimentação. Não havia, porém, ainda uma clara distinção entre eles. Essa situação começou a mudar com a vinda da família real ao Brasil e a abertura dos portos. Esses dois fatos colocaram o País na vitrina, fazendo crescer a procura por hospedagem. Inúmeras edificações foram ocupadas por força do *direito de albergagem*, em uso em Portugal. Com a afluência cada vez maior de pessoas vindas do interior do País e do exterior, que não podiam valer-se daquele direito, foram construídos alojamentos com algumas peculiaridades. Uns mais modestos, denominados *albergues portugueses*, destinavam-se aos viajantes do interior do País; outros, mais confortáveis e com serviços mais qualificados, denominados *hotéis*, trazidos ao País e dirigidos especialmente por franceses e ingleses, destinavam-se aos viajantes estrangeiros. Começava, assim, a nascer uma diferenciação entre os meios de hospedagem que, em épocas posteriores, se acentuou, chegando às atuais classificações hoteleiras.

Em São Paulo, no final do século XIX, os fazendeiros do café construíram meios de hospedagem para atender, preliminarmente, os homens de negócios. Nesse mesmo período, não somente em São Paulo e no Rio de Janeiro, mas também em inúmeras outras localidades, em diversas regiões do País, povoados começaram a se transformar em vilas e cidades, cada qual possuindo sua história e dispondo de algum tipo de meio de hospedagem como parte integrante de seu desenvolvimento socioeconômico.

---

42 BELCHIOR; POYARES, 1987. p. 41.

11.4 Cenário da globalização

O fenômeno da globalização interfere no processo de identidade das comunidades, localizadas nas mais diferentes regiões do planeta? Ianni[43], ao afirmar que "a globalização cria injunções e estabelece parâmetros, anula e abre horizontes", admite ingerências do fenômeno da globalização na construção da identidade das comunidades nacionais e locais.

O paradigma da sociedade nacional continua sendo uma referência para identificar os cidadãos, com seus usos e costumes próprios. Ele é necessário, mas não o suficiente na atualidade. Giddens[44] alerta para o aspecto de que "a globalização está reestruturando o modo como vivemos, e de uma maneira muito profunda". E mais, existe "uma revolução global em curso no modo como pensamos sobre nós mesmos e no modo como formamos laços e ligações com outros".

A globalização mexeu com o contexto sociocultural das coletividades locais, regionais e nacionais em todo o planeta. Com os avanços da tecnologia da comunicação, foi possível identificar, com maior abrangência, não somente a variedade de grupos sociais, classes sociais, povos, clãs, tribos, com suas crenças e valores, como também registrar suas transformações. Em decorrência, constatou-se o surgimento de uma cultura mundializada, que ampliou a rede de relacionamento das pessoas. Magda Souza[45] reforça esse argumento, dizendo que "uma nova relação se estabeleceu entre as culturas locais e a emergente cultura global. O processo de revalorização das particularidades e dos localismos culturais é inegável no atual momento histórico social", estabelecendo-se, com isso, por um lado, a dialética da incorporação de usos e costumes oriundos de outras comunidades, e, por outro, a valorização de suas próprias culturas. Admite-se, com isso, que a globalização também fortaleceu os localismos culturais, inclusive com reflexos nos processos de hospitalidade.

A prática da hospitalidade, face a essa dialética, ganha novos contornos ou novas dimensões. Uma delas marcada pela prática da hospitalidade conduzida por paradigmas tradicionais e a outra marcada e conduzida por novos paradigmas, em especial por aqueles que incluem culturas de comunidades as mais diversas e

---

43 IANNI, O. *Teorias da globalização*. 13. ed. Rio de Janeiro: Civilização Brasileira, 2006. p. 244.

44 GIDDENS, A. *Mundo em descontrole*. Rio de Janeiro: Record, 2000. p. 15.

45 SOUZA M. V. de. *Reinvenção das tradições e promoção do turismo*: estratégias diferenciadas de mercantilização da identidade cultural – os casos de Nova Petrópolis e São Francisco de Paula no Rio Grande do Sul. Tese de doutorado – Instituto de Filosofia e Ciências Humanas, Universidade Federal do Rio Grande do Sul, 2005. p. 11.

das mais distantes regiões do planeta, dando oportunidade para a construção de experiências múltiplas e diversificadas no processo de hospitalidade.

Em síntese, num olhar para o futuro, é possível afirmar que cada vez mais o planeta Terra está se transformando em uma "aldeia global". Nesse contexto, essa emergente comunidade humana planetária poderá compartilhar e organizar encontros, descobertas, vivências e experiências ímpares, estabelecendo novos patamares de convivência e de sociabilidade. Enfim, criando oportunidade para novos ritos e rituais para a prática da hospitalidade.

A matriz da hospitalidade brasileira, em sua gênese, reflete o fenômeno da ingerência da globalização, em especial, na dimensão do "aprende a conviver", na medida em que incorpora valores universais, como o respeito pelo pluriculturalismo, a inclusão das diferenças sociais e a minimização de preconceitos e hostilidades xenofóbicas.

A comunidade brasileira está inserida no contexto da sociedade global, sendo, portanto, influenciada pelas forças que a dinamizam, inclusive, no tocante ao processo de hospitalidade.

CONSIDERAÇÕES FINAIS

O presente livro, já nas primeiras páginas, propôs a seguinte matriz indagadora: será possível, na atualidade, dentro de uma perspectiva competitiva, fazer a gestão das empresas prestadoras de serviços, em especial as que compõem o *trade* turístico:

- sem a compreensão do significado e da abrangência por que passou o processo da hospitalidade no decurso da história; e
- sem o fomento da cultura da hospitalidade e sem a ação hospitaleira dos colaboradores?

Essa diretriz suscitou o desdobramento da obra em onze abordagens, capazes de nos dar uma visão ampla e necessária da hospitalidade, tanto em sua simplicidade quanto em sua face mais complexa.

Elegeu-se, portanto, eixos temáticos, por meio dos quais passamos em revista, seguindo, de certa forma, algumas balizas cronológicas, as diferentes representações com que o processo da hospitalidade se revestiu. Esse resgate histórico propiciou ampliar a compreensão da prática da hospitalidade, tornando possível detectar, na linha do tempo e nas materializações circunstanciadas, que o processo da hospitalidade agregou valor, princípios e concepções humanizantes e civilizatórias, formatando um paradigma saudável e condigno do ser humano hospitaleiro.

Propomos que a *cultura da hospitalidade* passe, cada vez mais, a nortear o comportamento das organizações, especialmente daquelas que atuam na área de prestação de serviços.

Acreditamos que o *menu* proposto tenha agradado ao *paladar* do leitor, em especial daquele que atua em organizações prestadoras de serviços, e, assim, possa hospedar, dentro de sua mente e coração, a grandeza do processo da hospitalidade, com reflexos nas práticas do cotidiano.

Fica um sentimento de trabalho realizado, capaz de agregar valor, tanto para os profissionais que exercem suas atividades na área da prestação de serviços quanto para as pessoas que almejam relacionar-se com base em uma atitude genuinamente hospitaleira. Sim, um sentimento de que não somos mais os mesmos, após termos hospedado dentro de nós aquilo que foi proposto nesta obra.

REFERÊNCIAS

AGUILERA, C. *História da alimentação mediterrânea.* Lisboa: Terramar, 2001.

ALTHOFF, G. Comer compromete: refeições, banquetes e festas. In: FLANDRIN, J.-L.; MONTANARI, M. et al. *História da Alimentação.* 2. ed. São Paulo: Estação Liberdade, 1998.

BAPTISTA, I. Lugares de Hospitalidade. In: DIAS, C. M. M. *Hospitalidade, reflexões e perspectivas.* São Paulo: Manole, 2002.

BELCHIOR, E. O.; POYARES, R. *Pioneiros da hotelaria no Rio de Janeiro.* Rio de Janeiro: Senac, 1987.

BENI, M. C. *Análise estrutural do Turismo.* 3. ed. São Paulo: Senac, 2000.

BÍBLIA SAGRADA. Rio de Janeiro: Encyclopaedia Britannica, 1987.

BIGG-WINTHER, T. P. *Novo caminho no Brasil meridional*: a província do Paraná. Rio de Janeiro: José Olympio; Curitiba: Universidade Federal do Paraná, 1974.

BOFF, L. *Virtudes para um outro mundo possível* – Hospitalidade: direito e dever de todos. Petrópolis: Vozes, 2005. v. 1.

BOFF, L. *Virtudes para um outro mundo possível* – Convivência, respeito e tolerância. Petrópolis: Vozes, 2006. v. 2.

BOFF, L. *Virtudes para um outro mundo possível* – Comer e beber juntos e viver em paz. Petrópolis: Vozes, 2006. v. 3.

BRASIL. Lei de Diretrizes e Bases da Educação Nacional. Lei n. 9.394 de 20 dez. 1996.

BRASIL. Ministério do Esporte e Turismo. Embratur – Instituto Brasileiro de Turismo. *Guia Brasileiro de Sinalização Turística.* Brasília, 2001.

BRAUN, J. C. *De fogão em fogão.* 8. ed. Porto Alegre: Sulina, 1985.

BRESCIANI, E. Alimentos e bebidas do Antigo Egito. In: FLANDRIN, J.-L.; MONTANARI, M. et al. *História da Alimentação.* 2. ed. São Paulo: Estação Liberdade, 1998.

BROTHERTON, B.; WOOD, R. C. *Hospitalidade e administração da hospitalidade.* In: LASHLEY, C.; MORRISON, A., 2004. p. 194-195.

BUENO, E. *Novo Mundo*: as cartas que batizaram a América. São Paulo: Planeta, 2003.

BULFINCH, T. *O Livro de Ouro da Mitologia*: a Idade da fábula. Rio de Janeiro: Ediouro, 2002.

BUZZELLI, G. E. *Manual de la industria hotelera*: proyecto, estructura y tecnologia. Barcelona: Ediciones Ceac, 1994.

CAILLÉ, A. *Antropologia do dom*: o terceiro paradigma. Petrópolis: Vozes, 2002.

CAMARGO, L. O. L. *Hospitalidade*. São Paulo: Aleph, 2004.

CARNEIRO, H. *Comida e sociedade*: uma história da alimentação. Rio de Janeiro: Campus, 2003.

CASCUDO, L. C. *História da alimentação no Brasil*. São Paulo: Companhia Editora Nacional, 1967. v. 1.

______. *História da alimentação no Brasil*. São Paulo: Companhia Editora Nacional, 1968. v. 2.

CASTELLI, G. *Gestão hoteleira*. São Paulo: Saraiva, 2006.

_______. *Turismo*: atividade marcante. Caxias do Sul: Educs, 2002.

CASTELLI, S. *Educação para o turismo*: o programa de educação para o turismo na cidade de Canela – RS. Dissertação de Mestrado. Universidade de Caxias do Sul, Rio Grande do Sul, 2005.

CHON, K.-S.; SPARROWE, R. T. *Hospitalidade*: conceitos e aplicações. São Paulo: Pioneira, 2003.

COOPER, C. et al. *Educando os educadores em turismo*: manual de educação em turismo e hospitalidade. São Paulo: Roca, 2001.

CORBIER, M. A fava e a moreia: hierarquias sociais dos alimentos em Roma. In: FLANDRIN, J.-L.; MONTANARI, M. et al. *História da alimentação*. 2. ed. São Paulo: Estação Liberdade, 1998.

COURTINE, R. J. *La Gastronomie*. Paris: Presses Universitaires de France, 1970.

CRUZ, R. C. A. Hospitalidade turística e fenômeno urbano no Brasil: considerações gerais. In: DIAS, C. M. M. *Hospitalidade, reflexões e perspectivas*. São Paulo: Manole, 2002.

CUILLÉ, Ph. *Animer son etablissement*. Paris: Editions BPI, 1992.

DERRIDA, J.; DUFOURMANTELLE, A. *De l'hospitalité*. Paris: Calmann-Lévy, 1977.

DICIONÁRIO HOUAISS DA LÍNGUA PORTUGUESA. Rio de Janeiro: Objetiva, 2001.

DUMAZEDIER, J. *Sociologia empírica do lazer*. São Paulo: Perspectiva, 1978.

DUPONT, F. Gramática da alimentação e das refeições romanas. In: FLANDRIN, J.-L.; MONTANARI, M. et al. *História da alimentação*. 2. ed. São Paulo: Estação Liberdade, 1998.

FLANDRIN, J.-L. A humanização das condutas alimentares. In: FLANDRIN, J.-L.; MONTANARI, M. et al. *História da alimentação*. 2. ed. São Paulo: Estação Liberdade, 1998.

FLANDRIN, J.-L.; MONTANARI, M. et al. *História da alimentação*. 2. ed. São Paulo: Estação Liberdade, 1998.

FRANCO, A. *De caçador a gourmet*: uma história da gastronomia. São Paulo: Senac, 2001.

FREYRE, G. *Casa-grande & senzala*. Rio de Janeiro: Record, 2001.

FREYRE, G. *Sobrados e mucambos*. 14. ed. Recife: Global, 2003.

FUSTER, L. F. *Teoria y técnica del turismo*. Madrid: Nacional, 1980.

GALBRAITH, C., GALBRAITH III, O. *O Código beneditino de liderança*. São Paulo: Landscape, 2005.

GIDDENS, A. *Mundo em descontrole*. Rio de Janeiro: Record, 2000.

GLOBALIZAÇÃO DO TURISMO. Megatendências do setor e a realidade brasileira. São Paulo: Aleph, 2003.

GODELIER, M. *O enigma do dom*. Rio de Janeiro: Civilização Brasileira, 2001.

GOELDNER, C. R. et al. *Turismo, princípios, práticas e filosofias*. 8. ed. Porto Alegre: Bookman, 2002.

GOLEMAN, D. *Inteligência social*: o poder das relações humanas. Rio de Janeiro: Elsevier, 2006.

GOTMANN, A. *Le sens de l'hospitalité*. Paris: Presse Universitaire de France, 2001.

GOUFFÉ, J. *Le livre de cuisine*. Paris: Librairie Hachette, 1874.

GOUIRAND, P. *L'accueil hôtelier*. Paris: Editions BPI, 1994.

GRINOVER, L. Hospitalidade: um tema a ser reestudado e pesquisado. In: DIAS, C. M. M. *Hospitalidade, reflexões e perspectivas*. São Paulo: Manole, 2002.

GRUZINSKI, S. *A colonização do imaginário*. São Paulo: Companhia das Letras, 2003.

HALL, S. *A identidade cultural na pós-modernidade*. 5. ed. Rio de Janeiro: DP&A, 2001.

HATEM, B. F. J. *Hospitalité et signification*: Jeanne-Antide Thouret et Edith Stein. Paris: Cariscript, 1996.

IANNI, O. *Teorias da globalização*. 13. ed. Rio de Janeiro: Civilização Brasileira, 2006.

JABÈS, E. *Le livre de l'hospitalité*. Mayenne: Gallimard, 1991.

JOANNÈS, F. A função social do banquete nas primeiras civilizações. In: FLANDRIN, J.-L.; MONTANARI, M. et al. *História da alimentação*. 2. ed. São Paulo: Estação Liberdade, 1998.

KOPS, Darci. *The psychological contract in the teacher-student relationship*. Tese de doutorado. Wauwatosa, 1999.

KRISTEVA, J. *Estrangeiros para nós mesmos*. Rio de Janeiro: Rocco, 1994.

KRISTEVA, J. *L'avenir d'une revolte*. Paris: Calmann-Lévy, 1998.

KROEHNERT, G. *Jogos para treinamento em recursos humanos*. São Paulo: Manole, 2001.

KURLANSKY, M. *Sal*: uma história do mundo. São Paulo: Senac, 2004.

LASHLEY, C.; MORRISON, A. *Em busca da hospitalidade*: perspectivas para um mundo globalizado. Barueri: Manole, 2004.

LOCKWOOD, A.; JONES, P. Administração das operações de hospitalidade. In: LASHLEY, C.; MORRISON, A. *Em busca da hospitalidade*: perspectivas para um mundo globalizado. Barueri: Manole, 2004.

MATURANA, Humberto. *Emoções e linguagem na educação e na política*. Belo Horizonte: Editora da UFGM, 1998.

MONTANARI, M. Sistemas alimentares e modelos de civilização. In: FLANDRIN, J.-L.; MONTANARI, M. et al. *História da alimentação*. 2. ed. São Paulo: Estação Liberdade, 1998.

MONTANARI, M. et al. *História da alimentação*. 2. ed. São Paulo: Estação Liberdade, 1998.

MONTANARI, M. Modelos alimentares e identidades culturais. In: FLANDRIN, J.-L.; MONTANARI, M. et al. *História da alimentação*. 2. ed. São Paulo: Estação Liberdade, 1998.

MONTANARI, M. Rumo a um novo equilíbrio alimentar. In: FLANDRIN, J.-L.; MONTANARI, M. et al. *História da alimentação*. 2. ed. São Paulo: Estação Liberdade, 1998.

MONTANDON, A. *Lieux d'hospsitalité*. Clermont-Ferand: Presse Universitaires Blaise Pascal, 2001.

MONTANDON, A. *Mythes et représentations de l'hospitalité*. Clermont-Ferrant: Presse Universitaires Blaise Pascal, 1999.

MORIN, E. *Saberes globais e saberes locais*: o olhar transdisciplinar. Rio de Janeiro: Garamond, 2000.

MORIN, E. *Os sete saberes necessários à educação do futuro*. São Paulo: Cortez; Brasília: UNESCO, 2000.

NURSIA, B. de. *A regra de São Bento*. 2. ed. Minas Gerais: Mosteiro da Santa Cruz, 1999.

ORNELLAS, L. H. *Alimentação através dos tempos*. 3. ed. Florianópolis: UFSC, 2003.

ORTEGA, F. *Genealogias da amizade*. São Paulo: Iluminuras, 2002.

PANTEL, P. S. As refeições gregas, um ritual cívico. In: FLANDRIN, J.-L.; MONTANARI, M. et al. *História da alimentação*. 2. ed. São Paulo: Estação Liberdade, 1998.

PAULA, N. M. de. Introdução ao conceito de hospitalidade em serviços de alimentação. In: DIAS, C. M. M. *Hospitalidade, reflexões e perspectivas*. São Paulo: Manole, 2002.

PEYER, H. C. Os primórdios da hotelaria na Europa. In: FLANDRIN, J.-L., MONTANARI, M. et al. *História da alimentação*. 2. ed. São Paulo: Estação Liberdade, 1998.

PERLÈS, C. As estratégias alimentares nos tempos pré-históricos. In: FLANDRIN, J.-L.; MONTANARI, M. et al. *História da alimentação*. 2. ed. São Paulo: Estação Liberdade, 1998.

PITTE, J.-R. Nascimento e expansão dos restaurantes. In: FLANDRIN, J.-L.; MONTANARI, M. et al. *História da alimentação*. 2 ed. São Paulo: Estação Liberdade, 1998.

PLATÃO. *Apologia de Sócrates* – O banquete. São Paulo: Martin Claret, 2003.

PLATÃO. *O banquete*. Rio de Janeiro: Bertand Brasil, 2002.

POST, P.; POST, P. *Manual completo de etiqueta nos negócios*. São Paulo: Campus, 2003.

PUDDU, G. L. *Geographie touristique, communications et transports*. Denges: Delta & Spes, 1983.

RABAÇA, C. A; BARBOSA, G. G. *Dicionário de comunicação*. Rio de Janeiro: Campus, 2001.

RAMOS, S. P. *Hospitalidade e migrações internacionais*: o bem receber e o ser bem recebido. São Paulo: Aleph, 2003.

REYNIÈRE, A. B. L. G. de la. *Manual dos anfitriões*: elementos de civilidade Gastronômica. São Paulo: DeGustar, 2002.

REVEL, J.-F. *Um banquete de palavras*: uma história da sensibilidade gastronômica. São Paulo: Companhia das Letras, 1996.

RIBEIRO, D. *O povo brasileiro*: a formação e o sentido do Brasil. 2. ed. São Paulo: Companhia das Letras, 1995.

RIBEIRO, D. *Os índios e a civilização*: a integração das populações indígenas no Brasil moderno. São Paulo: Schwarcz, 2002.

ROMAGNOLI, D. Guarda no sii vilan: as boas maneiras à mesa. In: FLANDRIN, J.-L.; MONTANARI, M. et al. *História da alimentação*. 2. ed. São Paulo: Estação Liberdade, 1998.

SAVARIN, B. *Fisiologia del gusto*. Buenos Aires: Editorial Losada, 1939.

SCHÉRER, R. *Zeus hospitalier*: l'éloge de l'hospitalité. Paris: Armand Colin, 1993.

SELWYN, T. Uma antropologia da hospitalidade. In: LASHLEY C., MORRISON, A. *Em busca da hospitalidade*: perspectivas para um mundo globalizado. Barueri: Manole, 2004.

SEYDOUX, J. *De l'hospitalité à l'accueil*. Denges: Delta & Spes, 1983.

SOUZA M. V. de. *Reinvenção das tradições e promoção do turismo*: estratégias diferenciadas de mercantilização da identidade cultural – os casos de Nova Petrópolis e São Francisco de Paula no Rio Grande do Sul. Tese de doutorado – Instituto de Filosofia e Ciências Humanas, Universidade Federal do Rio Grande do Sul, 2005.

STRONG, R. *Banquete*: uma história ilustrada da culinária, dos costumes e da fartura à mesa. Rio de Janeiro: Jorge Zahar, 2004.

SWINGLEHURST, E. Contato direto: os efeitos do turismo nas sociedades do passado e nas atuais. In: THEOBALD, W. F. *Turismo global*. São Paulo: Senac, 2001.

TELFER, E. A filosofia da "hospitalidade". In: LASHLEY, C.; MORRISON, A. *Em busca da hospitalidade*: perspectivas para um mundo globalizado. Barueri: Manole, 2004.

URRY, J. *O olhar do turista*. São Paulo: Studio Nobel/Sesc, 1996.

VAR T.; AP J. O turismo e a paz mundial. In: THEOBALD, W. F. *Turismo global*. São Paulo: Senac, 2001.

VETTA, M. A cultura do *symposion*. In: FLANDRIN, J.-L.; MONTANARI, M. et al. *História da alimentação*. 2. ed. São Paulo: Estação Liberdade, 1998. p.170-185.

VISSER, M. *O ritual do jantar*: as origens, evolução, excentricidades e significado das boas maneiras à mesa. Rio de Janeiro: Campus, 1998.

WALTON, J. K. O negócio da hospitalidade: uma história social. In: LASHLEY, C., MORRISON, A. *Em busca da hospitalidade*: perspectivas para um mundo globalizado. Barueri: Manole, 2004.

Impressão e Acabamento
Bartira
Gráfica
(011) 4393-2911